W0226816

Jörg Zink

Die Wahrheit läßt sich finden

Dokumente aus der Bibel
und Erfahrungen von heute

Kreuz-Verlag Stuttgart · Berlin

Jörg Zink

Die Wahrheit

läßt sich finden

3. Auflage (41.–60. Tausend) 1972
© Kreuz-Verlag Stuttgart 1971
Typographie, Einband- und Umschlaggestaltung:
Hans Hug, Stuttgart
Gesamtherstellung: Mohndruck Reinhard Mohn OHG,
Gütersloh
ISBN 3 7831 0368 1

Ein Volk mit eigenartigem Schicksal. Aus der Wüste kommend.
Nie reich, nie wirklich zu Hause, nie wirklich frei. Aber frei von innen,
unabhängig von den Gedanken anderer Völker. In der Wüste
hat es Gott erfahren, und diesen Gott, den einen, den es fand,
gab es weiter an die Welt.
Es ist das einzige Volk jener alten Zeit, das überlebt hat,
zusammengehalten und getragen von seinem Glauben
an den einen Gott. Getragen von seinem Bekenntnis
und gefährdet durch sein Bekenntnis bis zum heutigen Tag.
Bis zum heutigen Tag auf der Suche nach Heimat und Freiheit
und wie seit fast viertausend Jahren immer in Gefahr,
äußere Freiheit zu suchen
und seine eigentliche, innere, dabei zu verlieren. Israel.
Ein Gleichnis für die Menschheit überhaupt. Ihr Sinnbild.

Am Anfang der Bibel steht eine Erzählung über die Entstehung der Welt.

Am Anfang schuf Gott Himmel und Erde. Die Erde war wüst und leer, Finsternis lag über dem Urmeer, und der Geist Gottes schwebte über den Wassern.

Gott sprach: Es werde Licht. Und es wurde Licht. Und Gott sah, daß das Licht gut war. Da schied Gott Licht und Finsternis. Das Licht nannte er Tag, die Finsternis Nacht. So wurde Abend und Morgen, der erste Tag.

Und Gott sprach: Es entstehe ein Gewölbe, eine scheidende Wand zwischen den Wassern, und es geschah so. So schuf Gott das Gewölbe und trennte damit das Wasser unter dem Gewölbe von dem Wasser über dem Gewölbe. Und er nannte das Gewölbe Himmel. So wurde Abend und Morgen, der zweite Tag.

Und Gott sprach: Es sammle sich das Wasser unter dem Himmel an besondere Orte, daß man trockenes Land sehe! So geschah es. Und Gott nannte das Trockene Land, die Ansammlung des Wassers nannte er Meer. Und Gott sah, daß es gut war.

Und Gott sprach: Die Erde lasse hervorsprossen Gras und Kraut, das Samen trägt nach seiner Art, und fruchtbare Bäume, die Früchte hervorbringen nach ihrer Art und deren Samen in den Früchten ist. Und es geschah so. Und Gott sah, daß es gut war. So wurde Abend und Morgen, der dritte Tag.

Und Gott sprach: Lichter sollen entstehen am Gewölbe des Himmels, die Tag und Nacht unterscheiden und als Zeichen dienen für Zeiten, Tage und Jahre. Lampen sollen sie sein am Gewölbe des Himmels und leuchten über der Erde. Und es geschah so. Gott machte zwei große Leuchten, die größere zur Herrschaft über den Tag, die kleinere zur Herrschaft über die Nacht, dazu auch die Sterne. Gott setzte sie an das Gewölbe des Himmels und ließ sie über der Erde leuchten, damit sie Tag und Nacht regierten und Licht und Finsternis unterschieden. Und Gott sah, daß es gut war. Da wurde es Abend und wieder Morgen, der vierte Tag.

Und Gott sprach: Wimmeln sollen die Gewässer von lebendigen Tieren, und Vögel sollen fliegen über der Erde unter dem Gewölbe des Himmels. Gott schuf große Walfische und alle lebendigen Tiere, von denen das Wasser wimmelt, in ihren vielen Arten, und alle gefiederten Vögel nach ihren Arten. Und Gott sah, daß es gut war.

Und Gott sprach: Die Erde bringe lebendige Tiere hervor, ein jedes nach seiner Art, Vieh, Kriechtiere und das Wild des Feldes in allen seinen Arten. Und es geschah so. Und Gott sah, daß es gut war. Danach sprach Gott: Menschen will ich machen nach meinem Bild, die mir ähnlich sind! Die sollen herrschen über die Fische im Meer und über die Vögel unter dem Himmel, über das Vieh und alles Wild des Feldes und über alle Kriechtiere, die sich auf der Erde bewegen. Und Gott schuf den Menschen nach seinem Bilde, nach dem Bilde Gottes schuf er ihn, als Mann und als Weib.

Und Gott segnete die Menschen und sprach zu ihnen: Seid fruchtbar und vermehrt euch, füllt die Erde und macht sie euch untertan. Herrscht über die Fische im Meer, über die Vögel am Himmel und alles Getier, das sich auf der Erde bewegt.

Gott sprach: Seht, alle Pflanzen, die Samen tragen, gebe ich euch zur Nahrung, und die samentragenden Früchte der Bäume. Den Feldtieren aber und den Vögeln des Himmels und allen Kriechtieren gebe ich das grüne Gras und Kraut zur Nahrung. Und so geschah es. Gott sah alles an, was er geschaffen hatte, und sah: Es war sehr gut! Da wurde Abend und Morgen, der sechste Tag. (1. Mose 1)

So wurden Himmel und Erde vollendet mit ihrer ganzen Fülle der Wesen. Am siebenten Tag vollendete Gott sein Werk, und er ruhte an diesem Tag. Er segnete den siebten Tag und machte ihn zu einem besonderen, heiligen Tag, denn an ihm ruhte er von all seinem Werk und seinem Schaffen. (1. Mose 2)

Die Schöpfungsgeschichte wurde im 6. Jahrhundert vor Christus von Menschen niedergeschrieben, die von der Großmacht ihrer Zeit gefangengehalten wurden.

Ihre Hauptstadt, Jerusalem, wurde im Jahre 587 von den Babyloniern zerstört. Ihr Staat existierte nicht mehr. Sie waren deportiert. Sie saßen als ein armer Haufe von rechtlosen Gefangenen in Babylon. Ein selbstbewußter Staat hatte sie im Griff. Der mächtigste der damaligen Welt. Eine reiche Kultur umgab sie. Ungeheure Bauwerke, Paläste, Tempel, Türme, wohin das Auge sah. Prachtvolle Feste wurden gefeiert, vor allem zu Ehren des Gottes der Götter, Marduks, des Stadtgottes von Babylon.

Die Priester dieses Gottes wußten auch zu erzählen, wie die Welt entstanden sei. Etwa so erzählten sie:

Marduk, der oberste der Götter, kämpfte in der ältesten Urzeit einen Kampf gegen Tiamat. Tiamat war eine Göttin, oder besser ein schauriges Ungetüm, drachenartig, im Meer zu Hause und die Beherrscherin aller dunklen, chaotischen Mächte. Die Nacht war ihre Heimat und die finstere, alles bedrohende Tiefe des Meeres. Hoch über der finsteren Tiefe lebten die lichten Götter, aber sie waren in Gefahr, Tiamat zu erliegen. Da kämpfte nun Marduk gegen Tiamat, besiegte sie, spaltete sie in zwei Teile und bildete aus der einen Hälfte ihres Leibes das Himmelsgewölbe, aus der anderen den Erdkreis. Ihren Trabanten, den dämonischen Zwischenmächten zwischen Finsternis und Licht, wies er Plätze am Himmel zu und machte sie zu Göttern der Sterne.

Den Willen der oberen und der unteren Götter konnte man erkennen: Der Lauf der Sterne zeigte, was die Götter wollten. Was auf der Erde geschah, war am Himmel vorausbestimmt, und der politische Erfolg lieferte den Beweis, daß Babylon nach dem Willen der Götter alle Menschen dieser Erde beherrschte. Die Erde und der Himmel standen im Zusammenhang, und der König von Babylon vertrat die Götter auf der Erde. Wenn eine Stadt, wie zum Beispiel Jerusalem, von Babylon zerstört wurde, dann war damit bewiesen, daß es eben in Jerusalem keinen Gott gab, der Marduk gewachsen war.

In dieser Lage fingen die geistigen Köpfe der Juden an, ihren Glauben neu zu formulieren, und zwar so, daß sie dabei zugleich ihre innere Freiheit wiederfanden. Das Verfahren, das sie anwandten, könnte sich auch für uns moderne Menschen bewähren: Sie übernehmen zunächst das naturwissenschaftliche Weltbild ihrer Zeit, daß die

Erde eine Scheibe sei, die auf dem Urmeer schwimme, daß sie überwölbt sei von einer schimmernden Kuppel. Daß über der Kuppel wieder Wasser gestaut sei, der Himmelsozean (warum sonst wäre auch der Himmel blau?), und an der Innenwand, im Luft- und Lebensraum der Menschen, sich die Kuppel entlang die Sterne bewegten. Aber dann machen sie sich in ihren Gedanken unabhängig. Sie sprechen nicht mehr vom Leib der Göttin, sondern von Wasser und Erde. Sie sagen, die Welt sei nicht durch einen Götterkampf entstanden, sondern durch ein souveränes, einfaches Wort von Gott. Die Sterne seien keine Götter, sondern schlichte Lampen. Der Gott, von dem schon ihre Urväter gewußt hatten, habe diese Welt, einfach dadurch, daß er sie gewollt habe, geschaffen, und der Mensch sei sein freies Geschöpf. Mit der Schöpfungsgeschichte behauptet sich der Glaube und beginnt die Naturwissenschaft.

Ein verscheuchter Haufe unfreier Leute, die gut täten, sich anzupassen und den Mund zu halten, mutet der Physik seiner Zeit zu, Physik zu sein und nicht Religion, Physik und nicht Ideologie, und wird durch dieses Bekenntnis frei, den eigenen Glauben festzuhalten und nüchtern über diese Welt nachzudenken.

Manche meinen heute, die Christen sollten sich vor der heutigen Naturwissenschaft in den Staub werfen. Aber der Glaube unterscheidet zwischen Naturwissenschaft und Ersatzreligion. Soferne die Wissenschaft von heute Wissenschaft ist, gilt sie auch für Christen. Soferne sie behauptet, die Rätsel der Welt zu kennen und aufzuklären, ist sie Religion und muß sich gefallen lassen, daß die Christen ihr widersprechen.

Wer glaubt, ist von den Träumen seiner Zeit und das heißt von ihren Göttern frei. Die Schöpfungsgeschichte ist ein Modell für ein Bekenntnis freier Menschen.

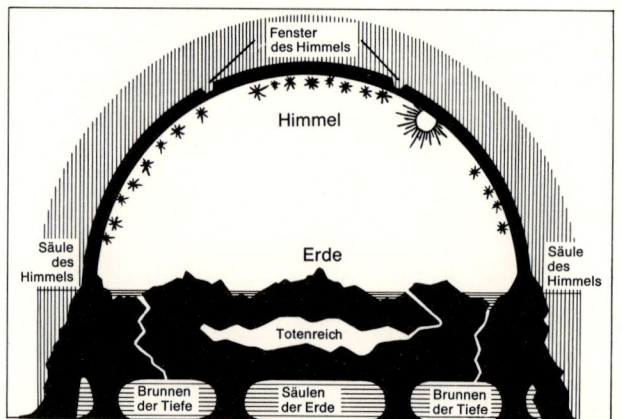

Die alten Völker stellten sich den Himmel als Kuppel, die Erde als Scheibe und ihre Unterlage als ein tiefes Meer vor, in dessen Höhlen die Toten hausten. Auch über der Kuppel war Wasser.
Die Welt der Menschen war ein kleiner, ausgesparter Raum, in den das Wasser jederzeit durch die »Fenster des Himmels« einbrechen und alles vernichten konnte.

Es ist nicht genug, wenn einer
weiß, wie man zum Mond kommt.
Er muß sich auch klar darüber
sein, woher die Kräfte kommen,
die er benützt, und die Gesetze,
auf die er sich verläßt. Zu sagen:
»Das ist alles durch Zufall
so geworden«, ist zu wenig.

Im zweiten Kapitel der Bibel
wird die Entstehung der Welt
anders geschildert. Hier ist
die Welt schon vorhanden,
aber sie ist trocken und kahl.
Nun greift Gott ein, macht
die Erde fruchtbar und schafft
den Menschen.

**Diese Erzählung ist 600 Jahre älter
als die vorige. Sie entstand,
als die Nomadenstämme, die sich
auf Abraham zurückführten,
mit den Religionen
des Kulturlandes Kanaan
zusammentrafen.**

Es war zu jener Zeit, in der Gott, der Herr, die
Erde schuf. Noch stand kein Strauch auf dem Feld,
noch wuchs kein Kraut auf dem Acker, denn Gott,
der Herr, hatte noch keinen Regen auf die Erde
fallen lassen, und es war kein Mensch da, der das
Land bebaute. Da stieg Feuchtigkeit vom Erd-
boden auf und durchwässerte die Erde. Gott, der
Herr, formte den Menschen aus Erde, die er vom
Acker nahm, und hauchte ihm den lebendigen
Atem ein, und der Mensch wurde ein lebendiges
Wesen.

Der Gott, den die israelitischen Stämme in der zweiten
Hälfte des 2. Jahrtausends vor Christus auf der
Sinaihalbinsel verehrten, war in erster Linie eine Art
»Nomadengott«: ein Begleiter auf der Wanderung. Sie
hörten von ihm, wann sie aufbrechen und wann sie sich
niederlassen sollten, sie baten ihn um Schutz auf der Reise,
um Quellen und Weidegründe und um Fruchtbarkeit der
Herden. Aber eines Tages begannen sie, ins Kulturland
einzudringen und dort wie die alten, seßhaften
Ackerbauvölker die Erde umzugraben und zu besäen.
In Kanaan aber wurden andere Götter verehrt. Damit war
ein neues Problem da: Welcher Gott bewirkte eigentlich, daß
aus der Erde Frucht wuchs? Es mußten wohl die Götter der
Kanaanäer sein, die Baale oder die Fruchtbarkeitsgöttinnen
von dort. Mußte man, wenn man die Lebensweise und den
Lebensraum wechselte, auch den Gott wechseln? War der
vergleichsweise sehr geistige Gott vom Sinai hier noch
zuständig? Mußte man nun religiös primitiver werden?

Die Israeliten weigerten sich und antworteten mit einem
Bekenntnis: Am Anfang war trockene Erde. Wüste. Aber
nicht Baal machte sie fruchtbar, sondern Gott, der eine Gott.
Nicht die Erdmütter lassen das Wasser quellen, sondern
Gott. Der feuchtet den Grund. Der formt den Menschen
und setzt ihn in das Land, das er für ihn in ein Paradies
verwandelt. Er läßt die Bäume wachsen und gibt dem
Menschen den Auftrag, das Land zu bebauen, zu bewahren
und zu beherrschen.

In der ersten Schöpfungsgeschichte antworten die Priester
auf die Herausforderung durch den orientalischen Mythus.
In der zweiten antworten die alten Volkserzähler auf die
Herausforderung durch die Blut- und Bodenkulte Kanaans.
Sie muten den Bäumen von Kanaan zu, daß sie nicht
Wohnungen von Göttern oder gar selber Götter seien,
sondern schlichte Bäume. Sie entgöttern und versachlichen
die Natur und stellen die Arbeit des Menschen unter die
Herrschaft des einen Gottes, der dies alles geschaffen hat
und am Leben erhält.

Und Gott pflanzte im Osten, in Eden, einen Garten und setzte den Menschen, den er geformt
hatte, hinein. Er ließ aus der Erde allerlei Bäume
aufwachsen, es war eine Augenweide, sie anzusehen, und eine Freude, von ihnen zu essen; in
der Mitte des Gartens aber den Baum des Lebens
und den Baum der Erkenntnis von Gut und
Böse.
In Eden entspringt ein Strom, der den Garten be-
wässert. Der teilt sich und wird zu vier Strömen.
Der erste heißt Pison; er fließt um das Land He-
vila, in welchem man Gold findet. Der zweite
Strom heißt Gihon, er umfließt das ganze Land
Chus. Der dritte heißt Tigris, der strömt östlich
von Assur. Der vierte Strom ist der Euphrat. Und
Gott nahm den Menschen und setzte ihn in den
Garten Eden, daß er ihn baue und bewahre. Und
er befahl ihm: Von allen Bäumen im Garten darfst
du essen, aber von dem Baum der Erkenntnis von
Gut und Böse iß nicht! Denn an dem Tag, an dem
du von ihm ißt, wirst du sterben.
Und Gott sprach: Es ist nicht gut, daß der Mensch
allein ist, ich will ihm eine Hilfe schaffen, die ihm
entspricht. Da bildete Gott aus Erde alle Tiere des
Feldes und alle Vögel des Himmels und brachte
sie zum Menschen, damit der Mensch ihnen
einen Namen gebe, und wie der Mensch sie nennen würde, so sollten sie heißen. Und der Mensch
gab jedem Vieh und jedem Vogel unter dem
Himmel und jedem Wild auf dem Feld seinen
Namen. Aber für ihn selbst, den Menschen, war
keine Hilfe da, die ihm entsprochen hätte.
Da ließ Gott einen tiefen Schlaf auf den Menschen
fallen, und er nahm eine seiner Rippen und
schloß die Stelle mit Fleisch. Er formte eine Frau
aus der Rippe und führte sie dem Manne zu. Da
sprach der Mann: Das ist endlich Bein von meinem Bein und Fleisch von meinem Fleisch! Dar-

um wird ein Mann Vater und Mutter verlassen und an seiner Frau hängen, und sie werden ein Leib sein. Sie waren beide nackt, der Mann und die Frau, und schämten sich nicht.(1. Mose 2)

Das listigste unter den Tieren, die Gott geschaffen hatte, war die Schlange. Die sprach zur Frau: Ist es wahr, daß Gott gesagt hat, ihr dürft von keinem Baum im Garten essen? Die Frau gab zur Antwort: Wir dürfen von den Früchten der Bäume im Garten essen, nur von den Früchten des Baumes mitten im Garten hat Gott gesagt: Eßt nicht davon! Rührt sie nicht an! Ihr würdet sonst sterben! Da sprach die Schlange: Ihr werdet keineswegs sterben, vielmehr weiß Gott, daß euch die Augen aufgehen werden, wenn ihr davon eßt, daß ihr wie Gott sein werdet und Gut und Böse unterscheiden könnt.

Die Frau sah, daß es schön wäre, von dem Baum zu essen, denn er war lieblich anzusehen und begehrenswert, weil er klug machte. Und sie nahm von der Frucht und aß und gab auch ihrem Manne, und er aß. Da gingen den beiden die Augen auf, und sie erkannten, daß sie nackt waren. Da flochten sie Blätter von Feigen zusammen und machten sich Schürzen.

Als sie nun hörten, wie Gott, der Herr, beim Abendwind im Garten umherging, versteckten der Mann und seine Frau sich vor Gott unter den Bäumen. Aber Gott rief Adam, den Menschen, und fragte: Wo bist du? Er sprach: Ich hörte dich im Garten und fürchtete mich, weil ich nackt bin, und versteckte mich. Da fragte Gott: Wer hat dir gesagt, daß du nackt bist? Hast du von dem Baum gegessen, von dem zu essen ich dir verbot? Der Mann antwortete: Die Frau, die du mir gegeben hast, gab mir von dem Baum, und ich aß. Und Gott fragte die Frau: Was hast du da getan? Sie gab zur Antwort: Die Schlange hat mich verführt, und ich aß.

Da sprach Gott zur Schlange: Weil du das getan hast, sollst du verflucht sein, verstoßen von allem Vieh und allen Tieren auf dem Felde. Auf deinem Bauche sollst du kriechen und Staub fressen dein Leben lang. Feindschaft will ich schaffen zwischen dir und der Frau, zwischen deinen Nachkommen und ihren Nachkommen. Ihr Nachkomme wird dir den Kopf zertreten, und du wirst ihn in die Ferse stechen.

Zur Frau sprach er: Ich will dir viel Mühsal schaffen, wenn du schwanger wirst. Unter Schmerzen sollst du Kinder gebären. Nach deinem Manne sollst du verlangen, er aber soll dein Herr sein!

Und zum Manne sprach er: Weil du auf die Stimme deiner Frau gehört und von dem Baum gegessen hast, von dem zu essen ich dir verbot, soll der Acker um deinetwillen verflucht sein. Mühsam sollst du dich von ihm nähren dein Leben lang. Dornen und Disteln soll er dir tragen, und das Kraut des Feldes sollst du essen. Im Schweiße deines Angesichts sollst du dein Brot essen, bis du wieder zu Erde wirst, von der du genommen bist. Denn du bist Erde und sollst zu Erde werden.

Da wies ihn Gott aus dem Garten Eden, damit er die Erde bebaute, von der er genommen war. Er trieb den Menschen hinaus und befahl den Cheruben und dem flammenden, blitzenden Schwert, sich östlich von Eden zu lagern und den Weg zum Baum des Lebens zu bewachen. (1. Mose 3)

Die Geschichte vom Sündenfall hat wie die Schöpfungsgeschichte ihren Hintergrund in den Göttergeschichten der alten Welt. Man kann annehmen, daß sie ursprünglich eine mythische Erzählung war, in der der Drache des Urchaos dem schaffenden und ordnenden Gott zerstörend entgegentrat und der Mensch in den Kampf der Mächte hineingezogen wurde. Hier nun rückt die Auseinandersetzung in das Herz des Menschen. Der Ort, an dem sich entscheidet, ob Gottes Wille geschieht oder mißachtet wird, ist der Mensch. Die Schlange tritt hier nur noch als Tier auf, das sich durch Klugheit von anderen Tieren unterscheidet. Was sie sagt, könnte auch der Mensch sich selbst sagen. Die Schlange bringt nur noch zur Sprache, was der Mensch zweifelt, argwöhnt, sucht oder erhofft. Nicht die Welt ist böse, sondern der Mensch. Nicht das Schicksal bringt ihm Unheil, sondern sein Ungehorsam. Er wollte sein wie Gott. Er erreichte das Wissen um Gut und Böse, was für die Bibel heißt: das Wissen um alle Dinge, auch die außermoralischen. Dieses Wissen bringt ihm ein neues Verhältnis zur Welt, das Verhältnis der Mühe, der Sorge und des Leides. Das geschlechtliche Erwachen steht hier nicht isoliert, es ist lediglich ein Symptom unter anderen für dieses neue Verhältnis zur Welt, das Verhältnis der Distanz, der Verlockung und des Leidens. Und als Zeichen des nun nicht mehr endenden Kampfes ums Dasein tritt der hoffnungslose Streit des Orientalen gegen die überall gegenwärtigen Schlangen, und dies auf einem Erdboden, der karg, hart und trocken ist.

Der Garten Eden war kein
Schlaraffenland, sondern ein
Stück Erde, auf dem etwas wuchs,
auf dem man leben konnte,
auf dem die Arbeit Sinn hatte
und ihren Ertrag brachte.
Eine trockene Plantage mitten
in der Steppe, in der immerhin
Bäume wachsen, wenn man sie
sorgsam hütet,
das ist der »Garten Eden«.

Bauern und Hirten bildeten die beiden Gruppen, die miteinander oder gegeneinander um ihr Leben kämpften.

Und Adam liebte seine Frau Eva. Sie wurde schwanger und gebar Kain, danach Abel, seinen Bruder. Abel wurde ein Schäfer, Kain ein Ackerbauer. Eines Tages begab es sich, daß Kain dem Herrn von den Früchten des Feldes ein Opfer darbrachte. Auch Abel opferte, und zwar von den Erstlingen seiner Herde und von ihrem Fett. Und Gott sah freundlich auf Abel und seine Gabe, aber Kain und sein Opfer nahm er nicht an. Da wurde Kain sehr zornig und senkte finster seinen Blick. Da fragte Gott ihn: Warum bist du zornig? War-um senkst du den Blick? Ist es nicht so: Wenn du recht tust, kannst du ihn frei erheben. Tust du aber nicht recht, so lauert die Sünde vor der Tür, und nach dir hat sie Verlangen; du aber herrsche über sie.

Da sprach Kain zu seinem Bruder Abel: Laß uns aufs Feld gehen! Als sie auf dem Felde waren, erhob sich Kain gegen seinen Bruder Abel und schlug ihn tot. Und Gott fragte Kain: Wo ist dein Bruder Abel? Er antwortete: Ich weiß nicht! Soll ich meines Bruders Hüter sein? Aber Gott sprach: Was hast du getan? Horch! Das Blut deines Bruders schreit zu mir von der Ackererde her! Verflucht seist du, vertrieben vom Acker, der seinen Mund aufgetan hat und deines Bruders Blut von deinen Händen empfangen. Wenn du den Acker bebaust, soll er dir den Ertrag verweigern. Unstet und heimatlos sollst du sein. Da sprach Kain: Meine Strafe ist zu schwer, als daß ich sie tragen könnte. Du vertreibst mich heute vom Acker, ich

muß mich vor dir verbergen und ein ruheloser Flüchtling sein. Wer mich findet, wird mich totschlagen! Aber Gott antwortete: Nein, wer immer Kain erschlägt, soll siebenfache Strafe tragen! Und er machte ein Zeichen an Kain, damit ihn schonte, wer ihm begegnete. So ging Kain weg und wohnte im Lande Nod. (1. Mose 4)

Aus der Welt der Hirten und der Bauern des alten Orients kommt das Alte Testament. Aus dem Kampf ums Überleben, aus Armut und Entbehrung, aus Heimatlosigkeit und ewiger Suche nach einem Fleck Erde, auf dem man bleiben kann, kamen die Gedanken, die wir hier lesen. Aber sie sind mehr als nur Gedanken von Hirten und Bauern einer vergangenen Welt. In den Geschichten und Bildern, die sie uns überliefert haben, liegt das Geheimnis des Schicksals von uns Menschen überhaupt beschlossen.

Die Geschichte von den Söhnen Adams und Evas, dem Bauern und dem Hirten, enthält eine alte Erinnerung aus der Zeit, in der Israel zu den Hirten gehörte. Die Geschichte sollte etwas erklären, das merkwürdig war:
Die Kainiten oder Keniter waren ein Nomadenstamm in der Wüste im Süden Palästinas. In den Zeiten der Wüstenwanderung der Israeliten waren die Kainiten mit ihnen verbunden gewesen, und wie sie verehrten auch die Kainiten Jahwe, den Gott aus der Wüste Sinai, wahrscheinlich sogar schon seit älteren Zeiten als sie. Dennoch erreichten die Kainiten nicht das gesicherte Leben auf der Erde Palästinas, sondern lebten, auch als die Israeliten schon seßhaft waren, weiter vom Raub an den Rändern des Kulturlandes, mit Israel verwandt und doch ein Teil des großen Sippenverbandes der mit Israel verfeindeten Amalekiter. Es muß sich in jener Zeit eine Umkehrung der Lebensformen vollzogen haben. »Kain« war ein Ackerbauer gewesen, ehe Israel seßhaft wurde. Nach irgendeiner harten Auseinandersetzung, die wir nur vermuten können und in der der überlegene Kainstamm zum »Mörder« an den wandernden Israeliten wurde, muß sich alles umgekehrt haben. Israel fand den Segen und den Schutz Gottes im gesicherten Land, Kain wurde unstet und flüchtig in der Wüste, fern vom Kulturgebiet und fern vom »Angesicht Gottes«, das heißt von den Stätten, an denen die Israeliten Gott verehrten. Dennoch ging der Stamm Kain nicht unter, auch nicht, als Saul die Amalekiter ausrottete. Warum? Offenbar trugen die Kainiten ein Zeichen an der Stirn, das auf ihre Bindung an den Gott vom Sinai hinwies und das die Israeliten daran hinderte, sie anzutasten. Trotz aller Spannungen zu Israel standen sie unter dem Schutz Gottes, auch im »Lande Nod«, das es auf keiner Landkarte gibt. »Nod« heißt flattern, unstet hin und her irren. Es ist das Land der verzweifelten Rastlosigkeit. Und so wurde das Geschick des Kain zu einem Symbol für das Geschick des Menschen insgesamt, denn überall geht seit Jahrtausenden der leise oder laute Kampf zwischen den Seßhaften und den Wehrlosen unter den Menschen weiter.

Die Sintflutgeschichte ist ein Gegenentwurf gegen ein im Orient verbreitetes Götterdrama.

Als nun Gott sah, daß die Bosheit der Menschen auf der Erde groß war und aus ihrem Herzen immer nur Böses kam, reute es ihn, daß er den Menschen geschaffen hatte, und es bekümmerte ihn. Er sprach: Ich will den Menschen, den ich gemacht habe, ausrotten, und nicht nur den Menschen, sondern auch das Vieh, die Kriechtiere und die Vögel des Himmels. (1. Mose 6)
Nur Noah fand Gnade in Gottes Augen, und Gott redete mit ihm: Baue dir einen schwimmenden Kasten. Geh hinein und nimm deine ganze Familie mit, denn du allein unter den Menschen bist in meinen Augen gerecht. Von allen reinen Tieren nimm sieben Paar mit dir, von den unreinen je ein Paar, von den Vögeln sieben Paar, damit das Leben auf der Erde erhalten bleibe.
Denn nach sieben Tagen will ich vierzig Tage und vierzig Nächte lang auf der Erde regnen lassen und alles Lebendige, das ich geschaffen habe, ausrotten. Noah tat, was Gott befohlen hatte, und ging mit seinen Söhnen, seinen Frauen und den Frauen seiner Söhne in den Kasten, und Gott selbst verschloß hinter ihm die Tür.
Nach sieben Tagen kamen die Wasser der Flut über das Land. Es regnete vierzig Tage und vierzig Nächte, das Wasser stieg und trug den Kasten empor, und er schwamm über der Erde. Alles Lebendige auf dem Lande ging zugrunde, vom Menschen bis zum Vieh und bis zu den Vögeln. Nur Noah und die mit ihm in dem Kasten waren blieben übrig. (1. Mose 7)
Nach vierzig Tagen sandte Gott einen Wind über die Erde, und das Wasser fiel. Es verlief sich und nahm ab. Am 17. Tag des 7. Monats setzte die Arche auf dem Gebirge Ararat auf. Da öffnete Noah ein Fenster und ließ einen Raben fliegen, der flog immer hin und her, bis die Wasser vertrockneten. Danach sandte er eine Taube aus, um zu erfahren, ob das Wasser sich verlaufen hätte.

Da aber die Taube keinen Platz fand, an dem sie sich niederlassen konnte, kehrte sie in die Arche zurück. Nach weiteren sieben Tagen sandte er die Taube zum zweitenmal aus, und sie kehrte gegen Abend zu ihm zurück, ein frisches Ölblatt im Schnabel. Nach abermals sieben Tagen ließ er sie wieder ausfliegen, da kehrte sie nicht mehr zu ihm zurück. Er entfernte das Dach und sah, daß die Erde trocken war.

Da sprach Gott zu Noah: Geh nun aus dem Kasten, du und deine Familie und alle Tiere, die bei dir sind, daß sie sich regen und sich auf der Erde vermehren! Noah ging heraus und mit ihm alle anderen Menschen und Tiere, ein jedes zusammen mit seinesgleichen.

Und Gott sprach zu Noah und seinen Söhnen: Einen Bund will ich mit euch und euren Nachkommen schließen. Ich will euch die Zusicherung geben, daß nicht noch einmal alles Leben von den Wassern der Flut vernichtet werden wird. Das Zeichen dieses Bundes soll mein Bogen sein, den ich in die Wolken setze. Wenn ich Wolken über der Erde auftürme und der Bogen in den Wolken erscheint, sollt ihr sehen, daß mein Bund mit euch besteht. (1. Mose 9)

Im Gilgameschepos, einer altbabylonischen Dichtung aus dem 2. Jahrtausend vor Christus, lesen wir:

Surippak, die Stadt am Ufer des Euphrat –,
die Stadt war alt und die Götter standen ihr nahe.
Eine Sintflut zu senden trieb die großen Götter ihr Herz.

Mann aus Surippak!
Reiß nieder das Haus, baue ein Schiff!
Laß fahren den Reichtum, suche Leben!
Führe vielerlei Leben ins Schiff...

Ich trat ins Schiff und verschloß meine Tür...

Als nun ein Schimmer des Morgens erglänzte,
stieg vom Fundament des Himmelsgewölbes
schwarzes Gewölk auf...

Und das Wasser stieg ins Gebirge,
wie eine Schlacht über die Menschen sich wälzt.
Und die Götter fürchteten die Flut...

Das Gilgamesch-Lied sagt also: Hinter den Katastrophen, die in der Welt geschehen, stehen Götter und dämonische Fabelwesen aus den Gestirnen oder Urmächte aus der Tiefe des Meeres, die in Schlachtreihen antreten, während der Mensch, um den die Götter sich nicht kümmern, das Opfer von rätselhaften Ereignissen ist. Da führt dieser Mensch, mit seiner Erdscheibe auf dem Urmeer schwimmend, wie unter einer Taucherglocke inmitten ungeheurer Wassermassen sein bedrohtes Leben. Irgendwelche Götter können ihn ersäufen, indem sie das Wasser aus der Tiefe emporsteigen oder den Himmelsozean von oben hereinbrechen lassen. Warum? Für Götter, für Mächte aus der Tiefe gibt es kein Motiv. Sie tun es, wenn »ihr Herz sie treibt«.

In der Noahgeschichte entwerfen die Israeliten ihre Gegenvorstellung: Der Mensch ist bedroht, gewiß. Aber sein Geschick entscheidet sich nicht an der Laune unberechenbarer Götter, sondern am Urteil eines klaren göttlichen Willens und an seinem eigenen Glauben. Das gilt, solange auf dieser Erde Tag und Nacht, Sommer und Winter gehen. Denn nun sichert Gott diese ausgesparte Zelle, in der das Leben der Menschen sich abspielt. Er stellt den Regenbogen als Zeichen für seine bewahrende Treue in die Wolken: Wenn es regnet und der Mensch fürchtet, das Gewölbe breche ein, erscheint der Bogen am Himmel, so, als spiegle sich die Sonne in der großen, glänzenden Himmelsschale und zeige an, daß das Gewölbe steht.

Die Weltgeschichte verläuft ohne Sinn und Steuerung, sagt der alte Mythus. Sie hat ein Ziel und einen Sinn, sie ist gesteuert, sagt der Glaube. Der Zukunft geht, wer klar sieht, mit Angst entgegen, sagt der Mythus, auch der des 20. Jahrhunderts. Der Zukunft begegnet, wer den kennt, der sie verantwortet, mit Vertrauen, sagt der Glaube. Es wäre gut, wenn wir heute zuwege brächten, was Israel vor 3000 Jahren gelang: zu sagen, worauf wir uns verlassen, während der moderne Mythus von der unendlichen Weltleere den hinausfallenden Menschen zu ergreifen beginnt.

Damals hatten alle Menschen dieselbe Sprache und dieselben Worte. Als sie nun nach Osten zogen, fanden sie eine Ebene im Zweistromland und siedelten sich dort an. Und sie sprachen zueinander: Auf! Laßt uns Ziegel formen und brennen! Der Ziegel diente ihnen als Stein und Erdharz als Mörtel, und sie sprachen: Laßt uns eine Stadt und einen Turm bauen, dessen Spitze bis an den Himmel reicht, damit wir uns einen Namen machen und nicht in alle Länder zerstreut werden. Da kam Gott herab auf die Erde, um sich die Stadt und den Turm, den die Menschen bauten, anzusehen, und er sprach: Sie sind alle ein Volk, und sie sprechen alle eine Sprache, und dies

alles ist erst der Anfang ihres Tuns. Nichts wird ihnen mehr unmöglich sein, was sie sich vornehmen. Ich will ihre Sprache verwirren, daß keiner das Wort des anderen mehr versteht! So zerstreute Gott sie von dort in alle Länder, und sie mußten aufhören, ihre Stadt zu bauen. Darum heißt sie »Babel«, weil der Herr dort die Sprache der Menschen »verwirrt« hat und weil er von dort die Menschen über die ganze Erde zerstreut hat. (1. Mose 11)

Die Vorfahren Israels kamen aus dem Zweistromland. Zwischen 2000 und 1500 vor Christus müssen sie aus der Gegend von Ur ausgewandert und nach Haran, später nach Kanaan gezogen sein. In ihrem Ursprungsland hatten sie die großen »Götterberge« gesehen, pyramidenartige Tempeltürme. Umgeben von Priesterpalästen, Vorratshäusern, von Versammlungsplätzen und Prozessionsstraßen standen sie da als Zeichen dafür, daß die Götter auf der Erde gegenwärtig waren. Insgesamt etwa dreißig solcher Türme hat man ausgegraben. Sie trugen Namen wie »Haus des Berges des Weltalls« oder »Haus der Verbindung von Himmel und Erde«, »Haus der sieben Lenker von Himmel und Erde« oder »Haus des Fundaments von Himmel und Erde«. Auf der Spitze war die Wohnung des Gottes, wenn er vom Himmel herabkam, und über eine ungeheure Treppe, die vom Fundament bis zur Spitze geradlinig hinaufführte, begegneten die Götter den Menschen.

Zugleich waren diese Türme für die Erbauer, die Könige, das Zeichen für ihre Macht nicht nur über Menschen, sondern auch über den Himmel. Der sumerische Fürst Gudea, der um 2200 vor Christus gelebt hat, hinterließ eine Inschrift:

»Meinen Tempel hat Enimu bis zum Himmel erbaut. Von meinem Tempel blickt der König mit weittragendem Auge. Mein Tempel strahlt wie der Sturmvogel der Götter. Vor meinem Tempel wird der Himmel wanken. Sein schrecklicher Glanz wird an den Himmel reichen.«

Die Geschichte vom Turmbau zu Babel bringt eine tiefgehende Korrektur. Das Königtum, so meint die Geschichte, empfing seine Macht nicht von den Göttern, wie es vorgibt, sondern hat sie aus Angst an sich gerissen. »Damit wir nicht zerstreut werden«, sagen die Leute von Babylon. Nicht das übergroße Selbstbewußtsein treibt sie an, ihre Türme zu bauen, sondern die Angst vor der Zerstreuung. Nicht die Nähe der Götter ist mit diesen Türmen bewiesen, sondern gerade ihre Ferne, aus der man sie herholen muß. Nicht der Glanz einer großen Zukunft spiegelt sich in der gewaltigen Stadt mit ihren Türmen und Mauern und ihren großen Heeren, sondern der drohende Untergang.

Das Königtum hat kein göttliches Recht, über Menschen zu herrschen. Seine Arroganz und sein Terror zerstören vielmehr die gewachsene Gemeinschaft unter Menschen. Der Ertrag aber des Glaubens, der die Verhältnisse überprüft, ist die Freiheit.

Marduk, der Herr des Himmels, auf dem Himmelsozean stehend, bekleidet mit dem Sternenmantel und gekrönt mit der Sonnenkrone. Ihm zu Füßen das von ihm überwundene Untier.

Die Geschichte vom Turmbau zu Babel
ist ein Bekenntnis zur Freiheit des Menschen
von der Herrschaft der Könige

Abraham, der Mann aus dem Euphrat-Tigris-Gebiet, ist die Urgestalt Israels.

Die Kultur der Sumerer und der Babylonier ist der geschichtliche Hintergrund, aus dem er kommt.

Terach, der Vater Abrahams, und seine ganze Sippe wohnten in Ur, bis sie — im Zuge der großen Wanderung — jene Stadt verließen, um ins Land Kanaan zu ziehen. Sie gelangten bis Haran und machten sich dort seßhaft. (1. Mose 11) Dort sprach Gott zu Abraham: Verlaß dein Land! Verlaß deine Sippe! Verlaß das Haus deines Vaters und zieh in ein Land, das ich dir zeigen will! Ich will dich zu einem großen Volk machen und dich segnen, und durch dich sollen alle Geschlechter auf Erden gesegnet werden.

Jedes Jahr am Erntefest wiederholte der Israelit das alte Glaubensbekenntnis seines Volks:
»Mein Vater war ein wandernder Aramäer.
Er zog nach Ägypten mit wenigen Leuten
und wurde dort zu einem großen und starken Volk.
Aber die Ägypter quälten uns
und zwangen uns zu hartem Dienst.
Und Gott führte uns aus Ägypten heraus
mit starker Hand und gab uns diese Erde,
ein Land, das überfließt von Milch und Honig.«

Der Israelit erinnerte sich, daß am Anfang der Geschichte seines Volks und seiner Religion die Heimatlosigkeit stand, das Umherirren, der Kampf um die Freiheit. Er erinnerte sich, daß sein Urvater seine Heimat verließ, in der er hätte sicher leben können, und auf Befehl eines geheimnisvollen Gottes alle Brücken abbrach, um von Land zu Land zu ziehen, dorthin, wohin Gott ihn rief.

Seine Heimat war Ur, das Land der Sumerer. In einer kriegerischen Zeit voll Unruhe und hin und her gehendem Gedränge unter den Völkern löste er sich aus dem Verband seines Volks und ging mit einer kleinen Gruppe in ein unbekanntes Land. Mehr als tausend Kilometer von Ur nach Haran, noch einmal tausend Kilometer von Haran nach dem Süden Palästinas und bis an die Grenzen Ägyptens. Und das mit Schafherden.

Er ist nicht nur deshalb die Urgestalt Israels, weil er der älteste Stammvater ist, sondern auch deshalb, weil das Schicksal dieses Volks seitdem unablässig, von kurzen Friedenszeiten nur selten unterbrochen, das seine war: das der Heimatlosigkeit und der steten Wanderschaft. Und wenn auch die christlichen Kirchen sich heute noch als das »wandernde Volk Gottes« verstehen, dann nehmen sie das Bild des wandernden Nomaden Abraham wieder auf.

Da brach Abraham, dem Befehl Gottes gehorsam, auf und verließ mit 75 Jahren Haran. Er nahm Sara, seine Frau, seinen Neffen Lot und all seinen Besitz und seine Knechte und Mägde und wanderte nach Kanaan. Er ließ sich im Gebirge östlich von Bethel nieder, schlug dort seine Zelte auf und baute Gott eine Opferstätte. (1. Mose 12) Er war ein reicher Mann, reich an Vieh, an Silber und Gold.
Aber auch Lot, der mit Abraham zog, besaß viele Schafe, Rinder und Zelte. Darum konnten sie nicht beieinander bleiben, weil das Land zu dürftig war und sie nicht beide ernähren konnte. So war Streit zwischen den Hirten von Abrahams Tieren und den Hirten von Lots Vieh. Da sprach Abraham zu Lot:
Wir wollen doch keinen Streit zwischen mir und dir und zwischen meinen und deinen Hirten! Wir sind doch Brüder! Das Land ist offen. So trenne dich von mir. Willst du zur Linken, so gehe ich zur Rechten. Willst du zur Rechten, so gehe ich zur Linken! Da sah sich Lot um und besah die ganze Gegend am Jordan, in der es viel Wasser gab und die fruchtbar war wie ein Garten Gottes. Er wählte sich die Gegend am Jordan und zog hinab. So trennte sich ein Bruder vom anderen, so daß Abraham im Lande Kanaan wohnte und Lot in den Städten am unteren Jordan und bis hin nach Sodom. (1. Mose 13)

Lot gilt als Stammvater der Moabiter und Ammoniter. Diese Beduinenvölker saßen schon im 2. Jahrtausend vor Christus östlich des Jordan und des Toten Meeres und waren mit Israel verwandt. Auf den Namen »Ammoniter« geht der Name der Stadt Amman zurück.

Nach dieser Zeit geschah es, daß Gott in einem Traumgesicht zu Abraham sprach: Fürchte dich nicht, Abraham! Ich schütze dich und mache dein Leben reich! Aber Abraham gab zur Antwort: Herr, mein Gott! Was willst du mir geben? Kinderlos sterbe ich in der Fremde! Mein Leibeigener, Elieser von Damaskus, wird mein Haus besitzen! Gott sprach weiter: Nein! Nicht er, sondern dein eigenes Kind wird dein Erbe sein! Er führte ihn aus dem Zelt hinaus und sprach: Sieh zum Himmel und zähle die Sterne! Kannst du sie zählen? So groß wird die Menge deiner Nachkommen sein! Da glaubte Abraham, und durch diesen Glauben war er ein Mensch nach Gottes Herzen. (1. Mose 15)
Als aber Sara, Abrahams Frau, ihm kein Kind gebar, sprach sie zu ihm: Du siehst, der Herr gibt mir kein Kind. So geh doch zu meiner Magd. Vielleicht komme ich durch sie zu einem Sohn! Sie nahm also Hagar, die Ägypterin, ihre Magd, und gab sie Abraham zur Nebenfrau. Als Hagar merkte, daß sie schwanger war, wurde sie stolz und verachtete ihre Herrin. Da forderte Sara von Abraham: Wahre mein Recht! Ich habe dir meine Magd überlassen. Nachdem sie nun merkt, daß sie schwanger ist, behandelt sie mich wie ihre Sklavin. Da machte Abraham sie wieder zur Sklavin der Sara, und Hagar floh vor Sara in die Wüste.
Bei einer Quelle in der Wüste fand sie der Engel

Gottes und sprach zu ihr: Geh zu deiner Herrin zurück und beuge dich unter ihre Hand. Du wirst einen Sohn gebären, den sollst du Ismael nennen. Der wird ein Mensch sein wie ein Wildpferd. Er wird im Kampf liegen gegen alle und alle gegen ihn, und er wird seinen Platz behaupten allen seinen Brüdern zum Trotz! Danach gebar Hagar einen Sohn, und Abraham nannte ihn Ismael. (1. Mose 16)

Danach sprach Gott zu Abraham: Nun wird dir auch Sara einen Sohn gebären, und du sollst ihn Isaak nennen. Mit ihm will ich meinen Bund schließen für alle Ewigkeit. Aber auch Ismael will ich segnen und ihn fruchtbar und zu einem großen Volk machen. (1. Mose 17)

Abraham machte sich im Süden seßhaft.
Bei Hebron und Beerseba waren seine Weidegebiete.
Bei Bani Naim, östlich von Hebron, von wo man, wie es in der Geschichte vom Untergang Sodoms heißt,
»nach Sodom hinuntersieht«, könnte einer seiner Lagerplätze gewesen sein.

In Ismael, dem ersten Sohn Abrahams, sehen noch heute die Araber ihren Ahnherrn, in Isaak die Israeliten. Im heutigen Israel stoßen die beiden Söhne Abrahams wieder aufeinander.

Ismael und Isaak leben heute im selben Land. Der Ort, an dem nach einer bestimmten Tradition Abraham seinen Sohn Isaak hatte opfern sollen, war der heilige Fels Morija, auf dem heute das neben Mekka wichtigste Heiligtum des Islam steht, der Felsendom in Jerusalem. An diesem Ort stand auch der Tempel Salomos, der für die Söhne Isaaks bis heute die heiligste Stelle dieser Welt ist. Wer heute über den Platz am Felsendom geht, sieht die Tragödie zweier miteinander verwandter Völker.

Ein hochgewachsener, intelligenter Araber, Sohn eines Scheichs aus der Wüste von Amman, führte mich durch die Altstadt von Jerusalem. An der Innenseite des Herodestors blieb er plötzlich stehen, richtete sich auf, wies auf einen Stern, der in die Mauer eingelassen war, und sagte mit Zorn in der Stimme: »Diesen Stern haben uns die Juden gestohlen!

Das ist ein arabischer Stern. Ein arabischer Herrscher hat ihn meißeln lassen. Das ist nicht der Davidsstern, sondern der Stern der Araber!«

Als ich nachher aus dem Felsendom trat und durch die Arkaden an der Südmauer zur Aksamoschee hinuntergehen wollte, stand dort, während Araber zur Gebetsstunde in die Moschee gingen, ein israelischer Posten. Die Tragödie geht täglich und stündlich weiter, und niemand weiß, wie sie gewendet werden soll.

Die Bibel berichtet, Isaak und Ismael hätten ihren Vater Abraham gemeinsam in Hebron bestattet. Im Koran heißt Abraham »El Chalil«, der Gottesfreund. »El Chalil« heißt die Stadt Hebron auf arabisch. Und auch in Hebron stoßen die Söhne Ismaels und Isaaks heute unversöhnlich aufeinander.

Es scheint keinen Weg zu geben als den, daß die Brüder versuchen, einander zu begreifen und gemeinsam im Land der Verheißung zu leben.

Abraham war – so meinte die Wissenschaft vor fünfzig Jahren – eine Phantasiegestalt. Die Erzählungen über ihn sind Legenden oder Sagen. Inzwischen ist man anderer Ansicht. Abraham dürfte, nach allem, was die Wissenschaft inzwischen erkannt hat, eine geschichtliche Figur sein, also nicht nur geistig ein »Vater« Israels, sondern auch genealogisch. Er ist der Vater Israels aber vor allem deshalb, weil in seinem Leben und Wandern herauskommt, wie sein Volk sich Gott gegenüber zu verhalten habe.

Was »Glauben« heißt, das ist an ihm zu sehen: Er hat kein Kind. Sara, seine Frau, ist alt und unfruchtbar. Nun sagt ihm die göttliche Stimme, durch seine Nachkommen sollten alle Völker Segen empfangen. Und Abraham verläßt sich darauf, daß das feststeht. »Abraham glaubt, und durch diesen Glauben ist er ein Mensch nach Gottes Herzen.« Wörtlich heißt es: »Das rechnete ihm Gott als Gerechtigkeit an.« Das bedeutet: Er handelt, denkt und lebt so, daß er dem gerecht wird, was Gott mit ihm vorhat. Fast zweitausend Jahre später erinnert Paulus die erste Kirche an diese Urgestalt des Glaubens und wiederholt: Der Mensch, der glaubt, ohne Beweise zu fordern, erfüllt den Sinn seines Daseins vor sich selbst und vor Gott. Er ist »gerecht«.

Was vertrauen heißt? Da war der Sohn endlich gekommen, und nun fordert Gott, daß Abraham ihn nach einer Sitte jener ältesten Zeit opfert. Nun sieht es so aus, als wolle Gott seine Zusage zurückziehen und als sei alles Glauben umsonst gewesen. Aber Abraham vertraut, daß auch dort, wo für seine Augen alles zu Ende ist, für Gott der Weg weitergeht.

Was es heißt, Gott erkennen? Bei Abraham begegnet uns das seltsame Geschehen zum erstenmal, das wir »Offenbarung« nennen. Daß ein Mensch begreift, wer der wirkliche Gott ist, daß er vernimmt, was dieser Gott von ihm will, und daß er daran sein ganzes künftiges Leben orientiert. Abraham hatte in vielem sicher auch noch an sehr alten und später überholten Vorstellungen von Gott teil. Aber dieses erste Erfassen Gottes geschah schon in einer unerhörten Tiefe und Klarheit.

Abraham soll Isaak opfern und braucht es dann doch nicht zu tun. Damit ist in der Welt der alten Völker zum erstenmal gesagt: Gott will kein Menschenopfer.

Danach nahm sich Gott der Sara an und tat an ihr, wie er versprochen hatte. Sie wurde schwanger und gebar dem Abraham in seinem hohen Alter einen Sohn, und Abraham nannte ihn Isaak. (1. Mose 21)

Eines Tages stellte Gott Abraham auf die Probe. Er rief: Abraham! Dieser antwortete: Hier bin ich! Und Gott sprach: Nimm Isaak, deinen einzigen Sohn, den du liebhast! Geh in das Land Morija und opfere ihn dort als Brandopfer auf einem Berg, den ich dir sagen werde! Da erhob sich Abraham in der Morgenfrühe, zäumte seinen Esel und nahm zwei Knechte und seinen Sohn Isaak mit sich. Holz zum Brandopfer nahm er mit, und so wanderte er dem Ort zu, von dem Gott gesprochen hatte.

Als sie an den Ort kamen, den Gott ihnen genannt hatte, baute Abraham einen Altar, legte das Holz darauf und band seinen Sohn Isaak und legte ihn oben auf die Holzscheite, reckte seine Hand aus und faßte das Messer, um seinen Sohn zu töten. Da rief der Engel Gottes vom Himmel her: Abraham! Er antwortete: Hier bin ich! Der Engel rief weiter: Lege deine Hand nicht an den Knaben und tu ihm kein Leid, denn nun weiß ich, daß du Gott fürchtest, da du ihm selbst deinen einzigen Sohn nicht verweigert hast. Als Abraham sich umsah, erblickte er einen Widder, der hinter ihm in einer Hecke sich mit den Hörnern verfangen hatte, und ging hin, nahm den Widder und opferte ihn an seines Sohnes Stelle. Danach kehrte Abraham zu den Knechten zurück, sie brachen auf und wanderten miteinander nach Beerseba, und Abraham machte sich dort seßhaft. (1. Mose 22)

Die Zumutung, den einzigen Sohn zu opfern, führt Abraham an jene äußerste Grenze, an der es nur noch eine Entscheidung gibt: Er wird entweder diesem Gott absagen und seinen Weg wieder allein gehen, oder er wird sich einem unbegreiflichen, schrecklichen Befehl fügen in dem Vertrauen, daß Gott weiß, was er befiehlt, und daß er zu seinem Wort stehen wird.

Über diese persönliche Bedeutung hinaus bezeichnet die Geschichte aber wahrscheinlich auch einen religionsgeschichtlichen Einschnitt. Es war unter den Völkern der damaligen Zeit weithin Brauch, den erstgeborenen Sohn dem Gott zu opfern in der Hoffnung, der Gott werde den Eltern desto mehr Söhne schenken und sie segnen. Noch in der Zeit der Könige von Jerusalem im 8. und 7. Jahrhundert, so wird berichtet, wurde diese Sitte unter den Bewohnern der Stadt geübt. Unterhalb des Tempelbezirks, wo Abraham mit Isaak gestanden haben soll, zieht sich das Hinnomtal, das Gehinnom, nach Westen um die Stadt. Dort war eine Opferstätte des »Moloch«, eine Kultstätte, an der die Leute ihre Kinder »durchs Feuer gehen ließen«. Der Prozeß der Ablösung des Menschenopfers durch eine geistigere Verehrung Gottes hat also fast tausend Jahre gedauert, und es bedurfte eines harten Kampfs der Propheten, um endlich einen Schlußstrich zu ziehen. Der Anfang liegt bei Abraham.

In der Zeit des späteren Judentums wurde dieses Tal zu einem Gleichnis für die Hölle. Wenn Jesus sagt: »Der Wurm der Hölle stirbt nicht, und ihr Feuer verlischt nicht«, dann nimmt er wahrscheinlich den drachenartigen, eisernen Dämon zum Vergleich, in dem man dort die Kinder dem Feuer überließ. Von dem Tal »Gehinnom« kommt das Wort »Gehenna«, Hölle.

Aus Haran, der Stadt im oberen Euphratgebiet, ließ Abraham seinem Sohn eine Frau holen. Dort saß der große Stämmeverband der Aramäer, den er verlassen hatte.

Abraham wurde sehr alt, und Gott hatte ihn in allen Dingen reich gesegnet. Da sprach er eines Tages zum ältesten Knecht seines Hauses, der seinen ganzen Besitz verwaltete: Schwöre mir bei dem Herrn, dem Gott des Himmels und der Erde, daß du für meinen Sohn keine Frau wählst unter den Töchtern der Kanaaniter, in deren Mitte ich hier wohne, sondern in meine Heimat, zu meinen Verwandten, gehst und meinem Sohn Isaak dort eine Frau suchst. Wenn das Mädchen, das du wählst, dir nicht folgen will, bist du von deinem Eid frei, aber bringe meinen Sohn nicht wieder dorthin zurück. Und der Knecht schwur ihm. Danach nahm er zehn von den Kamelen seines Herrn, begab sich auf die Reise und zog mit allerlei kostbaren Geschenken versehen nach Mesopotamien, in die Stadt Haran, wo Nahor, der Bruder Abrahams, gewohnt hatte. Dort ließ er seine Kamele niederknien, draußen vor der Stadt am Brunnen. Es war Abendzeit, die Stunde, in der die Frauen herauszukommen pflegten, um Wasser zu

schöpfen. Und er betete dort: Herr, du Gott meines Herrn Abraham, laß es mir heute gelingen und erweise dich Abraham, meinem Herrn, gnädig. Ich stehe hier am Brunnen, und die Töchter der Leute dieser Stadt werden herauskommen, um Wasser zu schöpfen. Wenn nun ein Mädchen kommt, zu dem ich sage: Neige deinen Krug und laß mich trinken! und es spricht: Ja, trinke! Und ich will auch deine Kamele tränken, dann sei es die Frau, die du deinem Diener Isaak bestimmt hast. Und daran will ich erkennen, daß du meinem Herrn Abraham gnädig bist.

Kaum hatte er das gesagt, da kam Rebekka, und sie trug einen Krug auf der Schulter. Das Mädchen war sehr schön von Angesicht und noch unberührt. Sie stieg zum Brunnen hinab, füllte den Krug und stieg wieder herauf. Da lief ihr der Knecht entgegen und bat sie: Laß mich doch ein wenig Wasser aus deinem Krug trinken! Sie antwortete: Ja, trinke, mein Herr! Rasch ließ sie den Krug auf ihre Hand herab und gab ihm zu trinken. Danach sagte sie: Ich will auch für deine Kamele schöpfen, bis sie alle genug getrunken haben! Sie eilte, goß den Krug in die Tränkrinne aus und lief wieder zum Brunnen, um zu schöpfen, und schöpfte so für alle seine Kamele.

Der Mann schaute ihr schweigend zu, um zu sehen, ob Gott seiner Reise Erfolg schenken würde oder nicht. Als nun die Kamele alle getrunken hatten, nahm er einen goldenen Stirnreif und zwei goldene Armreifen und fragte: Wessen Tochter bist du? Sie antwortete: Ich bin die Tochter Bethuels und die Enkelin des Nahor.

Da neigte sich der Mann und betete: Gelobt sei der Herr, der Gott Abrahams, meines Herrn! Er ist meinem Herrn gnädig und treu geblieben und hat mich gerade Weges zum Hause des Bruders meines Herrn geführt! Und das Mädchen lief und erzählte alles im Haus ihrer Mutter.

Rebekka wiederholt, was Abraham getan hatte: Sie verläßt ihren Sippenverband und wagt eine ganz und gar unbekannte Zukunft. Darin liegt ihre Bedeutung.

Nun hatte Rebekka einen Bruder namens Laban, der holte ihn vom Brunnen und führte ihn in sein Haus und setzte ihm ein Mahl vor. Da sprach der Knecht:

Ich will erst essen, wenn ich meine Sache vorgebracht habe. Sie antworteten: Sprich! Er berichtete: Ich bin Abrahams Knecht. Gott hat meinen Herrn reich gesegnet, so daß er sehr mächtig geworden ist, hat ihm Schafe und Rinder, Silber und Gold, Knechte und Mägde, Kamele und Esel gegeben. Sara, seine Frau, hat ihm einen Sohn geboren in seinem Alter, der soll sein Erbe sein. Nun hat mein Herr mich schwören lassen, daß ich seinem Sohn keine Frau unter den Töchtern der Kanaaniter wähle, daß ich vielmehr zu seines Vaters Haus und zu seinem Geschlecht ziehe und seinem Sohn eine Frau suche.

Und er erzählte ihnen von der Begegnung mit Rebekka draußen am Brunnen.

Da antworteten Laban und Bethuel: Das kommt von Gott, wir können nichts dazu sagen, weder Böses noch Gutes. Da steht Rebekka vor dir, nimm sie und zieh hin, daß sie die Frau des Sohnes deines Herrn sei, wie Gott es bestimmt hat. Als Abrahams Knecht diese Worte hörte, neigte er sich vor Gott zur Erde. Dann zog er silberne und goldene Kleinode und Gewänder hervor und gab sie Rebekka; auch ihrem Bruder und ihrer Mutter gab er kostbare Geschenke, er aß und trank mit seinen Begleitern, und sie übernachteten dort.

Am Morgen erhoben sie sich, und er sprach: Laßt mich zu meinem Herrn heimkehren! Da ließen sie Rebekka ziehen mit ihren Mägden und vertrauten sie Abrahams Knecht und seinen Leuten an. Die setzten sich auf die Kamele und zogen davon.

Inzwischen hatte Isaak sich im Südland niedergelassen. Er war um die Abendzeit hinausgegangen auf das Feld und sah Kamele kommen. Als Rebekka Isaak aus der Ferne erblickte, glitt sie vom Kamel und fragte den Knecht: Wer ist der Mann, der uns auf dem Feld entgegenkommt? Der Knecht antwortete: Das ist mein Herr! Da nahm sie den Schleier und verhüllte sich. Und Isaak führte Rebekka in das Zelt, das früher seine Mutter Sara bewohnt hatte, nahm sie zur Frau und gewann sie lieb. (1. Mose 24)

Nach zwanzig Jahren der Kinderlosigkeit gebar Rebekka Zwillinge: Jakob und Esau. Als die groß waren, wurde Esau ein Jäger, der auf dem Felde umherstreifte, Jakob dagegen ein stiller Mann, der bei den Zelten blieb. Isaak liebte Esau besonders, weil er gerne Wildbret aß, Rebekka war besonders Jakob zugetan.

Eines Tages kochte Jakob eben ein Gericht, als Esau von der Jagd zurückkam. Da rief Esau ihm zu: Gib mir doch von dem Roten da zu essen, ich komme um! Jakob antwortete: Wenn du mir dein Erstgeburtsrecht dafür verkaufst! — Wenn ich vor Hunger sterbe, erwiderte Esau, was soll mir da die Erstgeburt? Da gab ihm Jakob Brot und gekochte Linsen, und Esau aß und trank, stand auf und ging davon. (1. Mose 25)

Als Jakob und Esau mehr als vierzig Jahre alt waren und Isaak ein alter, blinder Mann war, rief er Esau und sprach zu ihm: Mein Sohn, ich bin alt und weiß nicht, wann ich sterben werde. Nimm Köcher und Bogen, geh aufs Feld, jage mir ein Wild und mache mir ein Essen, wie ich es gern habe, so will ich dich vor meinem Tode segnen! Und Esau ging.

Da sprach Rebekka zu Jakob: Ich habe deinen Vater mit Esau reden hören: Bring mir ein Wild, dann will ich dich segnen! Höre, was ich sage. Geh zur Herde und bring mir zwei gute Böckchen, dann will ich deinem Vater ein Essen machen, wie er es gern hat. Das bringst du deinem Vater, er soll es essen und dich vor seinem Tode segnen! Jakob antwortete: Mein Bruder ist behaart, ich bin glatt, wenn mein Vater mich betastet, stehe ich als Betrüger vor ihm, und er verflucht mich, statt mich zu segnen. Da sprach die Mutter zu ihm: Den Fluch will ich tragen, tue du, was ich gesagt habe.

Er ging also und tat so; seine Mutter machte ein Essen, wie der Vater es gern hatte, nahm Esaus beste Kleider und zog sie Jakob an. Die Felle von den Böckchen aber legte sie ihm um die Hände und den Hals. So trat er bei seinem Vater ein: Mein Vater! Wer bist du? fragte Isaak. Jakob antwortete: Ich bin Esau! Komm, setze dich und iß von meinem Wildbret und segne mich. Isaak wunderte sich: Wie konntest du es so schnell finden? Er antwortete: Der Herr, dein Gott, ließ es mir über den Weg laufen! Danach betastete Isaak

Jakob und sprach: Die Stimme ist von Jakob, aber die Hände sind die Esaus! Komm und küsse mich, mein Sohn! Da roch er den Geruch der Kleider Esaus, segnete ihn und sprach: Der Geruch meines Sohnes ist wie der Geruch des Feldes, das Gott gesegnet hat. Gott gebe dir vom Tau des Himmels und von der Fettigkeit der Erde und Korn und Wein in Fülle! Sei ein Herr über deine Brüder, deiner Mutter Söhne sollen dir zu Füßen fallen!

Als er zu Ende gesprochen hatte und Jakob eben weggegangen war, kam Esau von der Jagd und trug sein Essen zu seinem Vater: Richte dich auf, mein Vater, iß von dem Wildbret deines Sohnes und segne mich! Da fragte Isaak: Wer bist du? Er sprach: Ich bin Esau, dein älterer Sohn. Isaak erschrak: Wer ist denn der Jäger, der vor dir kam und den ich gesegnet habe? Der wird auch gesegnet bleiben!

Als Esau das hörte, schrie er vor Leid und Zorn auf und bat: Segne mich auch, Vater! Hast du nicht noch einen Segen? Nein, antwortete Isaak, die Fettigkeit der Erde und der Tau des Himmels werden sich dir versagen. Von deinem Schwert wirst du dich nähren und deinem Bruder unterworfen sein. Aber einmal wird es geschehen, daß du sein Joch von deinem Hals reißen wirst!

Esau aber haßte Jakob, weil er ihn um seinen Segen betrogen hatte, und dachte: Bald wird man um meinen Vater trauern, dann will ich Jakob umbringen! Da holte Rebekka Jakob zu sich und redete mit ihm: Dein Bruder Esau wird dich umbringen. Höre auf mich, mein Sohn! Flieh zu meinem Bruder Laban und bleibe bei ihm, bis der Zorn deines Bruders sich legt. Dann will ich dich von dort holen lassen. (1. Mose 27)

Das Wort des Isaak über Esau findet seine Entsprechung im Schicksal der Edomiter, die sich auf Esau zurückführen und die ab ca. 1300 in einem kaum kultivierbaren Ödland südlich des Toten Meeres als Jäger, aber auch als Räuber lebten, abhängig und ständig vom Hunger bedroht.

Jakob, oder mit seinem anderen Namen Israel, diese schillernde Gestalt, die des Betrugs ebenso fähig ist wie der durchhaltenden Treue, der List ebenso wie des leidenschaftlichen Glaubens, ist so wichtig, daß sein ganzes Volk Israel nach ihm heißt. Er ist der zweite Sohn und hat keine Chance, Ahnherr eines Geschlechts zu werden. Aber er zwingt sein Schicksal und wird Ahnherr. Als Isaak die Herrschaft abgibt, alt und blind, riskiert er auf Tod und

Leben den »Putsch«. Hätte Isaak den Vorgang durchschaut, wäre Jakob verloren gewesen. In Haran fällt er einem Verwandten in die Hände, der ihm an Gerissenheit gewachsen ist. Aber auch als Lea ihm untergeschoben wird, gibt er nicht auf und zwingt das Glück, das für ihn Rahel heißt. Und als er zurückkehrt, so erzählt das Alte Testament, da erkämpft er sich bei Nacht an einem Grenzfluß den Segen Gottes, dem er sein Leben lang auf der Spur gewesen war. Die Größe Jakobs liegt in dem Mut, sich nicht abzufinden, sondern selbst Gott abzutrotzen, was Gott ihm eigentlich nicht zugedacht hatte.

Abraham war »erwählt«. Jakob zwingt Gott, diese Erwählung an ihn weiterzugeben, und wird dadurch zum Stammvater des Zwölfstämmevolks.

So verließ Jakob Beerseba und wanderte die Straße, die nach Haran führt.
Als er dort an einem Brunnen Rast machte, kam eben Rahel mit den Schafen ihres Vaters, und die Hirten, die er fragte, wer das sei, sagten ihm, dies sei Rahel, die Tochter Labans. Da half er ihr die Schafe tränken, küßte sie, weinte und sagte ihr, er sei ihres Vaters Neffe und Rebekkas Sohn. Sogleich lief sie nach Hause und erzählte es ihrem Vater Laban. Der holte Jakob in sein Haus, und Jakob diente ihm als Hirte.

Gott erwählt Abraham. In einer Familiengeschichte setzt sich diese Erwählung fort und umfaßt schließlich ein Volk.

Als ein Monat vergangen war, sprach Laban zu ihm: Du bist zwar mein Verwandter, aber du sollst dennoch nicht umsonst bei mir arbeiten. Sage mir, was soll dein Lohn sein? Nun hatte Laban zwei Töchter, die ältere hieß Lea, die jüngere Rahel. Lea hatte glanzlose Augen, aber Rahel war lieblich von Gestalt und schön von Angesicht. Da Jakob Rahel liebte, sprach er: Ich will dir sieben Jahre um Rahel dienen! Es ist besser, entgegnete Laban, wenn ich sie dir gebe als einem anderen. Bleibe bei mir. So arbeitete nun Jakob sieben Jahre um Rahel, und es schien ihm, es seien nur Tage gewesen, so liebte er sie. Als nun die Hochzeit kam, führte Laban am Abend des Fests Lea zu Jakob ins Zelt, und Jakob schlief bei ihr. Am Morgen aber – da war es Lea! Was hast du mir da getan? fragte

29

er Laban. Habe ich nicht um Rahel gearbeitet? Warum hast du mich betrogen? Laban antwortete: Es ist nicht Sitte im Lande, daß man die Jüngere weggibt vor der Älteren. Halte mit dieser die Hochzeitswoche aus, dann will ich dir Rahel auch geben, und du sollst noch einmal sieben Jahre für sie arbeiten. So geschah es. Jakob diente um Rahel noch einmal sieben Jahre.

In diesen Jahren gebar ihm Lea sechs Söhne: Ruben, Simeon, Levi, Juda, Issaschar und Sebulon. Ihre Magd Silpa gebar ihm dazu noch die beiden Söhne Gad und Asser, während Bilha, die Magd der Rahel, ihm die Söhne Dan und Naphthali gebar. Rahel selbst aber gebar ihm erst nach langen Jahren der Unfruchtbarkeit die Söhne Joseph und Benjamin. (1. Mose 29–30)

Schließlich, nach zwanzig Jahren, trennte er sich auf dem Gebirge Gilead von Laban, und sie setzten als Zeichen für die künftige Grenze zwischen seiner Familie und der Labans ein Steinmal. Jakob wanderte aus dem Lande östlich des Jordan nach Kanaan zurück (1. Mose 31) und fand seinen Vater Isaak in Mamre, in Hebron. Danach starb Isaak alt und lebenssatt, und seine Söhne Esau und Jakob begruben ihn. (1. Mose 35)

Die Familie Abrahams kam aus dem babylonischen Kulturkreis. Auf ihrer Wanderung stieß sie an die andere Großmacht: Ägypten. Zwischen beiden Machtzentren wollte sie unter freien Nomaden leben. Aber aus dieser Lage zwischen Mesopotamien und Ägypten erwuchs Israel immer wieder sein Schicksal. Bis zum heutigen Tag.

Joseph, der Sohn Jakobs, war mit seinen Brüdern zusammen ein Schafhirt. Jakob, der auch Israel genannt wird, hatte aber Joseph lieber als seine anderen Söhne und ließ ihm ein buntfarbiges Ärmelkleid machen. Und seine Brüder haßten ihn deswegen. Einmal erzählte Joseph ihnen einen Traum: Ich träumte, wir banden Garben auf dem Feld. Meine Garbe richtete sich auf und stand, eure

Der Pharao Tutanchamon und
seine Gemahlin Anchesamun
lebten etwa in der Zeit Josephs.
Ob er der Pharao Josephs war,
wissen wir nicht.

Garben traten rings um die meine und verneigten sich vor ihr. Da fuhren ihn seine Brüder an: Du willst wohl unser König werden und über uns herrschen? Und haßten ihn noch mehr. Und noch einen Traum erzählte er ihnen: Die Sonne, der Mond und elf Sterne verneigten sich vor mir! Als er das seinem Vater erzählte, schalt der ihn. Was ist das für ein Traum? Sollen ich, deine Mutter und deine Brüder kommen und vor dir niederfallen? Aber er behielt diese Worte im Gedächtnis.

Als einst seine Brüder das Vieh in Sichem weideten, sandte Jakob Joseph zu ihnen, damit er nach ihnen sehe. Während die Brüder ihn aus der Ferne kommen sahen, berieten sie untereinander: Seht! Da kommt der Träumer! Wir wollen ihn töten und in eine Grube werfen und sagen, ein böses Tier habe ihn gefressen! So wird man sehen, was seine Träume wert sind.

Als nun Joseph zu seinen Brüdern kam, zogen sie ihm das bunte Ärmelkleid aus, nahmen ihn und warfen ihn in eine Grube. Dann setzten sie sich und aßen. Indessen sahen sie eine Karawane von Ismaeliten aus Gilead mit ihren Kamelen herankommen, die nach Ägypten unterwegs war. Da sprach Juda zu seinen Brüdern: Was hilft's, daß wir unseren Bruder töten? Wir wollen ihn den Ismaeliten verkaufen, er ist doch unser Bruder! So holten sie ihn aus der Grube und verkauften ihn für zwanzig Silberstücke den Ismaeliten; die brachten ihn nach Ägypten. (1. Mose 37)

In Ägypten kaufte ihn Potiphar, der Befehlshaber der Leibwache. Gott aber war mit Joseph, so daß er ein Mensch wurde, dem alles gelang. Und als sein Herr sah, daß ihm alles glückte, machte er ihn zu seinem persönlichen Diener. Ja, er setzte ihn zum Verwalter seines Hauses und seines ganzen Besitzes ein. Und Joseph war schön von Gestalt und von Angesicht.

Bald verliebte sich Potiphars Frau in ihn und fing an, ihn mit begehrlichen Augen anzusehen. Sie forderte ihn auf: Schlafe bei mir! Er aber weigerte sich, auch als sie ihn täglich bedrängte. Eines Tages, als Joseph in das Haus ging, um seine Arbeit zu tun, und als niemand in der Nähe war, ergriff sie ihn bei seinem Kleid und bedrängte ihn: Lege dich zu mir! Er aber ließ sein Kleid in ihrer Hand, floh und lief ins Freie hinaus. Sie legte das Kleid neben sich, bis sein Herr heimkam, und sprach zu ihm: Der hebräische Sklave kam zu mir herein und wollte sich zu mir legen! Als er hörte, daß ich schrie, ließ er sein Kleid bei mir und floh hinaus.

Potiphar wurde sehr zornig und warf Joseph ins Gefängnis. Aber auch im Gefängnis war Gott mit ihm und neigte ihm die Herzen zu, auch das Herz des Aufsehers, so daß der ihm die Verantwortung für die Gefangenen übertrug und alles im Gefängnis nach Josephs Anweisung geschah. (1. Mose 39)

Eines Tages ließ der Pharao seinen Mundschenk und den obersten der Bäcker ins Gefängnis legen, und Joseph hatte sie zu bedienen. Die hatten in einer Nacht Träume, und sie erzählten sie Joseph: Ich träumte, erzählte der Mundschenk, vor mir stünde ein Weinstock, der hatte drei Reben. Er grünte, wuchs und blühte, und die Trauben wurden reif. Ich nahm die Beeren, zerdrückte sie in den Becher des Pharao und reichte ihn dem Pharao. Da sprach Joseph: Drei Ranken sind drei Tage. In drei Tagen wird der Pharao dein Haupt erheben und dich wieder in dein Amt einsetzen. Aber denke an mich, wenn es dir gut geht, erzähle dem Pharao von mir und befreie mich aus diesem Haus. Denn ich bin aus dem Lande der Hebräer gestohlen worden, und auch hier habe ich keine Schuld auf mich geladen. Unschuldig sitze ich hier im Gefängnis.

Aber der Mundschenk dachte, als er wieder in seinem Amt war, nicht mehr an Joseph, sondern vergaß ihn. (1. Mose 40)

Zwei Jahre später hatte der Pharao zwei Träume. Er ließ die Wahrsager und Weisen Ägyptens kommen und erzählte sie ihnen, aber keiner war da, der dem Pharao die Träume hätte deuten können. Da erinnerte sich der Mundschenk an Joseph und riet dem Pharao, ihn zu rufen. Joseph kam in aller Eile aus dem Gefängnis und trat vor den Pharao. Da erzählte der Pharao: Ich träumte, ich stand am Ufer des Nil und sah sieben schöne, fette Kühe aus dem Wasser steigen, die weideten im Riedgras. Nach ihnen sah ich sieben andere Kühe, dürre, häßliche und magere, heraussteigen. Ich habe nie so häßliche in Ägypten gesehen. Und die sieben mageren und häßlichen Kühe fraßen die sieben ersten, fetten Kühe auf, aber sie waren danach so mager wie zuvor. Danach träumte ich:

Sieben Ähren wuchsen auf einem einzigen Halm, voll und dick. Nach ihnen gingen sieben dürre Ähren auf, dünn und versengt. Und die sieben dünnen Ähren verschlangen die sieben schönen Ähren. Das alles habe ich meinen Wahrsagern gesagt, aber sie können es nicht deuten.

Joseph antwortete dem Pharao: Beide Träume bedeuten ein und dasselbe. Gott hat dem Pharao verkündigt, was er vorhat. Die sieben schönen Kühe und die sieben guten Ähren sind sieben Jahre. Die sieben mageren Kühe und die sieben versengten Ähren sind sieben Jahre des Hungers. Es werden in Ägypten sieben reiche Jahre kommen und nach ihnen sieben Jahre des Hungers, so daß man die reiche Fülle vergessen wird, und der Hunger wird das Land verzehren. Nun sehe der Pharao sich nach einem tüchtigen und verständigen Mann um und setze ihn über das Land. Der Pharao setze Beamte im Lande ein, die während der Jahre der Fülle den fünften Teil der Ernte einziehen und Getreide aufschütten in den Vorratshäusern des Pharao, damit ein Vorrat da sei in den sieben Jahren des Hungers und das Land nicht im Hunger zugrunde gehe.

Diese Worte leuchteten dem Pharao und allen seinen Beratern ein, und der Pharao sprach: Wie könnten wir irgendwo einen Mann finden, in dem so Gottes Geist ist wie in diesem? Du sollst Verwalter meines Hauses sein, und auf dein Wort soll das ganze Volk hören. Nur um den königlichen Thron will ich höher sein als du. Und er zog seinen Ring von seiner Hand und steckte ihn Joseph an seinen Finger, ließ ihn kostbar kleiden, legte ihm eine goldene Kette um den Hals, ließ ihn auf seinem zweiten Wagen fahren und vor ihm her ausrufen: Das ist des Landes Vater!

Das Land trug in den sieben Jahren Frucht im Überfluß, und Joseph sammelte die Ernte der sieben Jahre in den Städten. Es wurden ihm auch von Asenath, seiner Frau, der Tochter des Oberpriesters von On, zwei Söhne geboren, ehe die Hungerzeit kam, Manasse und Ephraim.

Als nun die sieben Hungerjahre kamen, brach über alle Länder eine Hungersnot herein, und nur in Ägypten war noch Brot. Da tat Joseph die Kornhäuser auf und verkaufte Korn an die Ägypter, und auch aus den fremden Ländern kamen die Menschen, um bei Joseph zu kaufen. (1. Mose 41)

Beim Bau des Assuanstaudamms wurde ein Tempel Ramses' II. an einen höheren Platz verlegt, wo ihn das Wasser nicht mehr erreicht. Der gewaltige Kopf gehörte vermutlich jenem Pharao, der die Israeliten versklavte und von dem sie sich befreiten.

Da hörte auch Jakob, in Ägypten sei Getreide zu haben, und sprach zu seinen Söhnen: Was seht ihr euch lange an? Ich höre, in Ägypten sei Getreide zu haben; zieht hin und kauft uns Getreide, damit wir leben und nicht sterben. Da zogen die zehn Brüder Josephs nach Ägypten, nur Benjamin, den Jüngsten, ließ Jakob nicht mit seinen Brüdern ziehen, damit ihm ja kein Unfall zustoße. Nun war Joseph Regent im Lande, und er war es, der dem Volk das Getreide verkaufte. Als seine Brüder kamen, warfen sie sich vor ihm auf die Erde nieder, auf ihr Antlitz. Er erkannte sie, aber er stellte sich fremd und redete sie hart an: Woher kommt ihr? Aus dem Lande Kanaan, antworteten sie, um Getreide zu kaufen! Und Joseph dachte an seine Träume und fuhr fort: Ihr seid Kundschafter! Ihr seid gekommen, um zu sehen, wo das Land ungeschützt ist! Sie antworteten ihm: Nein, mein Herr, wir alle sind Brüder, eines Mannes Söhne, keine Kundschafter! Wir, deine Knechte, waren zwölf Brüder, der jüngste ist zu Hause bei unserem Vater, und einer ist nicht mehr vorhanden! Joseph fuhr fort: Es ist, wie ich gesagt habe: Kundschafter seid ihr! Aber ich will prüfen, ob es wahr ist, was ihr sagt. Ihr sollt von hier nicht wegkommen, wenn nicht euer jüngster Bruder hierher kommt. Und er ließ sie drei Tage lang ins Gefängnis legen. Am dritten Tag sprach er zu ihnen: Wenn ihr redliche Männer seid, dann laßt einen eurer Brüder gebunden im Gefängnis zurück, ihr aber zieht heim und schafft das Getreide nach Hause. Dann bringt euren jüngsten Bruder zu mir, so will ich euren Worten glauben, und ihr braucht nicht zu sterben. Und sie gingen darauf ein.

Zueinander sprachen sie: Jetzt rächt es sich, was wir unserem Bruder angetan haben! Wir sahen seine Herzensangst, als er uns anflehte, und wir wollten nicht auf ihn hören! Sie wußten aber nicht, daß Joseph sie verstand, denn er redete durch einen Dolmetscher mit ihnen. Und Joseph wandte sich von ihnen ab und weinte, danach kehrte er zurück, nahm den Simeon aus ihrer Mitte und ließ ihn vor ihren Augen binden.
Dann gab er Befehl, ihre Säcke mit Getreide zu füllen und jedem sein Geld wieder in seinen Sack zu legen. Als aber nach ihrem Aufbruch einer seinen Sack öffnete, um seinem Esel Futter zu geben, sah er sein Geld im Sack liegen und sprach zu seinen Brüdern: Mein Geld ist wieder da! Da sahen sie einander entsetzt an und sprachen: Was hat uns Gott da angetan? Zu Hause aber, als sie die Säcke ausschütteten, fand jeder seinen Beutel mit seinem Geld wieder in seinem Sack, und sie erschraken samt ihrem Vater.
Als sie ihrem Vater Jakob alles erzählt hatten, klagte Jakob: Nein, Benjamin soll nicht mit euch hinabziehen! Wenn ihm ein Unglück zustieße, ihr würdet mich alten Mann mit Herzeleid zu den Toten hinabbringen. (1. Mose 42)
Als aber die Hungersnot drückend auf dem Lande lag und alles verzehrt war, was sie aus Ägypten gebracht hatten, sprach Juda zu seinem Vater: Laß den Knaben mit mir ziehen, daß wir wieder aufbrechen und nicht Hungers sterben. Ich will Bürge für ihn sein. Wenn wir nicht gezögert hätten, wären wir wohl schon zweimal wiedergekommen. Da sprach Jakob: Wenn es denn sein muß, so nehmt von den besten Früchten unseres Landes

Geschenke mit. Der allmächtige Gott gebe, daß euch der Mann gnädig ist, daß er Simeon und Benjamin wieder mit euch ziehen läßt.

Als Joseph sie mit Benjamin kommen sah, sprach er zu seinem Hausverwalter: Führe diese Männer ins Haus, schlachte und richte zu, denn sie sollen heute mittag mit mir essen. Und der Verwalter führte Simeon zu ihnen heraus und brachte sie in Josephs Palast, gab ihnen Wasser, die Füße zu waschen, und ihren Eseln Futter. Sie aber packten das Geschenk aus, bis Joseph zum Essen kommen würde.

Als Joseph ins Haus trat, legten sie ihm das Geschenk vor und fielen vor ihm nieder auf die Erde. Er aber begrüßte sie freundlich und fragte: Geht es eurem alten Vater gut? Lebt er noch? Er sah Benjamin, seiner Mutter Sohn, und fragte: Ist das euer jüngster Bruder, von dem ihr mir erzähltet? Gott sei dir gnädig, mein Sohn! Und Joseph eilte hinaus und verbarg sich, um zu weinen, denn er war erschüttert über die Begegnung mit seinem Bruder. Als er sein Gesicht gewaschen hatte, kam er wieder, bezwang sich und befahl: Legt die Speisen auf! Und man setzte ihm die Brüder gegenüber, zunächst den Erstgeborenen, dann sie alle nach ihrem Alter und zuletzt den Jüngsten, worüber sie sich sehr wunderten. Man trug ihnen Essen auf, und sie tranken und wurden fröhlich. (1. Mose 43)

Danach befahl Joseph seinem Verwalter: Fülle den Männern ihre Säcke mit Korn, soviel sie tragen können. Lege jedem sein Geld in seinen Sack, und meinen silbernen Becher lege oben in den Sack des Jüngsten!

Das reiche und gesicherte Ägypten war viele Jahrhunderte lang immer wieder das Ziel verhungernder Nomaden, die entweder als Sklaven angesiedelt wurden oder sich auf irgendeine Weise wieder befreiten, wenn die Hungersnot vorbei war.

Am Morgen, als es hell wurde, ließen sie die Männer mit ihren Eseln ziehen. Als sie aber kaum die Stadt verlassen hatten, befahl Joseph dem Verwalter: Auf! Verfolge sie, und wenn du sie erreichst, dann frage sie: Warum habt ihr den silbernen Becher gestohlen? Es ist ein Verbrechen, was ihr getan habt! Als der sie so gefragt hatte, antworteten sie ihm: Wie kann unser Herr das sagen? Wie sollten wir Silber und Gold aus dem Haus deines Herrn stehlen? Derjenige, bei dem sich der Kelch findet, sei des Todes, und wir alle wollen Leibeigene deines Herrn sein! Gut, erwiderte der Verwalter, es sei, wie ihr sagt: Wer den Kelch hat, ist mein Sklave, die anderen sind frei. Da ließen sie ihre Säcke in aller Eile zur Erde nieder, und er begann beim Ältesten zu suchen. Zuletzt fand sich der Becher in Benjamins Sack! Da zerrissen sie ihre Kleider, ein jeder belud seinen Esel, und sie zogen wieder in die Stadt, gingen in Josephs Haus und warfen sich vor ihm auf die Erde. Joseph aber sprach: Wie konntet ihr das tun? Wußtet ihr nicht, daß ein Mann wie ich geheime Dinge sieht?

Und Juda antwortete: Was sollen wir meinem Herrn sagen? Wie könnten wir uns rechtfertigen? Wir alle sind meines Herrn Sklaven. Aber Joseph erwiderte: Nein, nur der, bei dem der Becher gefunden wurde, soll mein Sklave sein, ihr aber zieht in Frieden zu eurem Vater!

Da trat Juda vor und berichtete alles vom Anfang an, wie er seinem Vater gegenüber Bürgschaft geleistet hatte für seinen Bruder Benjamin, und bat ihn: So laß deinen Knecht an des Knaben Statt als Sklaven meines Herrn hier bleiben und den Knaben mit seinen Brüdern heimziehen. Denn wie soll ich zu meinem Vater kommen, wenn der Knabe nicht bei mir ist? Ich könnte den Jammer nicht sehen, der über meinen Vater käme! (1. Mose 44)

Da konnte Joseph nicht länger an sich halten und rief: Jedermann verlasse den Raum! So war niemand bei ihm, als er sich seinen Brüdern zu erkennen gab. Und er weinte und sprach: Ich bin Joseph! Und seine Brüder konnten ihm nicht antworten, so erschraken sie vor ihm.

Er aber sprach: Tretet doch her zu mir! Ich bin Joseph, euer Bruder, den ihr nach Ägypten verkauft habt! Aber das soll euch nun nicht mehr bekümmern, denn Gott hat mich hergesandt, damit ihr leben könnt. Denn es sind nun zwei Jahre, daß Hungersnot im Lande herrscht, und noch weitere fünf Jahre wird kein Säen und kein Ernten sein.

Nicht ihr habt mich hergesandt, sondern Gott, der hat mich zum »Vater« des Pharao eingesetzt und zum Herrscher über ganz Ägypten. Und nun zieht rasch zu meinem Vater hinauf, holt ihn herab und sagt ihm: Das läßt dir Joseph, dein Sohn, sagen: Du sollst im Lande Gosen wohnen mit deiner ganzen Familie. Und er fiel seinem Bruder Benjamin um den Hals und weinte, und auch Benjamin weinte an seinem Halse, er küßte alle seine Brüder, und sie weinten und redeten miteinander. So kehrten die Brüder aus Ägypten nach Hause zu ihrem Vater Jakob zurück und sprachen: Joseph lebt noch! Er ist Herr über ganz Ägypten! Aber Jakobs Herz blieb starr, denn er glaubte ihnen nicht. Als er dann die Wagen sah, die ihm Joseph gesandt hatte, wurde sein Geist lebendig: Mir ist genug, daß mein Sohn Joseph noch lebt! Ich will hin und ihn sehen, ehe ich sterbe! (1. Mose 45)

Als sie nach Gosen kamen, spannte Joseph seinen Wagen an und fuhr seinem Vater entgegen. Er fiel ihm um den Hals und weinte lange an seinem Halse. (1. Mose 47)

Ein Grenzbeamter meldet kurz vor dem Jahr 1200 an den Pharao:

»Wir haben den Durchzug der Beduinenstämme von Edom durch die Festung in Zeku zu den Sümpfen von Pithom hin beendet, um sie und ihre Herden in der Besitzung des Königs, der guten Sonne jedes Landes, am Leben zu erhalten.«

Zunächst leben die Jakobssöhne mit ihren Familien ungestört im Land Gosen, dem Wadi Tumilat. Dann kommt ein neuer Pharao. Er macht die freie Minderheit zu einem Volk von Staatssklaven. In dieser Zeit wird Mose geboren.

Joseph und alle anderen, die zu seiner Zeit gelebt hatten, waren gestorben. Die Söhne Israels aber hatten sich vermehrt und füllten das Land. Da kam in Ägypten ein anderer König an die Macht, der von Joseph nichts wußte, der sprach zu seinem Volk: Das Volk Israel ist größer und stärker als wir. Wir wollen sie niederhalten, daß sie nicht noch stärker werden. So setzte man Aufseher ein, die ihnen Zwangsarbeit auferlegten, und die Israeliten mußten für den Pharao die Städte Pithom und Ramses bauen.

Auf einem ägyptischen Grabrelief ist dargestellt, wie sich »Leute aus Asien, die nicht wissen, wovon sie leben sollen« vor dem General Harem Hab niederwerfen. Das geschah ums Jahr 1330, also etwas später, als wir die Zeit Josephs ansetzen. Aber hier lag nicht nur für die Beduinen eine Überlebenschance, sondern für Ägypten zugleich eine Gefahr. Nicht zufällig haben die Ägypter entlang dem heutigen Suezkanal immer wieder Grenzbefestigungen, einmal sogar eine durchlaufende Mauer, gebaut, um das Eindringen der unruhigen, kulturlosen und stets hungrigen »Sandvölker« zu verhindern. Die folgende Erzählung im 2. Buch Mose bestätigt, daß gerade diese verachteten Söhne der Wüste dazu gezwungen wurden, gegen ihresgleichen militärische Stützpunkte zu errichten: die Städte Pithom und Ramses.

Der Bau der Stadt Ramses unter Pharao Ramses II. wird in einem zeitgenössischen ägyptischen Lied besungen:
»Der König hat sich ein Schloß gebaut,
›groß an Siegen‹, ist sein Name.
Es liegt zwischen Palästina und Ägypten.
Alle Leute verlassen ihre Städte
und werden angesiedelt in seinem Umkreis.«

Aus derselben Zeit berichtet ein Beamter dem Ramses:
»Ich habe dem Befehl Folge geleistet, den mir mein Herr gab, indem er sprach: Gib Korn den ägyptischen Soldaten und den Hebräern, welche Steine herbeiziehen für die große Befestigung der Stadt des Ramses. Ich habe ihnen Getreide gegeben jeden Monat entsprechend dem Befehl meines Herrn.«

Aber je mehr man das Volk bedrückte, desto stärker breitete es sich aus, und die Ägypter fürchteten sich vor ihm. So gebot der Pharao, man solle alle neugeborenen Söhne in den Nil werfen, hingegen die Töchter am Leben lassen. (2. Mose 1) Nun gebar eine israelitische Frau in jener Zeit einen Sohn, den setzte sie in einem Korb im Nil aus. Dort fand ihn die Tochter des Pharao, als sie mit ihren Gespielinnen am Ufer ging. Sie nahm ihn als ihren Sohn an und nannte ihn Mose. So wuchs Mose am Hof des Pharao auf.

Mose kennt die Götter der Ägypter. In der Wüste begegnet er den Midianitern, deren Gott »Jahwe« heißt. Nun erkennt er, daß hier aus dem brennenden Wüstenbusch nicht irgendein Nomadengott zu ihm spricht, sondern der Gott seiner Väter Abraham, Isaak und Jakob, Gott schlechthin.

Als Mose groß geworden war, ging er einmal zu seinen Brüdern hinaus und sah ihren Frondienst. Da kam er eben dazu, wie ein Ägypter einen Hebräer schlug. Er blickte sich nach allen Seiten um, und als er sah, daß niemand da war, erschlug er den Ägypter und verscharrte ihn im Sand. Am anderen Tag ging er wieder hinaus, sah zwei Hebräer miteinander streiten und sprach den, der im Unrecht war, an: Warum schlägst du deinen Bruder? Der antwortete: Wer hat dich zum Aufseher oder Richter eingesetzt? Willst du mich auch totschlagen, wie du den Ägypter totgeschlagen hast? Da fürchtete sich Mose und fragte sich: Wie ist das bekanntgeworden? Und er flüchtete in das Land Midian.

Auf seiner Flucht kam er in das Haus des midianitischen Priesters Jethro. Er nahm dessen Tochter Zippora zur Frau und weidete in der Steppe seine Schafherden. (2. Mose 2)

Während er so die Schafe trieb, gelangte er auch über die Steppe hinaus in die Wüstengegend am Sinai. Dort erschien ihm der Engel Gottes in der Flamme eines brennenden Dornbuschs. Er sah den Busch brennen und bemerkte, daß er nicht verzehrt wurde. Da sagte er sich: Ich will hingehen und diese seltsame Erscheinung besehen: einen Busch, der nicht verbrennt. Aber Gott rief ihm aus dem Busch zu: Mose! Mose! Er antwortete: Hier bin ich! Gott sprach: Tritt nicht näher heran! Ziehe deine Schuhe von deinen Füßen, denn der Ort, auf dem du stehst, ist heiliges Land! Ich bin der Gott deines Vaters, der Gott Abrahams, der Gott Isaaks und der Gott Jakobs! Da verhüllte Mose sein Gesicht, denn er fürchtete sich, Gott anzusehen. Und Gott fuhr fort: Ich habe das Elend meines Volkes in Ägypten gesehen und die Klage über seine Bedrücker gehört. Ich will es erretten aus der Hand der Ägypter und es in ein schönes, freies Land führen. Darum will ich dich zum Pharao senden, damit du die Söhne Israels aus Ägypten führst. Mose antwortete: Wer bin ich, daß ich zum Pharao gehen und die Israeliten befreien könnte? Gott sprach: Ich will mit dir sein! Und wenn du mit deinem Bruder Aaron mein Volk aus Ägypten befreit hast, werdet ihr auf diesem Berg anbeten. (2. Mose 3)

Der Gott der Wüstenzeit trägt den Namen »Jahwe«.

Das kann heißen: Der Wehende, das heißt der im Wind, im Sturm Erfahrbare. Es kann heißen der »Fällende«, das heißt der Blitzgott. Es kann auch heißen: »der Schaffende«, das heißt der, der macht, daß etwas ist. Wir wissen es nicht genau. Auf alle Fälle geht diese Gottesbezeichnung zurück in die Zeit Israels am Sinai, wo auch von anderen Beduinenstämmen, etwa den Midianitern, dieser Jahwe verehrt wurde. Wichtig ist daran nur, daß durch Mose dieser Gottesname mit einer ganz neuen Erkenntnis Gottes verbunden wurde: der des Gottes, der rettet und aus den Geretteten ein Volk macht, indem er ihnen seinen Willen offenbart. Es ist etwas von einem Kriegsgott in der Gottesvorstellung der Mosezeit, auch etwas von einem Gewittergott, der seinen Sitz auf dem Sinai hat. Aber dieser Gott ist doch, und das ist wieder ein erstaunlicher Fortschritt jener frühen Zeit, ein geistiger Gott, ein Gott, der den sittlichen Willen der Menschen fordert.

Ägypten ist in Israels Augen das große »Sklavenhaus«.

Da gingen Mose und Aaron zum Pharao und sagten: So spricht der Herr, der Gott Israels: Laß mein Volk ziehen! Der Pharao antwortete: Wer ist das, der Herr? Ich weiß nichts von ihm und werde auch Israel nicht ziehen lassen. Warum wollt ihr das Volk von seinem Dienst abhalten? Geht an eure Arbeit! Und den Aufsehern befahl er: Ihr sollt den Arbeitern nicht mehr wie bisher das Stroh geben, das sie brauchen, um Ziegel zu machen. Sie sollen sich ihr Stroh selbst auf den Feldern suchen, aber die Zahl der Ziegel, die bisher von ihnen verlangt war, soll nicht verringert werden. Man drücke die Leute mit Arbeit, daß sie zu tun haben und sich nicht um betrügerisches Gerede kümmern! (2. Mose 5)

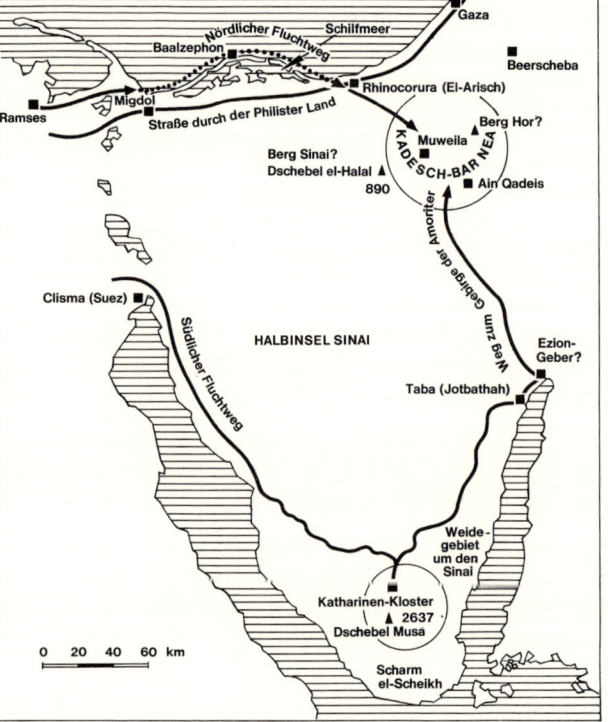

Da strafte Gott die Ägypter, und es starben die Fische im Nil, Massen von Fröschen drangen aus dem Nil in die Häuser, Stechmücken kamen wie Wolken über das Land, aber das Herz des Pharao blieb hart. Die Pest ging im Lande um, Hagel, Heuschrecken und Finsternis suchten es heim, aber der Pharao ließ das Volk nicht ziehen. (2. Mose 7–10) Zuletzt sprach Gott zu Mose: Ein Zeichen meiner Macht will ich den Ägyptern geben, dann wird der Pharao euch ziehen lassen, ja, forttreiben wird er euch aus seinem Lande! Und Mose sagte dem Pharao, was Gott ihm verkündigt hatte: So spricht der Herr! Heute um Mitternacht will ich durch Ägypten gehen, und alle erstgeborenen Söhne sollen sterben, vom ersten Sohn des Pharao, der auf seinem Thron sitzt, bis zum ersten Sohn der Magd, die hinter der Mühle sitzt. Es wird eine Klage in Ägypten sein, wie sie nie gewesen ist und nie mehr sein wird, aber gegen Israel wird auch nicht ein Hund knurren, damit du erkennst, daß Gott einen Unterschied macht zwischen Ägypten und Israel! Und Mose verließ den Pharao in grimmigem Zorn. (2. Mose 11)

Das Passafest ist eine Erinnerung an den Aufbruch aus Ägypten.

Danach versammelte er die Ältesten Israels und gab ihnen Weisung, wie sie diese Nacht zu begehen hätten: Jede Sippe nehme ein Schaf und schlachte es als Opfer. Nehmt ein Büschel Ysop, taucht es in das Blut und bestreicht damit die Oberschwelle an eurer Tür und die beiden Pfosten. Niemand verlasse sein Haus bis zum Morgen. Denn Gott wird umgehen, Ägypten zu schlagen, wenn er aber das Blut sehen wird an eurer Tür, wird er vorübergehen und den Engel des Verderbens nicht in euer Haus einlassen. So sollt ihr es von nun an für alle Zeiten halten. Und wenn ihr in das Land kommt, das Gott euch geben wird, dann haltet auch dort diesen Brauch. Und wenn eure Kinder fragen: Was tut ihr da? sollt ihr sagen: Es ist das Passa! Als der Herr Ägypten schlug, ging er an den Israeliten vorbei! Als Mose so geredet hatte, verneigte sich das Volk und

Der Fluchtweg ist nicht mehr genau zu bestimmen. Nach der einen Überlieferung erfolgte die Flucht entlang dem Mittelmeer, und zwar über eine schmale Nehrung, so daß der Zug bei Nacht »zwischen den Wassern« hindurchging. Gegen diesen Weg spricht, daß die Küstenstraße von ägyptischen Befestigungen gesäumt war. Nach der anderen Überlieferung ging der Weg an Suez vorbei und nach Südosten in Richtung auf den Sinai. So ist bis heute offen, ob der Moseberg der Sinai im Süden der Halbinsel war oder der Dschebel el Halal, in dessen Nähe das uralte und wichtige Heiligtum Kadesch lag.

betete an. Und es geschah, wie der Herr angekündigt hatte.

Und das Volk brach auf. Weil aber alles so schnell vor sich ging, trugen die Leute den rohen Brotteig, ehe er gesäuert war, in ihren Backschüsseln auf ihren Schultern und hatten ihn in ihre Mäntel gewickelt. So zogen die Söhne Israels von Ramses aus nach Sukkoth. Und sie buken unterwegs aus dem ungesäuerten Teig süße Brote. (2. Mose 12)

Hinter dem Passafest steht ursprünglich ein Hirtenfest. Ehe die Nomaden mit ihren Herden aus den Winterweiden am Rand der Wüste zu ihren Sommerweidegebieten am Rand des Kulturlandes aufzubrechen pflegten, opferten sie Tiere, um die unheilvollen Mächte abzuwehren, die die Herden und die Menschen auf dem Zug gefährden könnten. Man bestrich die Zelteingänge mit Blut, man aß ungesäuertes Brot und begab sich auf die Wanderung.

Diese Festsitte wurde, als Israel seßhaft geworden war, mit einem neuen Sinn versehen: Sie wurde zu einem Zeichen für den Aufbruch aus Ägypten, den das Volk als Rettung, als Verschonung in einer besonders gefährlichen Lage erfahren hatte. Mit dem Passa feiert Israel bis heute den großen Aufbruch am Anfang seiner Volksgeschichte.

Als dem Pharao gemeldet wurde, das Volk sei geflohen, ließ er das Heer seiner Streitwagen ausfahren und jagte den Israeliten nach. Bei Pihachiroth vor Baal Zephon hatten sie sich gelagert, da holte er sie ein. Und die Israeliten schrien vor Angst zu Gott und griffen Mose an: Gab es nicht genug Gräber in Ägypten, daß du uns wegführen mußtest, daß wir in der Wüste sterben? Mose antwortete: Fürchtet euch nicht! Steht fest! Seht zu, was Gott heute für euch tun wird. Gott wird für euch streiten, und ihr werdet still sein.

Da ließ Gott einen starken Ostwind kommen, der die ganze Nacht hindurch über das Meer blies und das Wasser abtrieb, so daß der Meeresboden trocken dalag. Auf trockenem Grund gingen die Israeliten mitten ins Meer, und die Ägypter zogen ihnen nach mit Rossen und Streitwagen. Als der Morgen graute, kehrte das Meer zurück, während die Israeliten schon am anderen Ufer standen, die Ägypter flohen dem steigenden Wasser gerade entgegen, und Israel sah, wie das ägyptische Heer ans Ufer geschwemmt wurde. Sie sahen die große Tat, die Gott für sie getan hatte, sie glaubten an Gott und vertrauten Mose, seinem Diener. (2. Mose 14)

Die überragende Gestalt der Wüstenzeit war Mose. Er lebte im 13. Jahrhundert vor Christus.

Am ägyptischen Hof erzogen, vermutlich im Schreiben ausgebildet, dann doch wieder seinen Stammesgenossen zugewandt, Flüchtling bei den Midianitern, treibende Kraft beim Aufbruch aus Ägypten. War er nun Priester? War er Gesetzgeber? War er Feldherr? War er Richter? War er das, was man später einen Propheten nannte? Er war all dies in irgendeinem Sinn. Er befreite sein Volk aus der Sklaverei. Er führte es in ein Gebiet der Wüste, in dem es sich ordnen und zu sich selbst kommen konnte. Er zeigte ihm, wer der Gott seiner Väter war, und eröffnete ihm den Willen dieses Gottes. Er formte es dadurch und gab ihm ein Ziel: dasselbe Ziel, das schon Abraham vor Augen gestanden hatte, das Kulturland, Kanaan. Und er machte ihm klar, daß es sein Ziel nur erreichte, wenn es sein ganzes Leben und Denken dem Willen dieses einen einzigen Gottes unterwarf. Denn der Gott, den er ihm vermittelte, war »heilig«. Mose ist nicht nur durch die Zehn Gebote, sondern vor allem durch seine kompromißlose Forderung nach Gehorsam gegenüber dem heiligen Gott die prägende Gestalt für Israel geworden und der erste und der größte der Propheten.

Die zehn Gebote waren die Grundordnung, die in Israel gelten sollte.

Zwei Monate nachdem sie Ägypten verlassen hatten, gelangten die Israeliten an den Berg Sinai und in die Wüste, die ihn umgibt. Sie schlugen ihr Lager in einiger Entfernung vom Berg auf, und Mose bestieg ihn. Dort hörte er Gott reden: So sollst du dem Volk Israel sagen: Ihr habt erlebt, was ich an Ägypten tat. Wollt ihr nun meiner Stimme gehorchen und nach meinem Willen leben, so will ich euch schützen, und ihr sollt, mehr als alle Völker um euch her, mir gehören. Die ganze Erde gehört mir. Aber euch will ich aus allen Völkern auswählen. Ihr sollt mir ein Volk von Priestern, ein heiliges Volk sein.

Pharao Tutanchamon
im Kampf gegen
palästinische Feinde.

Die Halbinsel
Sinai von einem
Satelliten aus.

(2. Mose 9) Und Gott sprach:

Ich bin der Herr, dein Gott, der dich aus Ägypten geführt hat, aus der Knechtschaft.

Du sollst keinen anderen Göttern neben mir dienen.

Du sollst dir kein Bild machen aus Holz oder Stein, kein Abbild göttlicher Wesen oder dämonischer Mächte auf der Erde oder unter der Erde.

Sprich das Wort »Gott« nicht aus, wenn du ihn nicht meinst, denn Gott wird den, der seinen Namen wertlos macht, bestrafen.

Beachte den Sabbat und halte ihn heilig. Sechs Tage sollst du arbeiten, der siebte Tag aber ist ein Ruhetag, an dem du dich freihalten sollst für Gott. Da sollst du nicht arbeiten.

Ehre deinen Vater und deine Mutter, damit du lange lebst in dem Lande, das Gott dir gibt.

Du sollst nicht töten. Du sollst nicht ehebrechen. Du sollst nicht stehlen. Du sollst nicht falsch aussagen gegen deinen Nächsten. Du sollst deines Nächsten Haus nicht begehren. Du sollst seine Frau nicht begehren, weder seinen Knecht noch seine Magd, weder sein Rind noch seinen Esel noch irgend etwas, das ihm gehört. (2. Mose 20)

Und die Menschen sprachen: Alles, was Gott gesagt hat, wollen wir tun! Und Gott schloß mit dem Volk einen Bund.

Am Sinai wird der »Bund« zwischen Gott und Abraham auf das ganze Volk bezogen.

Und wieder bestieg Mose den Berg, während die Wolke den Berg verhüllte und das Leuchten Gottes über ihm stand, und stieg mitten in die Wetterwolke hinein. Vierzig Tage und vierzig Nächte war er dort oben. Gott redete mit ihm und gab ihm am Ende zwei Steintafeln, auf die seine Gebote eingegraben waren. (2. Mose 24–31)

Als nun die Israeliten lange vergeblich auf Mose warteten, rottete sich ein Teil von ihnen zusammen und bestürmte Aaron: Auf! Mach uns Götter, damit jemand vor uns herziehe! Was mit dem da, dem Mose, der uns aus Ägypten hierher geführt hat, geschehen ist, wissen wir nicht. Aaron ging darauf ein und befahl: Nehmt euren Frauen,

Das »goldene Kalb« nannte man verächtlich das Stierbild, das den Israeliten mehr Hilfe zu versprechen schien als der unsichtbare Gott vom Sinai. Aber wahrscheinlich war nicht eigentlich der Stier die Gottheit. Ähnlich dem assyrischen Gott, der auf dem Stier stehend abgebildet ist, dürften auch die Israeliten sich Gott als unsichtbar auf einem Stier stehend gedacht haben. Und vielleicht war es sogar der Gott vom Sinai, den sie sich vorstellten. Aber dieser Gott eignete sich nicht zu räumlicher oder bildhafter Festlegung.

Die Geschichte berichtet, die beiden Tafeln des Mose seien in die sogenannte Bundeslade gelegt worden. In ihr hätten sie Israel begleitet bis in die Heiligtümer, die der neue iraelitische Staat in Palästina errichtete, und bis ins Allerheiligste des Tempels Salomos. Das spätere Judentum sah in der Wüstenwanderung sein Schicksal abgebildet, und so findet sich an der Synagoge von Kapernaum ein Wagen, auf dem ein Kasten steht. So begleitet, das will das Bild sagen, der Wille und der Segen Gottes sein Volk auf seiner Wanderung durch die Jahrtausende.

euren Söhnen und Töchtern die goldenen Ringe ab, die sie an den Ohren tragen, und bringt sie mir. Die Leute taten es, und Aaron goß daraus ein goldenes Stierbild. Da schrien die Israeliten: Das ist unser Gott! Der hat uns aus Ägypten hergeführt! Und Aaron baute einen Altar vor dem Stier und ließ bekanntmachen: Morgen ist das Fest unseres Gottes! Früh schon standen sie auf und feierten ein Opferfest, sie aßen, sie tranken, und sie tanzten.

Und Gott sprach zu Mose: Steig hinab! Dein Volk, das du aus Ägypten hergeführt hast, hat sich schwer vergangen! Schnell genug hat es den Weg verlassen, den ich ihm vorschrieb. Da stieg Mose ins Tal, die beiden Tafeln mit den Geboten Gottes in der Hand. Als er sich dem Lager näherte und das Stierbild und die Tänze sah, faßte ihn der Zorn, und er zerschmetterte die Tafeln am Fuß des Berges. Er nahm das Stierbild, warf es ins Feuer, ließ es schmelzen und zerrieb den Rest zu Pulver. (2. Mose 32)

Mose führt die Stämme bis an den Rand des Kulturlandes, aber er stirbt selbst noch in der Wüste.

Nach langen Jahren, in denen die Israeliten in der Wüste umhergezogen waren und vor allem im Lande der Amoriter, am Rande des Landes Kanaan, gelebt hatten, sprach Gott zu Mose: Geh auf den Berg Nebo und schau hinüber in das Land Kanaan, das ich Israel geben will. Dann sollst du auf dem Berg sterben. Sehen sollst du das Land, aber betreten sollst du es nicht. Mose stieg aus dem Jordantal auf den Berg Nebo, und Gott zeigte ihm das ganze Land. Dann starb Mose. Gott selbst begrub ihn, und niemand hat sein Grab gefunden bis auf den heutigen Tag. Hundertzwanzig Jahre alt war er geworden. Seine Augen waren nicht schwach geworden, und seine Kraft hatte nicht nachgelassen. Israel beweinte ihn dreißig Tage lang im Jordantal, und Josua, dem Mose die Hände aufgelegt hatte, übernahm die Führung. Aber es kam kein Prophet mehr in Israel auf, den Gott so seiner Nähe gewürdigt hätte wie Mose. (5. Mose 33 und 34)

Ihre Vorfahren kamen aus der Wüste. Die Wege, die jene vor mehr als 3000 Jahren gezogen waren, ziehen junge Israelis heute mit ihren Zelten nach, als wollten sie sagen: Wer dem Auftrag Israels gewachsen sein will, muß der Wüste gewachsen sein.

Im 12. Jahrhundert dringen die Stämme ins Land ein.

Sie finden im Land eine Koalition befestigter Städte vor, deren Haupt das nördlich des Sees Genezareth gelegene Hazor ist. Heute graben die jungen Israelis den uralten Ruinenhügel aus. Denn die Stadt wurde später von Salomo und den anderen Königen Israels wieder aufgebaut, und nirgends in Israel ist heute noch so viel von jener alten Geschichte sichtbar wie in Hazor.

Hier soll Gideon für den Kampf gegen die Midianiter sein Heer gesammelt haben.

An der Gestalt Gideons machte sich Israel immer wieder deutlich, daß es ganz und gar davon abhängig war, daß Gott es am Leben erhielt, und daß es selbst mit aller Tapferkeit und aller Anstrengung nicht überlebt hätte. Daß es vielmehr Bestand hatte, solange seine Treue dem Bund Gottes gegenüber bestehenblieb.

Nach dem Tode Moses überschritt Josua den Jordan und schloß Jericho ein. Sieben Tage lang umzogen die Israeliten die Mauern der Stadt, am siebenten Tage siebenmal. Beim siebenten Mal befahl Josua: Kriegsgeschrei! Da bliesen sie die Posaunen und erhoben das Kriegsgeschrei, die Mauern stürzten zusammen, und die Männer stiegen in die Stadt ein, jeder dort, wo er gerade stand, und eroberten die Stadt. (Josua 1—6)

Von Jericho aus erstiegen sie das Gebirge Juda und eroberten die Stadt Ai, brannten sie nieder und machten einen Schutthaufen aus ihr, der bis heute da liegt. (Josua 8) Sie machten die Bewohner von Gibeon zu Sklaven und kämpften gegen die versammelten Heere der Städte Jerusalem, Hebron, Jarmuth, Lachisch und Eglon und schlugen sie und töteten die Könige. Sie eroberten die Städte Makkeda, Libna und Lachisch, Eglon und Hebron. (Josua 7—10)

So nahm Josua das ganze Land ein: das Gebirge und die Wüste im Süden und das ganze Land Kanaan, und gab einem jeden Stamm seinen Wohnsitz, und das Land fand nach dem langen Krieg wieder Frieden. (Josua 11—18)

Josua begründet das erste Staatswesen in Israel. Aber die Stämme leben selbständig und sind nur je und dann in Notzeiten durch einen Heerführer zusammengehalten.

Danach versammelte Josua alle Stämme Israels nach Sichem, und er sprach zu dem ganzen Volk, als es vor dem Heiligtum stand: So spricht der Herr, der Gott Israels! Vorzeiten wohnten eure Väter ferne am Euphrat und beteten andere Götter an. Da holte ich euren Vater Abraham und führte ihn nach Kanaan. Ich gab euch ein Land, um das ihr euch nicht bemüht habt, Städte, die ihr nicht gebaut, Weinberge und Ölgärten, die ihr nicht gepflanzt habt. So verpflichtet euch nun Gott, dem Herrn, und laßt die Götter, denen eure Väter gedient haben. Gefällt es euch aber nicht,

Diese Basaltplastik eines Königs wurde in Hazor ausgegraben.

Gott zu gehören, so entscheidet euch, wem ihr gehören wollt: den Göttern, die eure Väter verehrten? Den Göttern der Kanaanäer, in deren Land ihr nun wohnt? Ich und mein Haus aber – wir wollen dem Herrn gehorchen! Das Volk antwortete: Auch wir wollen dem Herrn gehorchen, denn er ist unser Gott. Da verpflichtete Josua das Volk, Gott, dem Herrn, zu dienen, und schloß einen Bund zwischen Gott und dem Volk und setzte Ordnungen und Rechte fest. (Josua 24)

Aber die Israeliten taten, was Gott mißfiel, nachdem Josua gestorben war. So überließ Gott sie der Willkür Jabins, des Königs von Kanaan, der in Hazor regierte. Da schrien die Israeliten zu Gott, denn Sisera, der Heerführer Jabins, hatte neunhundert eiserne Streitwagen, und zwanzig Jahre schon währte die Bedrückung. Zu jener Zeit war eine Frau Prophetin und Richterin in Israel: Debora. Die rief Barak, einen Mann aus Naphthali, auf, die Führung zu übernehmen zum Kampf gegen Sisera. Und Debora selbst zog mit dem Heer aus. Mit zehntausend Mann zog Barak vom Tabor herab an den Bach Kison, das Heer der Feinde geriet in Verwirrung, und Sisera sprang vom Wagen und floh zu Fuß, Barak verfolgte sie bis über die Grenze des Landes hinaus nach Haroscheth, und das Heer Siseras fiel durch das blanke Schwert. (Richter 4)

Danach hatte das Land vierzig Jahre lang Frieden. (Richter 5)

Und wieder taten die Israeliten, was Gott mißfiel, so überließ er sie der Willkür der Midianiter, sieben Jahre lang. Schwer trug das Volk an den Gewalttaten der Midianiter, und die Israeliten suchten in den Bergen Schluchten und bauten Verstecke und Festungen. Immer, wenn Israel gesät hatte, kamen die Midianiter aus dem Osten herauf, vernichteten die Ernte und ließen an Nahrung nichts übrig. Sie kamen mit ihren Herden und ihren Zelten wie Heuschreckenschwärme, und man konnte weder sie noch ihre Kamele zählen. Da schrien die Israeliten zu Gott, und Gott berief Gideon. Als einmal die Midianiter und die Amalekiter gemeinsam mit den Söhnen des Ostens wieder herüberzogen und sich in der Ebene Jesreel lagerten, ergriff der Geist Gottes Gideon; der stieß in die Posaune, rief die Stämme Manasse, Asser, Sebulon und Naphthali auf und zog ein Heer zusammen. (Richter 6)

Da sprach Gott zu Gideon: Dein Heer ist zu groß, als daß ich die Midianiter in eure Hand geben könnte! Am Ende könnte Israel sich brüsten und sagen: Meine eigene Kraft hat mich gerettet! Und Gideon ließ ausrufen: Wer ängstlich und verzagt ist, kehre um! und sichtete sie. Da kehrten 22 000 um, und nur 10 000 blieben bei Gideon. Aber Gott sprach: Das Heer ist noch immer zu groß. Führe sie zum Wasser hinab, dort will ich sie sichten! Unten sprach der Herr zu Gideon: Jeden, der vom Wasser leckt wie ein Hund, stelle besonders. Und die anderen, die kniend aus der Hand trinken, stelle auch besonders. Es waren dreihundert Mann, die das Wasser leckten, alle übrigen hatten kniend aus der Hand getrunken. Mit den dreihundert, sprach der Herr, will ich euch retten. Alle übrigen schicke nach Hause! Und Gideon behielt die Verpflegung des Heeres und die Posaunen und entließ alle außer den dreihundert Mann.

In der Nacht teilte er sie in drei Haufen und gab einem jeden eine Posaune in die Hand und einen leeren Krug, in dem eine Fackel verborgen war. Sie stürmten auf das Lager der Midianiter zu, mitten in der Nacht, stießen in die Posaunen und zerschlugen die Krüge, so daß die Fackeln plötzlich alle sichtbar brannten. Mit der Linken hielten sie die Fackeln, mit der Rechten die Posaunen und schrien: Hier Schwert des Herrn und Gideon! So blieben sie draußen vor dem Lager stehen, während im Lager sich das Schwert eines jeden Midianiters gegen einen anderen Midianiter richtete und das ganze Heer die Flucht ergriff. (Richter 7)

Nach diesen Ereignissen kamen die Männer Israels zu Gideon: Werde unser König! Nach dir soll dein Sohn König sein und deines Sohnes Sohn! Aber Gideon antwortete: Ich will kein König sein, auch mein Sohn nicht. Der Herr allein, Gott selbst, soll über euch herrschen! Und wieder hatte das Land vierzig Jahre lang Frieden, solange Gideon lebte. (Richter 8)

In Jericho wurde das älteste Bauwerk von Menschenhand gefunden. Ein Turm, der 5 800 Jahre vor der Zeit Josuas gebaut wurde. Das Staunen darüber, daß eine so alte Kultur und eine so überlegene militärische Macht wie die der kanaanäischen Städte den Israeliten nicht widerstehen konnten, drückt sich in der Geschichte aus, die Mauern Jerichos seien durch den Hall von Widderhörnern gefallen, also, mit anderen Worten: durch eine geistige Macht, durch einen Spruch Gottes.

Hier beginnt die Tragödie eines Landes, auf das von Anfang an und bis heute mehrere Völker Anspruch erheben.

Die Israeliten kamen nicht ins Schlaraffenland. Ägypten beanspruchte das Land von Süden her. Im Norden begann das neuassyrische Reich seine Hand auszustrecken. Noch war Pause zwischen den Großmächten. Aber in der Nähe standen die Philister und kontrollierten das Gebirge mitten im Land. Im Norden waren die Aramäer nahe. Und auf dem nächsten Hügel lag schon die nächste Stadt, die den Eindringlingen widerstand.

Der letzte Richter,
zugleich der erste der Propheten
im Lande, ist Samuel.

Hundert Jahre nach Josua berief Gott den Samuel zum Propheten und Richter in Israel. Der erneuerte nach langen Zeiten der Kämpfe und der Niederlagen, des Glaubens und des Abfalls den Bund seines Volkes mit Gott.

Zwanzig Jahre gingen ins Land, während deren die Philister Israel beherrschten. Da hielt das Volk eines Tages eine große Klagefeier vor Gott. Und Samuel sprach: Wenn ihr euch von ganzem Herzen zu Gott bekehren wollt, dann trennt euch von den fremden Göttern und den Astarten und gehorcht Gott allein, so wird er euch aus der Macht der Philister erretten. Sie kamen in Mizpa zusammen, und Samuel schöpfte Wasser und goß es vor Gott aus zum Bekenntnis der Schuld. Sie fasteten an dem Tage und sprachen: Wir haben unrecht getan!

Während Samuel noch opferte, zogen die Philister zum Kampf herauf, Israel trat ihnen entgegen und schlug sie. Da nahm Samuel einen Stein und stellte ihn an der Stelle des Sieges auf, nannte ihn »Stein der Hilfe« und sprach: Bis hierher hat der Herr geholfen!

Samuel aber war sein Leben lang oberster Richter Israels. Jahr für Jahr zog er umher und sprach Recht in Bethel, Gilgal und Mizpa, in der übrigen Zeit tat er es zu Hause in Rama. (1. Samuel 3—7)

Als Samuel alt wurde, setzte er seine Söhne als Richter über Israel ein. Aber die nahmen ihr Amt nicht wahr, wie er es getan hatte, sondern suchten ihren Vorteil, nahmen Geschenke und beugten das Recht. Da forderten die Ältesten Israels von Samuel: Setze einen König über uns ein, wie ihn alle Völker ringsum haben. Samuel aber mißfiel es, daß sie einen König wollten, und er brachte

◄

Zwei Köpfe von Assyrern: aus dem Volk, das den Stämmen in der Mitte und im Norden des Landes, kaum daß ihr Staat bestand, zum Schicksal wurde.

Als wollte ihm einer die beiden Brote nehmen, drückt sie das Mädchen aus En Kerem, in der Nähe Jerusalems, an sich. Wie ein Gleichnis für ein Volk, das leben will und keinen Acker hat, auf dem sein Brot wachsen könnte.

die Sache vor Gott. Und Gott sprach zu ihm: Gehorche der Stimme des Volkes, denn sie verwerfen nicht dich, sondern mich und wollen nicht mehr, daß ich ihr König sei. Gehorche ihnen, doch warne sie und verkündige ihnen das Recht eines Königs!

Und Samuel redete zum Volk: Das wird das Recht des Königs sein, der über euch herrschen wird! Eure Söhne wird er nehmen und sie an seine Wagen stellen als Fuhrleute und Reiter. Er wird sie zu Hauptleuten über Tausend- und über Fünfzigschaften machen, sie werden seinen Acker bearbeiten und seine Ernte einsammeln und werden seine Waffen und sein Gerät anfertigen. Eure Töchter wird er holen, damit sie ihm Salben bereiten, kochen und backen. Eure besten Felder, Weinberge und Ölbäume wird er nehmen und seinen Höflingen geben. Von euren Saaten und euren Weinbergen wird er den Zehnten nehmen und ihn seinen Kämmerern und Ministern geben. Eure Knechte und Mägde, eure besten Rinder und eure Esel wird er in seinen Dienst nehmen. Wenn ihr dann über euren König schreien und klagen werdet, den ihr euch erwählt habt, wird Gott euch nicht hören.

Aber das Volk weigerte sich, auf Samuel zu hören, und sprach: Nein, ein König soll über uns herrschen! Wir wollen sein wie alle anderen Völker. So entließ Samuel das Volk zunächst wieder, einen jeden in seine Stadt. (1. Samuel 8)

Einen König zu haben, bedeutet Anpassung an die fremden Völker im Lande.

Der Mann, der Israel in der Zeit vor den ersten Königen zusammenhielt, war Samuel. Die einzelnen Stämme kämpften, jeder für sich, um ihr Wohngebiet, und zusammengehalten waren sie nur durch gemeinsame Heiligtümer wie etwa Silo, Bethel, Gilgal, Mizpa oder Rama. Zusammengehalten waren sie durch eine gemeinsame Rechtsprechung, die auf die Zeit der Gesetzgebung in der Wüste zurückging. Von Ort zu Ort zog Samuel, um Recht zu sprechen, und am gemeinsamen Heiligtum versammelte er die Stämme zur Erneuerung ihrer religiösen Einheit. Nur wenn große Gefahr drohte, sammelte er ein Heer aus den Bauern und Hirten der Stämme, die gerade in erreichbarer Nähe wohnten, und diese freien Bauern und Hirten kamen, ohne daß ein König sie zwingen konnte, von ihren Äckern und traten zum »Heerbann« zusammen.

Aber Samuel, der sein Leben lang dafür gekämpft hatte, daß Israel sich nicht anglich, sondern seine alte Tradition aus der Wüstenzeit festhielt, wußte, daß sein Volk keine Überlebenschance sah, wenn es sich nicht die Verfassung eines Staates und eines Königs gab. Dennoch war Saul, der erste König, noch immer mehr ein Richter im alten Sinn als ein moderner König, ein Kämpfer wie Gideon, der kein König hatte werden wollen. Und als Saul versuchte, die Politik eines Königs zu machen, ließ Samuel ihn fallen. Zwei Epochen trafen sich in der Gestalt Samuels.
Er selbst aber war eine Gestalt der Vergangenheit. David war ein Mann der Zukunft. Saul stand zwischen beiden. Samuel hielt Gültiges fest. Saul, der Mann des Übergangs, ging unter. David wurde zum Bild eines immer aufs neue jungen und zukunftsreichen Staates. Bis heute ist Israel durch den Geist Samuels ebenso wie den Davids bestimmt.

Damals lebte im Stamm Benjamin ein Mann namens Kis, dessen Sohn hieß Saul. Der war ein junger, schöner Mann, schöner als alle anderen Männer Israels und einen Kopf größer als sie. Nun gingen Kis eines Tages die Eselinnen verloren und Saul streifte auf dem Gebirge Ephraim umher, sie zu suchen. Dabei begegnete er Samuel, und Samuel nahm auf Geheiß Gottes einen Krug mit Öl, goß es auf Sauls Haupt, küßte ihn und sprach: Gott hat dich zum König über sein Volk und Land gesalbt!
Und Samuel versammelte das Volk am Heiligtum in Mizpa und bestimmte Saul, indem er das Orakel befragte, zum König. Das Volk brach in Jubel aus und rief: Heil dem König! Und Samuel legte dem Volk das Recht des Königs vor, schrieb es in ein Buch und bewahrte es im Heiligtum auf. Zuletzt entließ er das ganze Volk, auch Saul ging nach Hause nach Gibea, und mit ihm gingen die Männer des Heeres, denen Gott das Herz angerührt hatte. (1. Samuel 10)
In jenen Tagen zog Nahasch, der König der Ammoniter, herauf und belagerte Jabesch in Gilead. Die Männer in Jabesch wollten sich ihm unterwerfen und boten ihm ein Bündnis an. Aber Nahasch antwortete: Das soll das Bündnis sein, das ich mit euch schließen will: Das rechte Auge will ich euch allen ausstechen! Da ließen ihm die Ältesten von Jabesch sagen: Gib uns sieben Tage Zeit, daß wir um Hilfe rufen in ganz Israel. Ist dann niemand da, der uns rettet, so wollen wir zu dir hinauskommen. So kamen die Boten aus Jabesch auch nach Gibea, wo Saul wohnte. Da geriet der Geist Gottes über Saul. Er nahm ein paar Rinder, hieb sie in Stücke, sandte die Stücke in das ganze Gebiet Israels und ließ ausrufen: Wer nicht mit Saul und Samuel auszieht, dessen Rinder soll man so zerhacken! Da fiel der Schrecken Gottes auf das Volk, und sie zogen alle aus wie ein Mann. In Jabesch ließ er sagen: Morgen sollt ihr Hilfe erhalten, wenn die Sonne heiß wird. Und die Männer von Jabesch ließen die Ammoniter wissen: Morgen kommen wir zu euch hinaus, und ihr mögt mit uns tun, was euch gefällt. Aber am anderen Morgen fiel Saul mit dem Heer über das Lager her und schlug die Ammoniter zusammen, bis der Tag heiß wurde, und die übrigblieben, wurden so zerstreut, daß nicht zwei beieinander blieben. (1. Sam. 11)

Ausrottung ist das Gesetz der Wüste. Am Gesetz der Wüste scheitert der erste König im Kulturland.

In den beiden Jahren, in denen er König war, kämpfte Saul gegen alle Feinde Israels ringsum: Moab, Ammon, Edom und die Philister. Vor allem der Kampf gegen die Philister war hart, solange Saul lebte.
Sauls Geschick aber entschied sich an seinem Kampf gegen die Amalekiter. Amalek war nämlich der Erbfeind Israels aus der Zeit der Wanderung in der Wüste. Nun forderte Samuel im Namen Gottes von Saul, er solle Amalek mit Männern und Frauen, Kindern und allem Vieh ausrotten. Nach seinem Sieg aber ließ Saul den König der Amalekiter am Leben und nahm das beste Vieh lebend als Beute nach Hause, um es bei einem Opferfest zu schlachten. Da stellte sich ihm Samuel entgegen:

Meinst du, an Opfern habe Gott Gefallen ebenso wie am Gehorsam gegen seine Stimme? Merke! Gehorsam ist besser als Opfer und Zuhören besser als Widderfett! Weil du das Wort des Herrn verworfen hast, hat der Herr dich verworfen als König!

Ein Krieger
aus der Frühzeit,

ein zusammenbrechender
Philister mit Federhelm,
von einer ägyptischen
Kampfdarstellung,

schwerbewaffnete Assyrer

und zwei assyrische
Leichtbewaffnete.

Und er wandte sich an das Volk: Bringt Agag, den König von Amalek! Und Samuel sprach zu ihm: Wie dein Schwert Frauen ihrer Kinder beraubt hat, so soll auch deine Mutter ihrer Kinder beraubt sein! Und er hieb Agag vor dem Altar in Gilgal in Stücke. Saul aber sah er nicht mehr bis zum Tag seines Todes, denn ihm war Sauls wegen das Herz schwer, weil er von Gott verworfen war. (1. Samuel 14–15)

Der Kampf gegen Amalek war für Samuel ein religiöser Vorgang. Er konnte, da es sich für ihn um einen heiligen Krieg im Namen und Auftrag Gottes handelte, nur mit der Ausrottung des ganzen Volkes enden. Saul dachte, vielleicht als erster Führer Israels, politisch, nämlich so, wie man im Kulturland denkt: daß ein Krieg einen Sinn für die Zeit nach dem Krieg haben müsse. Für Saul dachte Samuel anachronistisch. Aber bis heute ist das scheinbar Anachronistische das Geheimnis des unbegreiflichen Stehvermögens dieses Volkes. Saul hatte politisch recht. Aber er scheiterte – und mußte scheitern – an dem Geist der Unbedingtheit, den dieses Volk aus der Wüste mitgebracht hatte. So fern war jene Zeit in den Tagen Samuels eben noch nicht gerückt. Erst Jesaja, einer der großen Propheten, hat dreihundert Jahre nach Samuel das Ende aller religiösen Kriege proklamiert.

Und Gott sprach zu Samuel: Wie lange trauerst du Saul nach? Fülle dein Horn mit Öl und gehe nach Bethlehem zu Isai! Unter seinen Söhnen habe ich mir einen zum König erwählt. Da nahm Samuel sein Ölhorn und salbte David mitten unter seinen Brüdern zum König über Israel.

Indessen aber war der Geist Gottes von Saul gewichen, und ein Geist der Schwermut, den Gott ihm gesandt hatte, ängstigte ihn. Da holten seine Berater David von der Schafherde weg, weil sie wußten, daß er nicht nur ein tapferer Mann war, sondern sich auch auf das Saitenspiel verstand. So kam David zu Saul und trat in seinen Dienst, und Saul gewann ihn lieb und machte ihn zu seinem Waffenträger. Sooft der Geist der Schwermut über Saul kam, nahm David die Harfe zur Hand und griff in die Saiten. So wurde es Saul leichter, und die Schwermut wich von ihm. (1. Samuel 16)

Die Philister wohnten im heutigen Gazastreifen.

Sie kamen wahrscheinlich von Kreta. Bei dem Versuch, in Ägypten einzudringen, wurden sie von einem Pharao geschlagen, und weil der Pharao einen Schutz gegen das ewig unruhige Palästina brauchte, siedelte er sie im Vorfeld Ägyptens, im Küstengebiet um Gaza, an. Das geschah in derselben Zeit, in der Josua von der anderen Seite her ins Land eindrang. Die Philister waren den Israeliten nicht nur militärisch überlegen – sie hatten ein stehendes Heer aus Berufskriegern –, sondern auch technisch: Sie hatten, während Israel noch in der Bronzezeit lebte, schon eiserne Waffen. Erst als David im Exil bei den Philistern deren Politik und Wehrtechnik hatte studieren können, gab es für Israel den Philistern gegenüber eine Chance. David nahm sie als König Israels wahr. Aber noch jetzt hat Palästina seinen Namen von den Philistern. Heute sitzen dreihunderttausend arabische Flüchtlinge im Siedlungsgebiet der Philister. Der Haß ist nicht geringer geworden.

In jener Zeit sammelten die Philister ihre Heere zum Kampf und lagerten sich zwischen Socho und Aseka. Saul und die Männer Israels kamen auch zusammen und lagerten sich im Eichgrund. Die Philister standen auf einem Berge jenseits und die Israeliten auf einem Berge diesseits, so daß das Tal zwischen ihnen war.

Da trat aus den Reihen der Philister ein Zweikämpfer hervor mit Namen Goliath, mehr als zwei Meter groß. Der hatte einen erzenen Helm auf dem Haupt und trug einen Schuppenpanzer, erzene Schienen hatte er an den Beinen und einen erzenen Wurfspieß auf dem Rücken. Und sein Schildträger schritt vor ihm her. Goliath stellte sich hin und rief dem Heer Israels zu: Wählt einen unter euch, der zu mir herabkommt. Vermag er mit mir zu kämpfen und erschlägt er mich, so wollen wir eure Sklaven sein, siege ich aber über ihn und erschlage ihn, so sollt ihr unsere Sklaven sein. Ich verhöhne heute die Reihen Israels und sage: Gebt mir einen Mann und laßt uns miteinander kämpfen! Als Saul und das Heer Israels diese Worte des Philisters hörten, entsetzten sie sich und fürchteten sich sehr.

Und David rief Goliath zu: Du kommst zu mir mit Schwert, Speer und Spieß, ich aber komme im Schutz des Herrn der Heere Israels, den du verhöhnst!

Dann griff David in seine Hirtentasche, nahm einen Stein und schleuderte ihn dem Philister an die Stirn, daß ihm der Stein in die Stirn fuhr und Goliath auf die Erde, auf sein Gesicht, fiel. Darauf riß er des Philisters Schwert aus der Scheide und tötete ihn vollends, indem er ihm den Kopf abhieb. Die Männer Israels aber griffen an, erhoben das Kriegsgeschrei und verfolgten die Philister bis nach Gath und bis an die Tore von Ekron. (1. Samuel 17)

Saul fand weder Glück noch Frieden.

Beides zu finden war erst Davids Los. Saul ist das Bild des Menschen, der sich mit allen Kräften müht, sein Bestes zu tun und dem doch nichts wirklich gelingt. In seiner Schwermut und Verzweiflung endet der erste Versuch Israels, sich einen Staat zu geben.

Eines Tages, als David von einem Sieg über die Philister zurückkam, gingen ihm aus den Städten reigentanzende Frauen entgegen, die jubelten ihm zu und sangen: Saul hat tausend erschlagen, aber David zehntausend! Das erzürnte Saul sehr, und er sprach: Sie haben David zehntausend gegeben und mir tausend. Ihm wird noch das Königtum zufallen! Seit diesem Tage sah Saul David mit Haß und Neid an, und eines Tages, als er in seinem Hause, von einem bösen Geist gequält, tobte und David, wie jeden Tag, auf der Harfe spielte, schleuderte er plötzlich seinen Speer gegen David. Aber David wich zweimal aus. Saul graute vor David, denn ihn liebte das ganze Heer Israels, wenn er an seiner Spitze ins Feld zog oder zurückkehrte. Aber auch Sauls Tochter Michal liebte David, und

Saul mußte sie ihm zur Frau geben. (1. Samuel 18) Eines Nachts sandte Saul einige Männer zum Haus Davids, die sollten ihn bewachen und am Morgen umbringen. Aber Michal warnte ihn: Wenn du diese Nacht nicht dein Leben rettest, bist du morgen tot! Und sie ließ ihn durch ein Fenster hinab, so daß er fliehen konnte. (1. Samuel 19)
Und David flüchtete in die »Höhle Adullam«, eine Bergfeste. Das hörten seine Brüder und seine ganze Familie, und sie retteten sich alle vor Saul dorthin. Außerdem sammelten sich bei ihm etwa vierhundert verfolgte, verschuldete, verbitterte Männer, und er wurde ihr Anführer.
Aber die Leute von Siph kamen zu Saul, als David eben sein Versteck gewechselt hatte, und meldeten: David hat sich auf dem Berge Hachila festgesetzt. Da zog Saul mit dreitausend Mann nach Hachila und besetzte den Berg, während David sich in der Wüste aufhielt. Als David davon erfuhr, ließ er das Lager Sauls beobachten. Er bemerkte, daß Saul im innersten Lagerring seinen Platz hatte, zusammen mit Abner, dem Heerführer. In der Nacht stieg er mit Abisai, seinem Neffen, in das Lager hinab und drang bis zu Saul vor. Er fand ihn im innersten Ring schlafend und sah,

daß sein Spieß neben seinem Kopf in der Erde steckte. Da nahm David den Spieß und den Wasserkrug, der dabeistand, und sie verließen das Lager wieder, ohne daß jemand es bemerkte.

Als nun David auf die andere Seite des Tals gekommen war, trat er auf den Bergvorsprung drüben, so daß ein weiter Abstand zwischen ihnen war, und schrie hinüber: Abner! Hörst du nicht? Abner antwortete: Wer bist du, daß du so zum König herschreist? David fuhr fort: Du bist doch der erste Mann in Israel! Warum hast du deinen Herrn, den König, nicht bewacht? Es war einer im Lager, deinen Herrn umzubringen! Das war keine Heldentat, Abner, was du getan hast! Sieh doch nach, wo der Spieß des Königs ist und der Wasserkrug, der neben seinem Kopf stand!

Da erkannte Saul die Stimme Davids und rief: Ist das nicht deine Stimme, mein Sohn David? David antwortete: Es ist meine Stimme, mein Herr und König. Warum verfolgt mein Herr seinen Diener? Was habe ich getan? Wenn Menschen dich gegen mich aufreizen, so seien sie verflucht, die mich verstoßen und mich nicht am Lande Gottes teilhaben lassen und sagen: Fort! Diene anderen Göttern!

Und Saul sprach: Ich habe gesündigt! Komm wieder, mein Sohn David, ich will dir nichts Böses mehr tun, denn mein Leben war dir so viel wert, daß du mich geschont hast. David antwortete: Hier ist der Spieß des Königs! Einer von den jungen Leuten komme herüber und hole ihn! Und David ging wieder seines Weges, während Saul nach Hause zurückkehrte. (1. Samuel 26)

In jener Zeit sammelten die Philister ihr Heer zum Entscheidungskampf gegen Saul. Als sie nun heranrückten und ihr Lager bei Sunem aufschlugen, rief Saul ganz Israel zu den Waffen und schlug sein Lager auf dem Gebirge Gilboa auf. Als er das Heer der Philister sah, erschrak er. Und er befragte Gott, was er tun solle, aber Gott antwortete weder durch Träume noch durch das Los noch durch einen Propheten. Da sprach Saul zu seinen Getreuen: Sucht mir eine Frau, die Tote beschwören kann, ich will sie befragen. Zuvor freilich hatte Saul alle Geisterbeschwörer und Wahrsager aus dem Lande vertrieben. Seine Männer sprachen: In Endor ist eine Frau, die kann Tote beschwören! Und Saul zog andere Kleider an, machte sich unkenntlich, und sie kamen bei Nacht zu ihr. Da befahl er ihr: Wahrsage mir und hole mir von den Toten herauf, wen ich dir nenne. Die Frau antwortete: Du weißt doch selbst, daß Saul die Wahrsager und Totenbeschwörer ausgerottet hat. Warum willst du mir eine Falle stellen? Saul aber schwor ihr: So wahr Gott, der Herr, lebt, dich soll in dieser Sache keine Schuld treffen. Wen soll ich dir holen? fragte die Frau. Er sprach: Samuel! Da schrie die Frau auf und sprach: Warum hast du mich betrogen? Du bist Saul! Der König antwortete ihr: Fürchte dich nicht! Was siehst du? Die Frau sprach: Einen Geist sehe ich aus der Erde aufsteigen, einen alten Mann, mit einem Priesterrock bekleidet. Da erkannte Saul, daß es Samuel war, und warf sich auf die Erde. Samuel begann zu reden: Warum störst du meine Ruhe und läßt mich heraufsteigen? Saul sprach: Ich bin in großer Not. Die Philister kämpfen gegen mich. Der Geist Gottes ist von mir gewichen und antwortet mir nicht. Darum habe ich dich rufen lassen, damit du mir sagst, was ich tun soll. Samuel sprach: Warum willst du mich befragen, wo doch Gott von dir gewichen und dein Feind geworden ist? Der Herr hat dir getan, was er durch meinen Mund angekündigt hat. Er hat das Königtum aus deiner Hand gerissen und es David gegeben. Und mit dir wird auch Israel den Philistern erliegen. Morgen wirst du mit deinen Söhnen bei mir sein.

Da stürzte Saul zur Erde, so groß er war, aus Entsetzen über die Worte Samuels. Dann verließ er das Haus und ging in die Nacht hinaus (1. Samuel 28)

Am anderen Tag griffen die Philister das Heer Israels an, und die Männer Israels flohen vor den Philistern und blieben erschlagen auf dem Gebirge Gilboa. Und die Philister verfolgten Saul und seine Söhne, der Kampf tobte heftig um Saul, und die Bogenschützen trafen ihn, so daß er schwer verwundet wurde. Da sprach Saul zu seinem Waffenträger: Nimm dein Schwert und erstich mich, damit sie nicht kommen und mich zu Tode quälen. Aber sein Waffenträger wollte nicht, und Saul nahm selbst das Schwert und stürzte sich hinein, und nach ihm tat es auch sein Waffenträger. So starben Saul und seine drei Söhne, auch Jonathan, sein Waffenträger und alle seine Männer miteinander an diesem Tag. (1. Samuel 31)

Der »Turm Davids« in Jerusalem
ist zwar nicht von David
gebaut worden, aber er ist
ein Wahrzeichen, durch das
an den größten König
dieses Landes erinnert wird.

Nach diesen Ereignissen zog David mit seinen Frauen und mit den Männern, die bei ihm waren, nach Hebron, und die Männer von Juda kamen und salbten David dort zum König über den Stamm Juda. (2. Samuel 2)

Sieben Jahre danach kamen alle Stämme Israels zu David nach Hebron und sprachen: Wir sind von deinem Fleisch und Blut. Schon früher, als Saul König war, führtest du Israel ins Feld und wieder heim. Dazu hat der Herr zu dir gesagt: Du sollst mein Volk Israel weiden und sollst Fürst sein über Israel. Und sie salbten David zum König über ganz Israel. Dreißig Jahre war David alt, als er König wurde, vierzig Jahre lang regierte er, davon 33 Jahre über ganz Israel und Juda in Jerusalem.

Nachdem David König über Israel geworden war, zog er mit seinem Heer vor Jerusalem, das damals noch von den Jebusitern bewohnt wurde. Er eroberte die Burg und die Stadt, machte die Burg zu seinem Regierungssitz und nannte sie »Burg Davids«.

Als die Philister hörten, man habe David zum König über Israel gesalbt, zogen sie herauf, um Davids habhaft zu werden. Aber David trat ihnen an zwei Orten entgegen und schlug sie beide Male. (2. Samuel 5)

David war ohne Frage der modernste Staatsmann im Vorderen Orient ums Jahr 1000. Er war auf der anderen Seite kein orientalischer Fürst, sondern hing persönlich an der Überlieferung seines Volkes, die aus seiner Wüstenzeit herkam. Er war Künstler und Landsknecht zugleich, von zarter Religiosität ebenso wie von brutaler Durchsetzungskraft. Man hat schon überlegt, was »David« eigentlich heiße, da der Name sonst nirgends vorkommt. Man entdeckte in einer akkadischen Quelle ein Wort Davidum, was soviel heißt wie »Chef«. Es könnte durchaus sein, daß »David« eine Bezeichnung seiner Kameraden aus seiner Zeit als heimatloser Söldnerführer war. Aber diese Theorie ist neuerdings wieder umstritten. Wer David kennenlernen möchte, lese in einer vollständigen Bibel die Bücher Samuel im vollen Wortlaut nach.

In der folgenden Zeit unterwarf David die Philister und nahm ihnen die Peitsche aus der Hand, dann besiegte er die Moabiter, danach Hadadeser, den König von Zoba, der im Begriff stand, sein Reich am Euphrat wieder aufzurichten. Als die Aramäer aus Damaskus Hadadeser beistanden, schlug David ein aramäisches Heer mit 22 000 Mann und setzte in Aram Statthalter ein. Danach schlug er die Edomiter im Salztal und machte auch sie tributpflichtig. (2. Samuel 8)

In David sieht Israel sich aufs neue von Gott erwählt und geführt.

Als Gott dem König vor allen seinen Feinden ringsum Ruhe gegeben hatte und David im Frieden sein Haus bewohnte, ließ er eines Tages den Propheten Nathan kommen und sprach zu ihm: Ich wohne in einem Haus aus Zedern, und die Lade Gottes steht unter einem Zeltdach! Nathan antwortete dem König: Tu nur, was du planst, denn der Herr ist mit dir!

In der Nacht aber kam ein Wort von Gott zu dem Propheten Nathan: Geh und sage meinem Diener David in meinem Namen: Wozu willst du mir ein Haus bauen, in dem ich wohnen soll? Ich habe seit dem Tage, an dem ich die Israeliten aus Ägypten geführt habe, bis heute in keinem Haus gewohnt, sondern bin in einem Zelt mit euch umhergezogen, und das Zelt war meine Wohnung! Dich, meinen Diener, habe ich von den Schafhürden geholt und habe dich zum Fürsten über mein Volk Israel gemacht. Ich habe dir geholfen und dich bewahrt, wohin du auch gingst, und habe alle deine Feinde niedergeworfen. Ich will dir einen großen Namen machen gleich den Namen großer Könige. Und ich will meinem Volk Israel einen Wohnplatz geben. Dort will ich es einpflanzen, so daß es sicher wohnen kann und sich nicht mehr zu ängstigen braucht vor denen, die es bedrängen! Wenn deine Zeit um ist und du dich zu deinen Vätern schlafen legst, dann will ich dafür sorgen, daß dein Sohn König wird, und seinen Thron stark und sicher machen. Der soll mir einen Tempel bauen. Ich will sein Vater und er soll mein Sohn sein. Dein Haus und dein Königtum sollen Bestand haben in Ewigkeit. (2. Samuel 7)

In David hatte alles Menschliche Raum, im Guten wie im Bösen.

In einem der folgenden Jahre zu der Zeit, in der die Könige pflegten in den Krieg zu ziehen, sandte David das Heer unter Joab aus, um das Land der Söhne Ammons zu verheeren. Und Joab schloß Rabba, die Hauptstadt, ein, während David in Jerusalem blieb. In jener Zeit begab es sich einmal, daß David um die Abendzeit von seinem Lager aufstand, um sich auf dem Dach des Königshauses

Die jungen Israelis stehen am oberen Jordan, den Syrern gegenüber. Dort, wo schon David seine Kriege führte.

zu ergehen. Da sah er eine Frau, die sich eben wusch, und die Frau war eine Schönheit. Er erkundigte sich, wer sie sei, und man sagte ihm: Das ist Bathseba, die Frau des Hethiters Uria. Er sandte Boten und ließ sie holen und schlief mit ihr. Danach kehrte sie in ihr Haus zurück. Sie wurde schwanger und ließ es David durch einen Boten mitteilen.

Da ließ David Joab befehlen: Sende den Hethiter Uria zu mir! Als Uria kam, erkundigte sich David, ob es mit Joab, mit dem Heer und dem Krieg gut stünde. Danach entließ er ihn in sein Haus und ließ ihm, als er ging, ein Geschenk nachtragen. Aber Uria legte sich vor der Tür des Palasts zum Schlafen nieder, wo die Soldaten des Königs schliefen und ging nicht in sein Haus. Als David das hörte, fragte er ihn: Warum bist du denn nicht in dein Haus hineingegangen? Da antwortete Uria: Die Lade Gottes steht in einem Zelt. Joab, mein Herr, und die Kriegsleute meines Herrn liegen auf freiem Felde. Ich kann unmöglich in mein Haus gehen, essen und trinken und bei meiner Frau liegen.

Am anderen Morgen schrieb David einen Brief an Joab und sandte ihn durch Uria: Stellt Uria vorn auf, wo der Kampf am härtesten ist, und zieht euch hinter ihm zurück, daß er erschlagen wird und stirbt! Joab tat es. Er stellte Uria an eine Stelle, an der er streitbare Männer wußte, und als die Verteidiger der Stadt einen Ausfall unternahmen, fiel mit anderen Soldaten auch Uria.

Als Urias Frau hörte, daß ihr Mann tot war, hielt sie die Totenklage. Danach ließ David sie in sein Haus kommen, sie wurde seine Frau und gebar ihm einen Sohn. Aber Gott, dem Herrn, mißfiel, was David getan hatte. (2. Samuel 11)

Darum sandte Gott den Propheten Nathan zu David, und Nathan sprach: In einer Stadt lebten zwei Männer. Der eine war reich, der andere arm. Der Reiche hatte sehr viele Schafe und Rinder, der Arme besaß nichts als ein einziges kleines Lämmchen. Er zog es zusammen mit seinen Kindern groß. Es aß von seinem Bissen und trank aus seinem Becher und schlief in seinem Schoß, und er hielt es wie eine Tochter. Als aber zu dem reichen Mann ein Gast kam, brachte der es nicht über sich, von seinen Schafen und Rindern ein Stück zu schlachten, sondern nahm das Schaf des armen Mannes und richtete es für seinen Gast zu. Da wurde David sehr zornig: So wahr der Herr lebt! Der Mann hat den Tod verdient! Nathan fuhr fort: Du bist der Mann! So spricht der Herr, der Gott Israels: Ich habe dich zum König über Israel gesalbt. Ich habe dich aus der Hand Sauls errettet und habe dir alle seine Macht gegeben, dazu auch seine Frauen, ich habe dir alle Macht über Israel

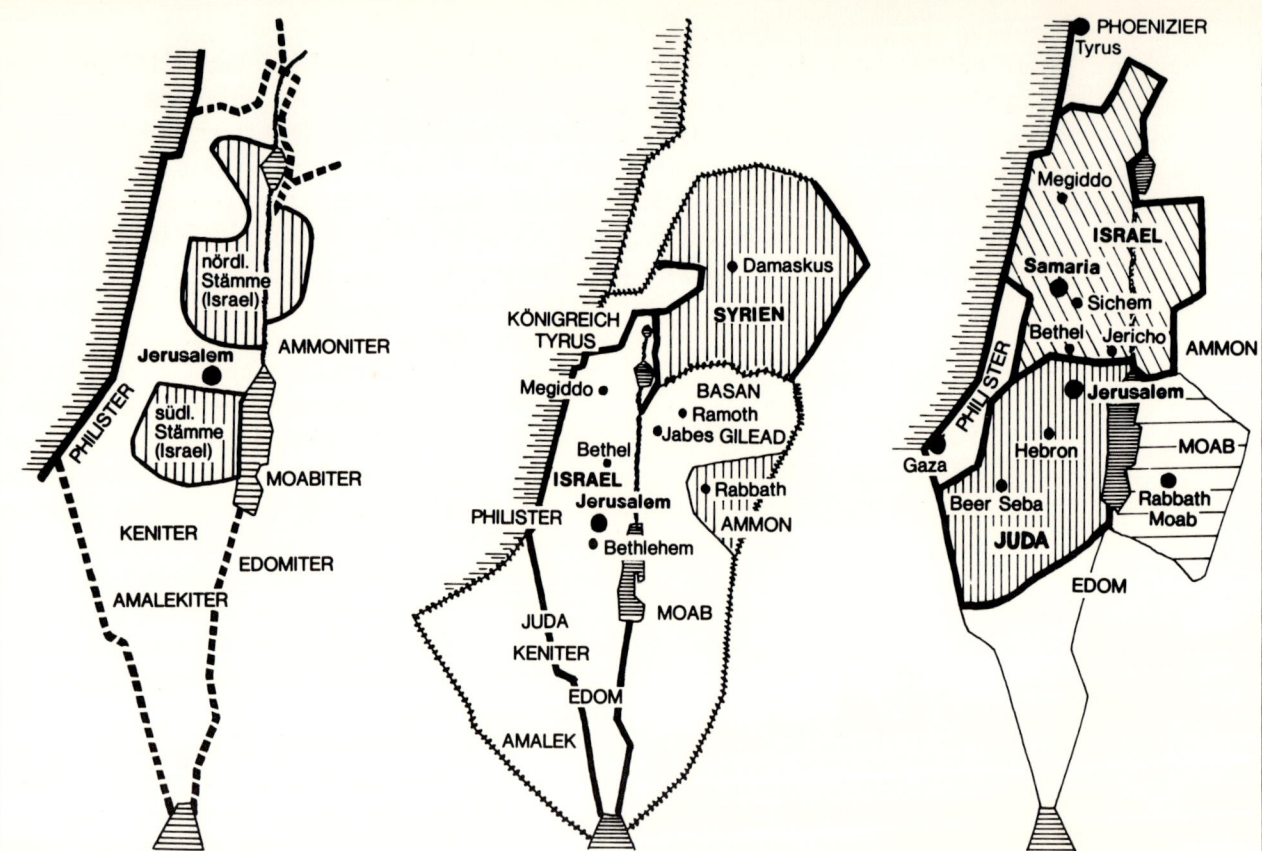

Zu Samuels und Sauls Zeit sitzen die Stämme zersplittert im Land. (11. Jahrhundert)

Im freien Raum zwischen den Stämmen saßen die Jebusiter in ihrem Felsennest Jerusalem. David erkannte die Gefahr, daß die Philister im Bund mit Jerusalem die Errichtung eines gemeinsamen Königreiches der nördlichen und südlichen Stämme verhindern könnten, und eroberte Jerusalem.

David erobert Jerusalem und errichtet von dort aus sein Großreich. (ab 1000)

Der wichtigere Grund für diese Entscheidung war aber der: David saß im judäischen Siedlungsgebiet. Von hier aus konnte er nicht die Herrschaft über die übrigen 11 Stämme aufrichten. So eroberte er sich eine eigene, ihm persönlich gehörende Hauptstadt zwischen den Stämmen, und zwar nicht mit den Kriegern des Stammes Juda, sondern mit einer privat angeheuerten Söldnertruppe. Weil sie ihm

privat gehörte, hieß sie »Stadt Davids«. In dieser persönlichen Unabhängigkeit gelang ihm die Einigung der Stämme. Aber von seiner Person hing sie auch ab. Sein Reich reichte nach kurzer Zeit vom Sinai bis Syrien und schloß nach der Wüste hin die nomadischen und halbnomadischen Völker ebenso ein wie nach Westen die Völker der Küstenebene. Das war möglich, weil in Syrien und Palästina ein Machtvakuum entstanden war. Die Seevölker, zu denen die Philister gehörten, hatten das hethitische Reich im Norden zerschlagen und Assur und Babylon abgedrängt. Die Ägypter waren mit sich selbst beschäftigt.

Nach Salomos Tod wollen die nördlichen Stämme wieder unabhängig sein und trennen sich vom Süden. (um 920)

Der Nimbus Davids reicht auch noch für die Zeit seines Sohnes Salomo, die Stämme zusammenzuhalten. Aber dann lösen sich die Nordstämme und gründen das eigene Reich Israel. Sie sehen die Dynastie Davids als Fremdherrschaft des Stammes Juda an und errichten in Samaria eine eigene Hauptstadt. Im Süden bleibt die Dynastie Davids und das Königreich Juda übrig. Die Randgebiete gehen verloren.

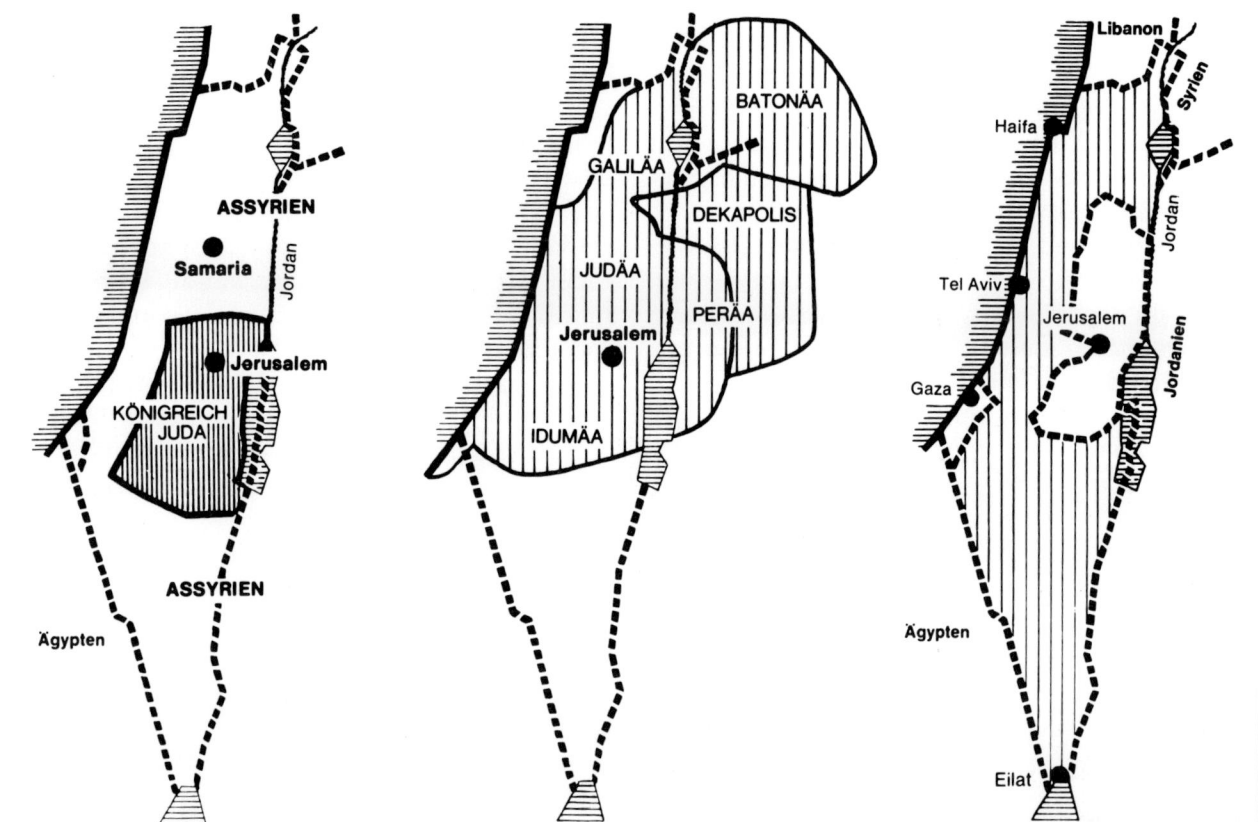

Die Assyrer überschwemmen Palästina und vernichten Israel, (721), den Rest, Juda, beseitigen die Babylonier (587).

Im 8. Jahrhundert überziehen die Assyrer Palästina. Das nördliche Reich wird vernichtet, Samaria zerstört und die Einwohner irgendwohin ins Zweistromland verschleppt. Das war 721. An Stelle der Stämme Israels brachten die Assyrer ein fremdes Volk ins Land, das sie irgendwo auf ihren Kriegszügen entwurzelt hatten, das man dann nach der neuen Hauptstadt Samaria »Samariter« nannte, ein von den Juden gehaßter Fremdkörper im Lande. 587 machen die Babylonier dem Reststaat Juda ein Ende und verschleppen die Oberschicht nach Babylon. Palästina wird dem babylonischen Reich einverleibt, dann dem persischen, schließlich dem Alexanders des Großen.

Erst 166 machen sich die Makkabäer wieder selbständig, und Herodes errichtet sein von Rom abhängiges Reich (bis 4 vor Christus).

Herodes dem Großen gelingt es schließlich durch ein Bündnis mit Rom, ein neues Großreich zu errichten, das aber nach dem Tode des Herodes alsbald wieder geteilt wird. Die vier Teilkönigreiche bestehen zur Zeit Jesu. Nach dem Aufstand vom Jahr 66 zerstören die Römer Jerusalem und löschen nach einem weiteren Aufstand im Jahr 135 jede Spur jüdischer Selbständigkeit. Danach kommt die Stunde der Araber. Die Juden aber zerstreuen sich in die Länder des Mittelmeeres.

Das heutige Israel liegt nicht nur im selben Raum, es hat auch viele dreitausendjährige Probleme übernommen.

Wo die Ammoniter saßen, liegt heute Jordanien mit »Amman« als Hauptstadt. Wo die Philister saßen, liegt der umstrittene Gazastreifen. Auf den Sinai erhebt Ägypten Anspruch. Syrien mit Damaskus ist noch derselbe Erbfeind wie vor 3000 Jahren. Nur zum Libanon hin, wo schon zu Zeiten Salomos die liberalen, welterfahrenen Phönizier saßen, scheint so etwas wie Koexistenz denkbar. Die Geschichte der Jahrtausende könnte eine Schule der hohen Politik sein, auf alle Fälle eine Schule der Weisheit.

und Juda übertragen, und ist das zuwenig, will ich dies und das dazutun. Warum hast du denn den Herrn verachtet, daß du ein solches Verbrechen begangen hast? Uria, den Hethiter, hast du mit dem Schwert erschlagen lassen, seine Frau hast du dir genommen!

Da sprach David zu Nathan: Ich habe ein Verbrechen auf mich geladen! Nathan antwortete: Wenn du das bekennst, hat der Herr deine Sünde weggenommen, und du brauchst nicht zu sterben. Aber weil du den Herrn verächtlich gemacht hast in den Augen seiner Feinde, wird dein Sohn, der dir geboren worden ist, sterben! Und das Kind der Bathseba starb.

Danach gebar Bathseba einen zweiten Sohn, den nannte sie Salomo. Und David übergab seine Erziehung dem Propheten Nathan. (2. Samuel 12)

Es ist der Fehler vieler großer Männer, daß sie den Gedanken an einen Nachfolger nicht ertragen.

Es war etliche Jahre später. Absalom, ein Sohn Davids, schaffte sich einen Wagen an und eine Leibwache, die aus fünfzig Berittenen bestand. Er stellte sich von der Morgenfrühe an an die Straße, die durch das Tor führte, und wenn jemand einen Rechtsstreit zu führen hatte und deshalb zum König vor Gericht gehen wollte, rief ihn Absalom zu sich und fragte ihn nach seiner Herkunft und nach seiner Sache. Dann sprach er zu ihm: Deine Sache ist gut und recht, aber beim König findest du kein Ohr. Wenn man mich zum Richter im Lande einsetzte, würde ich für Recht sorgen! Und wenn jemand vor ihm niederfallen wollte, streckte er seine Hand aus, richtete ihn auf und küßte ihn. Auf diese Weise stahl Absalom das Herz der Männer Israels.

Nach vier Jahren sprach Absalom zum König: Ich habe gelobt, als ich in Not war, Gott ein Opfer darzubringen. Laß mich nach Hebron gehen! Der König antwortete: Geh hin in Frieden! Absalom aber hatte heimlich Boten zu allen Stämmen Israels gesandt und sagen lassen: Wenn ihr die Posaune hört, dann ruft aus: Absalom ist in Hebron König geworden! Mit Absalom gingen aber auch zweihundert besonders eingeladene Männer aus Jerusalem, die keinen Argwohn hegten und von der Sache nichts wußten, unter ihnen auch Ahitophel, der Ratgeber Davids.

Da kam ein Bote zu David: Jedermanns Herz in Israel hat sich Absalom zugewandt! David aber sprach zu seinen Männern: Auf, laßt uns fliehen! Sonst gibt es kein Entrinnen vor Absalom. Wir müssen gehen, ehe er die Stadt einschließt. So brachen der König und seine führenden Männer und seine ganze Familie auf, und nur zehn Nebenfrauen blieben zurück, um das Haus zu bewachen.

Einige Tage später kam es zur Schlacht. David lagerte in Machanaim, und als sein Heer hinauszog, trat er unter das Tor, es zu verabschieden. Und er befahl seinen Hauptleuten: Verfahrt mir schonend mit meinem Sohn Absalom! Im Walde Ephraim begegnete das Heer Davids dem Heer Absaloms, und das Heer Absaloms wurde von den Männern Davids geschlagen, so daß an dem Tage 20 000 Mann fielen.

Absalom ritt auf einem Maultier. Als das Maultier unter eine Eiche mit dichten Zweigen kam, blieb Absalom an der Eiche hängen und schwebte zwischen Himmel und Erde, denn sein Maultier lief unter ihm weg. Als Joab davon hörte, nahm er drei Speere in die Hand und stieß sie Absalom in den Leib, als er noch lebend an der Eiche hing, und zehn Knappen, Joabs Waffenträger, schlugen ihn tot.

Da ließ Joab die Posaune blasen und gebot dem Heer Halt. Sie nahmen Absalom und warfen ihn in jenem Wald in eine Grube und häuften Steine auf ihn. Das Heer Absaloms aber floh, ein jeder nach Hause. Ahimaaz, der Sohn Zadoks, lief und brachte David Nachricht nach Machanaim und rief, als er David sah: Friede! Und er fiel nieder vor David: Gelobt sei der Herr, der Gott, der die Feinde, die Aufrührer, zerschlagen hat! Danach kam ein zweiter Bote, den fragte David: Geht es meinem Sohn Absalom gut? Der sprach: Es müsse den Feinden meines Herrn, des Königs, ergehen, wie es dem jungen Mann ergangen ist und allen, die sich gegen dich auflehnen! Da durchfuhr den König der Schmerz, und er ging in das Obergemach

über dem Tor und weinte, und im Gehen rief er: Mein Sohn Absalom! Mein Sohn, mein Sohn Absalom! Wollte Gott, ich wäre für dich gestorben! O Absalom, mein Sohn, mein Sohn!
Nach dem Tode Absaloms aber kamen die Ältesten des Stammes Juda und holten David zurück nach Jerusalem. (2. Samuel 18–19)

Als David alt war, sprach sein Sohn Adonia: Ich will König werden! Er schaffte sich Wagen und Gespanne und eine Leibwache von fünfzig Mann an. Sein Vater hatte ihm sein Leben lang nie etwas verwehrt oder ihn gefragt: Warum tust du das? Adonia, ein sehr schöner Mann, war der zweitälteste Sohn Davids nach Absalom. Er beriet sich mit Joab und Abjathar, die zu ihm hielten. Gegen ihn standen Zadok, Benaja, der Führer der Leibwache, und der Prophet Nathan. Danach feierte er ein Opferfest bei der Quelle Rogel, lud alle seine Brüder außer Salomo ein und ließ sich zum König ausrufen.
Auf den Rat Nathans begab sich daraufhin Bathseba zum König und warf sich vor ihm nieder. Der König fragte: Was willst du? Sie sprach: Mein Herr, du hast deiner Dienerin bei Gott geschworen: Dein Sohn Salomo soll nach mir König sein! Nun aber ist dein Sohn Adonia König geworden, und du, mein Herr und König, weißt nichts davon! Ganz Israel sieht auf dich und erwartet, daß du sagst, wer nach dir König sein soll!
Und der König befahl: Ruft den Priester Zadok, den Propheten Nathan und Benaja! Als sie erschienen, sprach der König zu ihnen: Nehmt meine Ratgeber und Fürsten mit, setzt meinen Sohn Salomo auf mein Maultier und führt ihn zum Gihon hinab, und der Priester Zadok und der Prophet Nathan sollen ihn dort zum König über Israel salben. Dann blast die Posaunen und ruft: Es lebe König Salomo! Danach zieht wieder hinauf mit ihm, er soll kommen und sich auf meinen Thron setzen und an meiner Stelle König sein. (1. Könige 1)

Dann kam die Zeit, in der David sterben sollte, er legte sich zu seinen Vätern und wurde in der Burg Davids begraben. Salomo aber regierte auf dem Thron Davids, und seine Herrschaft hatte festen Bestand. (1. Könige 2)

David verschloß allzu lange die Augen vor der Tatsache, daß das Reich nur zusammenzuhalten war, wenn er einen seiner Söhne rechtzeitig im Einvernehmen mit den nördlichen Stämmen zum Nachfolger erklärte. Statt dessen revoltierten nacheinander die Thronbewerber, und David war als alter Mann gezwungen, einer Hofintrige nachzugeben und Hals über Kopf, ehe alles zerbrach, Salomo zum Nachfolger einzusetzen. Salomo war gewiß nicht unbegabt. Er galt sogar als der weiseste König der israelitischen Geschichte. Er war ein Mann des Friedens und

unterschied sich darin kräftig von seinem Vater, aber er war, ebenso im Kontrast zu David, ein Mann der Pracht, des Reichtums, des höfischen Glanzes und der orientalischen Kultur. Sein Vater war als Kind Schafhüter gewesen. Er selbst kam als Prinz zur Welt. Sein Vater hatte das harte Leben der freien Bauern Israels geliebt und geschützt. Salomo sah die Welt nur noch von seinem Palast aus. Er war ein Bewahrer zu einer Zeit, als längst nicht alles gesichert war, das er zu bewahren meinte. Es war nicht nur der Freiheitsdrang der kaum seßhaft gewordenen Nomadenstämme, der sich gegen seine Machtansprüche sperrte und sich keine Fron gefallen ließ, es war auch die religiöse Tradition, die sie mitgebracht hatten, die dem königlichen Zeremoniell fremd und feindlich gegenüberstand. Nach seinem Tode kam es heraus.

Salomo herrschte über alle Königreiche vom Euphrat bis zum Land der Philister und bis zur Grenze Ägyptens, und er hatte Frieden mit allen seinen Nachbarn ringsum, so daß Juda und Israel in Sicherheit lebten, jeder unter seinem Weinstock und seinem Feigenbaum. Salomo hatte 4 000 Gespanne für seine Kriegswagen und 12 000 Reiter. Er war weise und dichtete 3 000 Sprüche und über 1 000 Lieder. Er dichtete von den Bäumen, von der Zeder auf dem Libanon bis zum Ysop, der aus der Wand wächst, und dichtete von den Tieren auf dem Felde, von Vögeln, vom Gewürm und von den Fischen. Und man kam aus allen Ländern, um die Weisheit des Salomo zu hören.
Danach verbündete sich Salomo mit Hiram, dem König von Tyrus. Er schloß mit ihm einen Vertrag, daß Hiram ihm Zedern- und Zypressenholz für den Bau eines Tempels, Salomo Hiram dagegen Weizen und Öl liefern sollte. Salomo verpflichtete in ganz Israel Fronarbeiter, so daß immer 10 000 Israeliten auf dem Libanon Zedern fällten; Hiram ließ die Stämme ans Meer bringen und dort zu Flößen zusammenbinden und an der Küste Israels an Land bringen. Siebzigtausend Lastträger und achtzigtausend Steinhauer arbeiteten unter 3 300 Aufsehern, um kostbare Steine für das Fundament des Tempels zu brechen. (1. Könige 5)
Im 480. Jahr nach dem Auszug Israels aus Ägypten, im 4. Jahr der Herrschaft Salomos, begann man den Tempel zu bauen. Während man an ihm arbeitete, waren die Steine bereits ganz zugerichtet, so daß man beim Bauen weder Hammer noch Beil hörte. Nach einer Bauzeit von sieben Jahren wurde der Tempel vollendet. (1. Könige 6)

In jenen Tagen kamen zwei Dirnen zum König und traten vor ihn. Die eine sprach: Ach, mein Herr, ich und diese Frau wohnten in einem Hause, und ich gebar bei ihr im Hause. Drei Tage danach gebar auch sie. Außer uns war niemand im Hause. Nun starb der Sohn dieser Frau, denn sie hatte ihn im Schlaf erdrückt. Sie stand in der Nacht auf, nahm meinen Sohn von meiner Seite und legte ihn in ihren Arm, und ihren toten Sohn legte sie in meinen Arm. Und als ich am Morgen aufstand, um meinen Sohn zu stillen, da war er tot! Aber beim Licht des Morgens sah ich ihn genau an und erkannte: Es war nicht mein Sohn, den ich geboren hatte! Die andere Frau sprach: Nein! Mein Sohn lebt, dein Sohn ist tot! So redeten sie vor dem König. Da befahl der König: Holt mir ein Schwert! Man brachte ein Schwert, und der König befahl: Teilt das lebendige Kind in zwei Teile und gebt dieser die eine Hälfte, jener die andere! Da sagte die Frau, deren Sohn lebte, zum König, denn ihr mütterliches Herz entbrannte für ihren Sohn: Ach, mein Herr, gebt ihr das Kind lebendig und tötet es nicht! Die andere sprach: Es sei weder mein noch dein, laß es teilen. Da urteilte der König: Gebt dieser das Kind lebendig und tötet es nicht, denn die ist seine Mutter. Von diesem Urteil hörte man in ganz Israel, und man fürchtete sich vor dem König, denn man sah, daß Gott ihm die Weisheit gegeben hatte, Recht zu sprechen. (1. Könige 3)

Die Stelle, an der Salomo seinen Tempel baute, ist noch heute dem Israeli die heilige Stätte schlechthin.

An der Klagemauer, der westlichen Stützmauer des Tempelplatzes, geben sie ihrer Sehnsucht nach einem neuen Heiligtum Ausdruck. Freilich, dem steht der Felsendom im Wege, der seit fast 1 300 Jahren hier steht.

Drei Tempel bauten die Juden an dieser Stelle: Um 940 den Tempel Salomos, den 587 Nebukadnezar zerstörte. Um 516 den zweiten Tempel. Den riß Herodes der Große ab, weil er ihm zu klein und zu ärmlich schien. Er baute den dritten 20 vor Christus, den auch Jesus betreten hat und den die Römer im Jahr 70 schleiften.

64

Nach Salomos Tod machen sich die nördlichen Stämme von der Daviddynastie unabhängig. Samaria wird ihre Hauptstadt. Ihr Staat nennt sich Israel.

Altisraelische Mauern auf der Burg von Samaria.

In Sichem versammelten sich die Stämme Israels, um Rehabeam zum König zu wählen, und verhandelten mit ihm: Dein Vater hat uns harte Zwangsarbeit auferlegt. Mach du die Fron leichter, dann wollen wir dir dienen! Da besprach sich Rehabeam mit den Beratern seines Vaters Salomo, und sie rieten: Wenn du heute dem Volk nachgibst und freundlich mit ihm redest, wird es dir für immer gehorchen. Danach aber rieten ihm die Jungen, mit denen er aufgewachsen war: Du sollst

den Leuten antworten: Mein kleiner Finger ist dicker als meines Vaters Hüfte. Mein Vater hat euch eine schwere Last auferlegt, ich will sie noch schwerer machen. Mein Vater hat euch mit Ruten geschlagen, ich will es mit Peitschen tun.

Als Rehabeam so zu den Leuten sprach, riefen die Männer Israels: Was haben wir mit der Familie Davids zu schaffen? Auf, Israel, zu deinen Zelten! Für sein eigenes Haus mag David sorgen! Und die Versammlung Israels ging auseinander, und Rehabeam war nur noch über Juda König. So fiel Israel vom Herrscherhaus Davids ab, und diese Trennung besteht bis zum heutigen Tage.

Während der Befestigungsarbeiten in Jerusalem hatte Salomo Jerobeam, einen tüchtigen jungen Mann, zum Aufseher über die Fronarbeiter der Stämme Ephraim und Manasse eingesetzt. Einer der Propheten, die den orientalischen Prunk Salomos und die Anbetung der zahllosen fremden Götter in Jerusalem haßten, forderte Jerobeam auf, die zehn nördlichen Stämme unabhängig zu machen und ihr König zu werden. Salomo hörte davon, und Jerobeam floh nach Ägypten. Nach Salomos Tod rief ihn die Volksversammlung der nördlichen Stämme aus Ägypten zurück. Denn die nördlichen Stämme waren durchaus autonom, und nur durch Personalunion war der Norden mit dem Süden in der Gestalt des von beiden Teilen gewählten Königs verbunden.

Nun erfuhr man in Israel, Jerobeam sei zurückgekommen. Jerobeam war vor Salomo nach Ägypten geflüchtet und lebte bis zu dessen Tode dort in der Verbannung. Man ließ ihn rufen und setzte ihn zum König über Israel ein. Er ließ sich in Sichem nieder und baute diese Stadt als Hauptstadt aus. Damit aber die Leute nicht zu den großen Festen nach Jerusalem zu pilgern brauchten, ließ er zwei goldene Stierbilder gießen und ließ ausrufen: Ihr seid nun lange genug nach Jerusalem gezogen! Hier, Israel, ist dein Gott, der dich aus Ägypten geführt hat. Und er stellte den einen Stier in Bethel auf, den anderen in Dan. (1. Könige 12)

Jeder Staat brauchte sein zentrales Heiligtum. Für das vereinigte Reich war dies Jerusalem gewesen. Jerobeam mußte, wenn er sich dem Nimbus Jerusalems entziehen wollte, eigene Heiligtümer errichten und knüpfte dazu an die Heiligtümer der Richterzeit an. Er wollte vermutlich an der Verehrung des Gottes vom Sinai festhalten, die in Jerusalem im Gemisch der verschiedenen Kulte unterzugehen drohte, aber er geriet mit seinen Stierbildern

eben doch in den Sog der kanaanäischen Fruchtbarkeitsreligion, auch wenn er möglicherweise in den Stieren nur Sockel für den unsichtbaren Gott gesehen haben sollte.

Das Nordreich verbündet sich mit Ägypten. So greift der Pharao Schischak das Südland an, erobert rund 100 Orte und überläßt einen guten Teil davon Jerobeam. Der unbedeutende Reststaat im Süden nennt sich künftig Juda.

Inzwischen regierte Rehabeam in Jerusalem. In seinem fünften Regierungsjahr zog der König von Ägypten, Schischak, gegen die Stadt herauf, plünderte die Schätze des Tempels und des Palastes und nahm alles mit, auch die goldenen Schilde, die Salomo gemacht hatte.

Zwischen Jerobeam und Rehabeam aber war ihr Leben lang Krieg. Nach siebzehn Jahren seiner Regierung starb Rehabeam, nach zweiundzwanzig Jerobeam. Auf Rehabeam folgte sein Sohn Abia, danach Asa, danach dessen Sohn Josaphat.

Im Norden festigt sich das Königtum erst durch Omri und dessen Sohn Ahab.

Nachfolger des Jerobeam im Nordreich wurde sein Sohn Nadab, dann Baesa, der ihn ermordete, und Ela, der Sohn Baesas. Gegen Ela verschwor sich ein Offizier, Simri. Nach sieben Tagen aber erhob sich ein anderer Offizier, Omri, und schloß die Königsburg ein. Simri sah, daß alles verloren war, legte Feuer an den Palast und kam darin um. So war Omri König von Israel. (1. Könige 15–16) Sein wichtigstes Werk war, daß er einen Berg auf dem Gebirge aussuchte, der dem Semer gehörte, und daß er auf ihm eine neue Stadt und eine Burg anlegte, die er nach dem früheren Besitzer Samaria nannte, die künftige Hauptstadt des Landes Israel.

Zwei »Himmelsköniginnen«, die man Astarten nannte (babylonisch Ischtar) und die man als Fruchtbarkeitsgöttinnen dadurch verehrte, daß an den Heiligtümern angestellte Frauen und Mädchen sich als Tempeldirnen den Feiernden hingaben. Dazu ein »Baal«, das männliche Gegenstück, ein Fruchtbarkeitsgott, dessen Zeichen der Stier war. Die Gattin des Baal hieß Aschera und wurde mit ihm zusammen verehrt. Für den Israeliten, der durch die Erfahrung des heiligen und unsichtbaren Gottes vom Sinai geprägt war, flossen in diesen fremden Göttern die Interessen der Menschen allzusehr in den Kult ein. Für ihn waren diese Götter im Grunde Mischwesen zwischen Göttern und Menschen und nicht Gott.

Nach dem Tode Omris wurde Ahab König, sein Sohn. Der tat, was Gott ein Greuel war. Nicht nur, daß er die Stierbilder Jerobeams verehrte, er nahm sich auch Isebel, die Tochter des Phönizierkönigs, zur Frau und baute dem Baal der Phönizier einen Tempel in Samaria, auch der Göttin Aschera und vielen anderen Göttern. (1. Könige 16)

Der Kampf der Propheten richtet sich künftig gegen die religiöse Vermischung und das heißt die Auflösung des alten Glaubens.

Da verkündigte Elia, der Prophet aus Thisbe in Gilead, dem Ahab: So wahr der Herr, der Gott Israels, lebt, dem ich diene! In diesen Jahren soll weder Tau noch Regen fallen, außer auf mein Wort hin! Und es kam eine Zeit der Dürre und der Hungersnot. (1. Könige 17)

Im dritten Jahr der Trockenheit redete Gott mit Elia: Geh hin zu Ahab! Zeige dich ihm! Ich will regnen lassen! Als Ahab Elia erblickte, rief er: Bist du es, der Verderber Israels? Elia gab ihm zur Antwort: Nicht ich bin der, der Israel ins Verderben stürzt, sondern du und dein Haus! Ihr habt Gott, den Herrn, verlassen und lauft den heidnischen Göttern nach! Auf! Rufe ganz Israel auf dem Karmel zusammen, auch die 450 Propheten des Baal und die 400 Propheten der Aschera, die vom Tisch Isebels essen! So rief Ahab Israel und die Propheten auf dem Karmel zusammen. Dort sprach Elia: Wie lange hinkt ihr noch auf beiden Seiten? Ist der Herr Gott, so folgt ihm! Ist es der Baal, so gehorcht ihm! Aber das Volk schwieg. Und Elia fuhr fort: Ich bin der einzige Prophet Gottes, der übrig geblieben ist, die Propheten des Baal hingegen sind 450 Mann. So laßt uns zwei junge Stiere nehmen. Jene sollen den einen nehmen, zerhacken und aufs Holz legen, ich den anderen. Dann sollen sie ihren Gott anrufen, ich dagegen den Herrn, und der Gott, der mit Feuer antwortet, soll der wirkliche Gott sein. Da antwortete das Volk: Ja, das ist gut! Und die Baalspriester schlachteten ihren Stier und riefen vom Morgen bis zum Mittag: Baal! Erhöre uns! Aber man hörte keine Antwort.

Zuletzt rief Elia dem Volk zu: Her zu mir! Und er nahm zwölf Steine, entsprechend der Zahl der zwölf Stämme Israels und baute daraus einen Altar. Um die Zeit des Abendopfers trat er an den Altar und rief: Herr, du Gott Abrahams, Isaaks und Jakobs! Zeige heute, daß du in Israel Gott bist und daß ich all dies auf dein Wort hin getan habe. Und lenke das Herz dieses Volkes zu dir zurück!
Da fuhr das Feuer Gottes herab und verzehrte das Brandopfer und das Holz, und die Menschen fielen auf ihr Antlitz und riefen: Der Herr ist der wahre Gott! Elia aber rief: Greift die Propheten des Baal! Laßt keinen entrinnen! Man griff sie alle, Elia trieb sie an den Bach Kison hinab und ließ sie dort niedermachen. Danach sprach Elia zu Ahab: Spanne an und fahre nach Hause, damit dich der Regen nicht ergreift. Indessen wurde der Himmel finster von Wolken und Sturm, und es kam ein langer, schwerer Regen. (1. Könige 18)

Elia ruft zu den Ursprüngen zurück.
Der Karmel wird zu einer Art Erinnerung an den Sinai.

Das Problem ist in diesem Land immer wieder das gleiche: Ein Staat, der nicht nur Israeliten umfaßt, sondern auch die Ureinwohner, muß auf deren religiöse Traditionen Rücksicht nehmen. Die Könige Israels und Judas standen tatsächlich vor dem unlösbaren Problem, einen Staat verwalten zu müssen, der nach den Prinzipien der israelitischen Religion nicht zu verwalten war. Es erwies sich als unmöglich, den Kanaanäern ihre alten Traditionen zu nehmen und sie auf den geistigen Gott Israels zu verpflichten. Aber es ließ sich auch keine Trennung der Bevölkerungsgruppen erreichen, denn Israeliten und Kanaanäer vermischten sich rasch zu einem einzigen Volk. Die Auseinandersetzung zwischen den Königen und den Propheten war unvermeidlich. Für die Könige waren die Propheten Fanatiker. Für die Propheten bedeutete die Mischkultur im Norden wie im Süden einen Rückfall in primitive Zeiten, die Israel im Grunde schon seit Abraham überwunden hatte. Der Auftritt Elias auf dem Karmel war eine Art Wiederholung der Ereignisse vom Sinai und hatte den Sinn, mit einem neuen »Bundesschluß« das ganze Volk auf den einen Gott zu verpflichten. Der Versuch scheiterte.

Und Ahab berichtete Isebel, was Elia getan und wie er die Propheten des Baal umgebracht hatte. Da ließ Isebel Elia sagen: Die Götter sollen mich strafen, wenn du morgen nicht tot bist wie jene! Elia fürchtete sich und lief um sein Leben nach Beerseba und von dort an den Berg Gottes, den Sinai.

Dem Triumph folgte die Flucht. Am Sinai suchte er die Begegnung mit dem Gott, den er so leidenschaftlich vertreten hatte. Dort erfuhr er, daß Gott weder im Sturm noch im Erdbeben noch im Feuer sei, sondern »in der Stimme des Schweigens«. Denn dies war an der Gotteserkenntnis der alten Zeit das entscheidende gewesen: nicht die Gewalt, mit der der Mensch Gott zu verteidigen hatte, sondern die Stille, in der er beginnen konnte, seine Stimme zu vernehmen.

Dort fand er eine Höhle und ging hinein, um zu übernachten. Da kam das Wort Gottes zu ihm: Was tust du hier, Elia? Er antwortete: Ich habe für Gott gekämpft, denn Israel hat dich verlassen, deine Altäre zerbrochen und deine Propheten mit dem Schwert getötet. Ich bin allein übrig geblie-

Heute sind es nicht mehr die Fruchtbarkeitsgötter, die die israelitischen Stämme im neugewonnenen Land faszinieren. Heute ist es mehr der Glaube an die Leistung, die Freude an der eigenen Vitalität, die eine gefährliche Ideologie nach sich ziehen. Niemand wird sich im heutigen Israel dem Eindruck entziehen können, hier sei tatsächlich ein Volk von Pionieren dabei, sich ein Paradies zu schaffen. Aber ob dieser Glaube ausreicht, um in diesem Land Frieden für alle zu erreichen, ist die große, schwere Frage im Hintergrund. Die orthodoxen Juden von heute sehen unter den Jüngeren den Kult von »Baal und Aschera« in voller Blüte.

ben, und sie wollen mir das Leben nehmen. Gott sprach: Komm heraus und tritt auf den Berg, da will ich vor dir vorübergehen! Da kam ein Sturm, der die Berge zerriß und die Felsen zerbrach, aber Gott war nicht im Sturm. Nach dem Sturm kam ein Erdbeben, aber Gott war nicht im Erdbeben. Nach dem Erdbeben kam ein Feuer, aber Gott war nicht im Feuer. Nach dem Feuer kam ein stilles, sanftes Sausen. Als das Elia hörte, verhüllte er sein Antlitz mit dem Mantel. Und eine Stimme kam zu ihm: Geh wieder deines Weges durch die Wüste und salbe Jehu zum König über Israel. Und ich will 7 000 in Israel übriglassen: alle, die ihre Knie vor dem Baal nicht gebeugt haben. (1. Könige 19)

Elia verkörpert den alten Glauben Israels. Er tritt um 870 auf.

Elia kommt aus Thisbe im Ostjordanland, also aus altem israelitischen Siedlungsgebiet. Ahab war als Thronfolger im vorwiegend kanaanäischen Samaria aufgewachsen. Sie dachten grundverschieden. Elia sah, daß das Königshaus bereit war, die alte Überlieferung der Gottesoffenbarung an Mose kritiklos mit allem zu vermischen, was es an magischen Praktiken, an Aberglauben und an Kulten im Lande gab. Ahab sah seinerseits, daß die Kanaanäer nun einmal da waren und Israel mit ihnen leben mußte. Wahrscheinlich wurde erst durch Elia deutlich, wie schlecht beides zusammenpaßte. Anläßlich einer Dürre erklärt er, den vermißten Regen gebe nicht Baal, der Fruchtbarkeitsgott, sondern der eine Gott, der Himmel und Erde geschaffen hat und erhält. Elia greift deutlich das Bekenntnis auf, das in der Zeit Davids niedergeschrieben worden war und das wir die »zweite Schöpfungsgeschichte« nennen (s. S. 11).
Der Karmel war ein uralter Kultort, eine der Stellen, an denen die ältesten Zeichen menschlicher Kultur gefunden wurden. 200 000 Jahre vor Christus waren seine Höhlen schon von Jägern bewohnt. Dort stand seit dem Eindringen der Israeliten auch ein Altar Jahwes, der nicht mehr gebraucht wurde, neben einem Altar des Baal, an dem ein aufwendiger Kultbetrieb herrschte. Der Karmel lag an der Grenze zwischen Israel und Phönizien. Baal war einer der Hauptgötter Phöniziens, und da Ahab mit der phönizischen Prinzessin Isebel verheiratet war, entstand aus dem Auftritt Elias und seinem Mord an den Baalspriestern eine Auseinandersetzung auf Tod und Leben zwischen Elia und der Königin, die später Jehu im Sinne Elias wiederaufnahm, als er der Dynastie Ahabs den Thron entriß.

Nicht nur im Kult, sondern auch in Rechtsfragen ist das Volk gespalten.

So geht in der Mordsache Naboth der König vom kanaanäischen Bodenrecht aus, das ein Grundstück als Tauschwert ansieht und dem König in allen Fragen des Landbesitzes ein Vorrecht einräumt, während Naboth das altisraelitische Bodenrecht zugrunde legt, das das Land als Gabe Gottes an bestimmte Familien ansah und dem Zugriff des Königs entzog. Die Hauptstadt Jesreel stand neben der Hauptstadt Samaria. Jesreel war offenbar die Residenz des Königs, insofern er die Stämme Israels regierte, Samaria, insofern er auch König der unterworfenen und integrierten Kanaanäer war. In Jesreel kam es darum leichter zu Konflikten zwischen dem alten Recht und der neuen Praxis.

In Jesreel lebte ein Mann namens Naboth. Der besaß einen Weinberg in Jesreel neben dem Palast Ahabs. Und Ahab redete mit Naboth und forderte: Gib mir deinen Weinberg! Er liegt so nahe bei meinem Haus! Ich will dir einen besseren Weinberg geben, oder, wenn du willst, bezahle ich ihn mit Silber. Aber Naboth weigerte sich: Gott, der Herr, bewahre mich davor, dir das Erbe meiner Väter zu geben. Da ging Ahab nach Hause, voll Zorn über die Antwort Naboths. Da sprach Isebel: Was bist du doch für ein König von Israel! Steh auf, iß und sei guten Muts. Ich will dir den Weinberg verschaffen! Sie schrieb Briefe unter Ahabs Namen, versiegelte sie mit seinem Siegel und sandte sie an die Ältesten von Jesreel: Ruft ein Fasten aus! Gebt Naboth den Ehrenplatz. Dann laßt zwei Männer auftreten, die ihn anklagen, er sei schuldig an der Not, die uns betroffen hat, denn er habe Gott und den König gelästert! Dann führt ihn hinaus und steinigt ihn! Und so geschah es. Als Isebel hörte, Naboth sei tot, sprach sie zu Ahab: Auf, nimm den Weinberg in Besitz, denn Naboth ist tot.
Aber an Elia erging ein Wort von Gott: Auf! Geh Ahab entgegen! Er ist im Weinberg Naboths und will ihn eben in Besitz nehmen. Und Ahab rief Elia entgegen: Hast du mich gefunden, mein Feind? Er sprach: Ja, ich habe dich gefunden, weil du dich dazu hergegeben hast, Unrecht zu tun. So spricht Gott: Ich will Unheil über dich bringen und dich ausrotten samt deinen Nachkommen. Und die Hunde sollen Isebel fressen an der Mauer Jesreels.

70

Als Ahab diese Worte hörte, zerriß er sein Gewand, legte ein Kleid aus Sackleinwand an, fastete und suchte seine Schuld zu büßen. (1. Könige 21)
Nach drei Jahren zogen Ahab und Josaphat, der König von Juda, gegen die Aramäer ins Feld, und während der Schlacht bei Ramoth in Gilead traf ein Aramäer mit seinem Pfeil von ungefähr Ahab zwischen Panzer und Wehrgehänge. Da der Kampf immer härter wurde, blieb Ahab trotz seiner Wunde im Wagen stehen bis zum Abend, und das Blut floß in den Wagen. Am Abend starb Ahab. Als man den Wagen wusch am Teich bei Samaria, leckten Hunde sein Blut, wie Gott angekündigt hatte, und sein Sohn Ahasja wurde König, danach dessen Bruder Joram. (1. Könige 22)

Gegen die äußere Bedrohung des Landes bauen die Könige von Israel imposante Festungen.

Die Stadt Megiddo, in der Ebene Jesreel nahe dem Karmel gelegen, die man fast vollständig ausgegraben hat, kann als Muster für viele gelten: ein Palast, rechts neben ihm Kasernen. Im Vordergrund links die berühmten Pferdeställe und Kriegswagenhallen, im Vordergrund rechts ein mit Zwischentoren verstärktes Eingangsbollwerk und ganz rechts im oberen Teil der Stadt der ungeheure Brunnenschacht, auf dessen Sohle ein Tunnel beginnt, der zu einer unterirdischen Quelle abseits des Berges und der Stadt führt.

Die Jehurevolution geht von den Propheten aus und wird von den jahwetreuen Kreisen Israels unterstützt. Sie gelingt religiös und ist politisch ein Unglück.

845 legitimierten die Vertreter des alten Glaubens den Heerführer Jehu, das Königshaus Ahabs, das sich durch seine Fremdkulte und seine Vorliebe für die Traditionen der Kanaanäer kompromittiert hatte, in einer blutigen Revolution auszulöschen. Es waren die Kreise um die Propheten Elia und Elisa, aber auch die an der Tradition der Nomadenzeit festhaltenden »Rehabiter«, eine israelitische Gruppe, die auch in Palästina das Nomadenleben der Wüstenzeit fortsetzte. Nachdem Jehu König war, schien für einen Augenblick eine neue Ära Israels anzubrechen. Aber mit dem früheren Königshaus verlor man zugleich die außenpolitischen Verbindungen und isolierte sich den aufkommenden Assyrern gegenüber. So ist es nicht überraschend, daß der einzige israelitische König, der uns im Bild überliefert ist, König Jehu ist, wie er sich vor Salmanassar III., dem König von Assur, in den Staub wirft.

Elisa aber, der Nachfolger Elias, empfing nach Elias Tode einen Auftrag von Gott. Er rief einen seiner Schüler und befahl ihm: Nimm diesen Krug Öl und geh nach Ramoth in Gilead. Dort findest du Jehu. Hole ihn aus der Versammlung der Heerführer, geh mit ihm allein in das hinterste Gemach, gieße Öl auf sein Haupt und salbe ihn zum König über Israel. Dann flieh und halte dich nicht auf.

Als der Prophetenschüler nach Ramoth kam, saßen eben die Hauptleute bei einer Beratung. Und er wandte sich an Jehu: Ich habe dir, General, etwas zu sagen! Dann nahm er ihn mit sich in eine Kammer, goß das Öl auf sein Haupt und sprach: Ich habe dich zum König gesalbt über Israel. Und er tat die Tür auf und floh.

Als Jehu wieder zu den Offizieren seines Königs hinauskam, nahm jeder in aller Eile seinen Mantel und legte ihn auf die Stufen vor ihm, sie bliesen die Posaune und riefen: Jehu ist König geworden! So erhob sich Jehu gegen den König.

Indessen befand sich König Joram, weil er im Kampf verwundet worden war, in Jesreel, um sich heilen zu lassen. Und Jehu sprach: Wenn ihr denkt wie ich, soll sich niemand von hier entfernen und den Aufstand in Jesreel verraten! Und er bestieg seinen Wagen und fuhr selbst dorthin.

Nun war in jenen Tagen auch Ahasja, der König von Juda, zu Besuch in Jesreel. Als der Wächter auf dem Turm in Jesreel eine Staubwolke sah und dies dem König mitteilte, sandte Joram einen Reiter hin, der fragen sollte: Bringst du Frieden? Als der Jehu begegnete und fragte: Bringst du Frieden? antwortete Jehu: Was geht dich der Friede an? Wende um! Folge mir! Und so tat er auch mit einem zweiten Reiter, den Joram ihm entgegensandte. Da berichtete der Wächter: Er ist bei ihnen angekommen und kommt nicht zurück. Der Wagen fährt, als ob Jehu ihn führe, denn er fährt wie wahnsinnig! Da rief Joram: Spannt an! Und sie fuhren ihm entgegen, Joram, der König von Israel, auf seinem Wagen, und Ahasja, der König von Juda, auf dem seinen, und sie begegneten Jehu bei dem Acker Naboths. Da rief Joram: Jehu, bringst du Frieden? Der erwiderte: Frieden? Solange die Abgötterei deiner Mutter Isebel und ihre Zauberei währen? Da lenkte Joram seinen Wagen um und floh und rief Ahasja zu: Verrat! Aber Jehu faßte den Bogen und schoß Joram zwischen die Schultern, daß der Pfeil durch sein Herz fuhr und Joram in seinem Wagen zusammenbrach. Und Jehu befahl seinem Begleiter Bidkar: Nimm ihn und wirf ihn auf den Acker Naboths! Als wir auf einem Wagen hinter Ahab herfuhren, war dies das Wort Gottes über Ahab: Ich will das Blut Naboths und seiner Kinder auf diesem Acker rächen!

Als das Ahasja sah, suchte er zu fliehen, aber Jehu fuhr ihm nach und erschoß ihn.

Danach kam Jehu nach Jesreel. Als Isebel von allem erfahren hatte, schminkte sie sich, legte den Kopfschmuck an und schaute zum Fenster hinaus. Und als Jehu unter dem Tor erschien, rief sie: Geht's gut, du Eintagekönig, der seinen Herrn erschlug? Da blickte Jehu hinauf und rief: Wer hält es hier mit mir? Einige der Kämmerer sahen hinaus. Da rief er: Stürzt sie hinab! Und sie stürzten Isebel hinab, so daß ihr Blut an die Wand und an die Pferde spritzte, und sie wurde zertreten.

73 | (2. Könige 9)

Die übrige Familie des Ahab, 70 Söhne und Enkel, ließ Jehu in Samaria hinrichten. Auf dem Wege dorthin traf er Jonadab, den Rekabiter, grüßte ihn und fragte: Ist dein Herz so aufrichtig gegen mich wie mein Herz gegen dein Herz? Jonadab bejahte. Da fuhr Jehu fort: Dann gib mir deine Hand! Jonadab reichte ihm die Hand, Jehu ließ ihn zu sich auf den Wagen steigen und sprach: Komm mit und sieh, wie ich für Gott, den Herrn, kämpfe!

Und Jehu ließ in Samaria nicht nur die Familie des Königs, sondern auch die von ihr eingesetzten Priester des Baal und der Aschera ausrotten, die Bilder der Götter verbrennen und die Steinmale des Baal zerbrechen. Nach 28 Jahren starb Jehu, und sein Sohn Joahas wurde König an seiner Statt. (2. Könige 10)

Mit Tiglat Pileser, dem König von Assyrien, erhebt sich am Rande eine Gefahr, der Israel nichts entgegenzusetzen hat.

Seit etwa 2000 gibt es am Mittellauf des Tigris die Stadt und das Reich Assur. Um 670 erlangt es seine größte Ausdehnung und reicht von Persien bis zum Nil. Ein brutales Krieger- und Herrenvolk, das sich mit grandioser Einförmigkeit jahrhundertelang nur für Feldzüge interessiert und das an Grausamkeit gegen die Unterworfenen selbst in jener Zeit und im kriegerischen Orient seinesgleichen sucht. Seine Herrschaft trägt zum erstenmal in der Geschichte der Menschheit imperialistische Züge. Wenn Könige sich nicht unterwarfen, zog man ihnen die Haut ab oder sperrte sie mit abgeschnittenen Lippen und ausgestochenen Augen wie Raubtiere in Käfige. Erst das neubabylonische Reich brachte eine Koalition der versklavten und verängstigten Völker zustande und machte dem assyrischen Terror ein Ende.

Hundert Jahre später zog Tiglat Pileser, der König von Assyrien, gegen Israel heran, besetzte die Städte im Norden und Osten des Landes und schickte die Bewohner nach Assur in die Verbannung. Da verbündeten sich Rezin, der König von Aram, und Pekach, der König von Israel, gegen Juda und belagerten Jerusalem. (2. Könige 15.16)

Der Krieg der verbündeten Aramäer und Nordisraeliten gegen Juda mit der Belagerung Jerusalems, der sogenannte syrisch-ephraimitische Krieg, sollte Juda zur Teilnahme an den Abwehrkämpfen gegen Assyrien zwingen. Statt dessen veranlaßte der jüdäische König – sofern die Assyrer diese Absicht nicht ohnedies verfolgt haben sollten –, daß Assyrien 732 das Reich der Aramäer angriff und vernichtete. Die Gefahr für Jerusalem war für den Augenblick gebannt. Aber nachdem 721 auch Samaria erobert und Israel von der Landkarte verschwunden war, stand das assyrische Heer unter Sanherib 701 vor Jerusalem.

Ahas aber, der König von Juda, sandte Boten zu Tiglat Pileser und ließ ihm sagen: Ich bin dein Knecht und dein Sohn! Komm und hilf mir aus der Hand der Könige von Aram und Israel! Er nahm Gold und Silber aus den Schätzen des Tempels und des Palastes und sandte dem König von Assyrien Geschenke. Und der König von Assyrien hörte auf ihn, eroberte Damaskus, tötete Rezin, den König, und schickte die Bewohner nach Kir in die Verbannung. (2. Könige 16)
Danach war in Samaria Hosea König. Gegen ihn zog Salmanassar, der König von Assyrien, herauf. Er eroberte das ganze Land und belagerte Samaria drei Jahre lang. Schließlich eroberte er die Stadt,

nahm die Bewohner gefangen und führte sie in die Gegend am Fluß Habor und in die Städte der Meder in die Verbannung.
Statt ihrer ließ er Völkerschaften aus Babel und anderen Ländern des Ostens holen und siedelte sie in Samaria an. Jedes dieser Völker brachte seinen Gott mit und verehrte ihn in den Höhenheiligtümern der Israeliten. Sie verehrten aber auch den Gott Israels, und diese Sitte, andere Götter neben dem einen Gott zu verehren, bewahren sie bis zum heutigen Tag. (2. Könige 17)

Hiskia reformiert den Kult in Jerusalem im Sinne der israelitischen Tradition.

In jener Zeit herrschte in Juda König Hiskia. Der tat, was Gott gefiel. Er beseitigte die Heiligtümer der fremden Götter auf den Bergen, er zerschlug die Steinbilder, schlug den heiligen Holzpfahl der Göttin Aschera um und zerstörte die erzene Schlange des Mose. Denn bis zu dieser Zeit hielt

74

das Volk diese Schlange für eine Gottheit und verehrte sie. Er verließ sich auf den Gott Israels, wie kein König vor oder nach ihm. Und der Herr war mit ihm und ließ ihm gelingen, was er sich vornahm. Hiskia kündigte dem König von Assyrien den Gehorsam auf. Er besiegte die Philister und verheerte ihre Grenzbefestigungen bei Gaza.

Im vierten Jahr seiner Regierungszeit fiel Samaria, und der König von Assyrien schickte Israel in die Verbannung. Zehn Jahre später zog Sanherib, der Assyrerkönig, gegen Juda zu Felde und eroberte alle befestigten Städte. Zuletzt erschien das assyrische Heer vor Jerusalem, und der Befehlshaber ließ Hiskia sagen: So spricht der große König: Worauf verläßt du dich? Meinst du, bloße Worte genügten zum Kampf? Du verläßt dich auf Ägypten, auf den zerbrochenen Rohrstab, der dem die Hand durchbohrt, der sich auf ihn stützt! Oder willst du sagen: Wir verlassen uns auf den Gott Israels? Er selbst war es, der mir geboten hat: Zieh hinauf in dieses Land und zerstöre es! (2. Könige 18)

Als Sanherib erfuhr, der König von Äthiopien, Thirhaka, sei zum Krieg gegen ihn ausgezogen, sandte er zum zweiten Mal Boten zu Hiskia: Laß dich nicht betrügen, indem du dich auf deinen Gott verläßt. Du hast gehört, was die Könige von Assur den Ländern taten, die sie verwüstet und entvölkert haben, und du meinst, es gebe für dich eine Rettung?

Hiskia nahm den Brief mit dieser Botschaft aus den Händen der Gesandten, dann ging er in den Tempel, breitete ihn vor Gott aus und betete: Herr, Gott Israels, du allein bist Gott über alle Königsreiche der Erde. Du hast den Himmel und die Erde geschaffen. Höre du die Worte Sanheribs! Es ist wahr, ganze Völker haben die Könige von Assyrien mit dem Schwert ausgerottet, ganze Länder verwüstet. Die Götter ihrer Feinde warfen sie ins Feuer, aber die waren ja auch nicht Götter, sondern Machwerke der Menschen aus Holz und Stein. Herr, errette uns aus der Hand Sanheribs, damit alle Reiche der Erde erkennen, daß du allein wirklich Gott bist!

Da ließ Jesaja ihm sagen: So spricht der Gott Israels: Was du gebetet hast, habe ich gehört. Und Sanherib kehrte in sein Land zurück und blieb in Ninive. Eines Tages, als er im Tempel seines Gottes Nisroch betete, ermordeten ihn seine Söhne Adrammelech und Sarezer mit dem Schwert. Danach flüchteten die Mörder, und sein Sohn Asarhaddon wurde König. (2. Könige 19)

701 erschien Sanherib vor Jerusalem. Die judäischen Städte, 46 an der Zahl, hatte er schon besiegt, 200 000 Menschen deportiert. In seinen Annalen rühmt er sich: »Hiskia schloß ich in Jerusalem ein wie einen Vogel im Käfig.« Aber die Assyrer zogen wieder ab, Jerusalem kam noch einmal davon, wenn auch das Land den Philistern zufiel, alle Schätze im Tempel und Palast abgeliefert wurden und Hiskia von seinem Reich nur noch die Stadt Jerusalem behielt. Erst als während des Krieges zwischen Assur und dem neu sich erhebenden Babylon Palästina wieder etwas Luft bekam, konnte Hiskias Sohn Manasse um 660 das Land zurückgewinnen, und während einer kurzen Blütezeit unter Manasses Enkel Josia zwischen 640 und 609 erreichte das judäische Königreich fast wieder die Größe des Reiches Davids. Aber das war ein Augenblick. Der Untergang ließ sich absehen. Er kam durch die Babylonier, die inzwischen dem assyrischen Reich ein blutiges Ende bereitet hatten.

Die Reform des Josia bedeutet eine entscheidend wichtige Selbstbesinnung des Glaubens Israels vor der Katastrophe. Sie hilft den Verbannten in den folgenden Jahrzehnten zum neuen Anfang.

Im Jahre 639 wurde in Jerusalem Josia König. Er war 8 Jahre alt, als er den Thron bestieg, und regierte 31 Jahre. In seinem 18. Regierungsjahr geschah es, daß bei Ausbesserungsarbeiten im Tempel ein Buch gefunden wurde. Der Hohepriester sandte den Staatsschreiber zum König, der meldete die Sache und las das Buch dem König vor, alle die Bestimmungen des Gottesgesetzes, die darin standen.

Als der König die Worte des Gesetzbuches hörte, zerriß er seine Kleider, denn sein Volk hatte sich seit langen Zeiten nicht mehr an Gottes Willen gehalten. Es hatte anderen Göttern gedient und die Gebote Gottes vergessen. (2. Könige 22) Und Josia versammelte die Ältesten von Juda und Jerusalem und die Einwohner von Jerusalem vor dem

Tempel und ließ alle Worte aus dem Buch des Bundes, das im Tempel gefunden worden war, vorlesen. Der König trat an die Säule und schloß einen Bund zwischen Gott und dem Volk, daß das Volk künftig alle Gebote und Rechtsordnungen Gottes einhalten sollte. Und das ganze Volk trat in den Bund ein.

Aber es war zu spät. Gott hatte beschlossen, Juda seinen Schutz zu entziehen wie Israel, die Stadt Jerusalem zu verwerfen und den Tempel zu verlassen. In der Zeit Josias zog der Pharao Necho in den Krieg gegen den König von Assyrien. Josia stellte sich ihm bei Megiddo entgegen. Dort tötete Necho den König Josia, und das judäische Heer brachte den Toten nach Jerusalem und bestattete ihn.

Necho aber nahm Josias Nachfolger, den König Joahas, gefangen und verschleppte ihn nach Ägypten, setzte Jojakim zum König ein und legte ihm eine Buße von Gold und Silber auf, die fast über das Vermögen des Landes ging. (2. Könige 23)

Nach dem Untergang Assurs kommen 609 die Babylonier nach Palästina.

Während der Zeit des Jojakim zog Nebukadnezar, der König von Babylon, gegen Juda heran, und Jojakim unterwarf sich ihm. Drei Jahre war er ihm untertan, danach fiel er von ihm ab. Da sandte Gott gewaltige Heere gegen ihn, die aus Chaldäa, aus Aram, aus Moab und Ammon kamen und die ihn zusammenschlugen. So erfüllten sich die Voraussagen der Propheten.

Nach dem Tode Jojakims war Jojachin, sein Sohn, für drei Monate König. Zu seiner Zeit schloß das Heer Nebukadnezars Jerusalem ein, und während der Belagerung kam er selbst vor die Stadt. Da ging Jojachin mit seiner Mutter, mit seinen Fürsten und seinem ganzen Hof zum König von Babel hinaus, und der König von Babel nahm ihn gefangen.

Er plünderte die Schätze im Tempel und im Palast. Er nahm alle Bürger von Jerusalem gefangen. 10 000 Mann des Heeres, alle Zimmerleute und Schmiede, und ließ nur die armen Leute im Lande übrig. Jojachin und seine Höflinge und die Fürsten im Lande ließ er nach Babel in die Gefangenschaft bringen und machte Zedekia, den Onkel Jojachins, zum König. (2. Könige 24)

597 eroberte Nebukadnezar, der König von Babylon, Jerusalem und verschleppte König Jojachin und einen Teil der Oberschicht von Judäa in die Verbannung nach Mesopotamien. Das war die sogenannte »erste Wegführung«. Als Jerusalem sich erneut erhob, schloß Nebukadnezar 587 die Stadt zum zweitenmal ein, zerstörte sie und machte Juda zu einer babylonischen Provinz. Diese zweite Wegführung brachte einen weiteren großen Teil der Bürger von Judäa nach Babylon, und es begann die sogenannte Babylonische Gefangenschaft, die für die weitere Entwicklung und Entfaltung des alttestamentlichen Glaubens entscheidende Bedeutung erlangt hat. Zugleich wurde diese Zeit zu einer Art Grundmuster des jüdischen Schicksals für 2½ Jahrtausende.

Auch Zedekia löste sich aus der Knechtschaft unter dem König von Babylon. Da zog nach neun Jahren Nebukadnezar mit seiner ganzen Macht gegen Jerusalem heran, belagerte die Stadt und baute Bollwerke um ihre Mauern her. So war die Stadt ein Jahr und sechs Monate eingeschlossen, bis das Volk nichts mehr zu essen hatte. Da brach das babylonische Heer in die Stadt ein, und der König und das Heer flohen bei Nacht durch ein Seitentor auf das Jordantal zu. Aber die Babylonier holten den König bei Jericho ein und zersprengten das judäische Heer. Sie nahmen den König gefangen und brachten ihn zu Nebukadnezar, der sich in jenen Tagen in Ribla aufhielt; der sprach das Urteil über ihn: Man erschlug die Söhne Zedekias vor seinen Augen, danach blendete man ihn, schloß ihn in Ketten und verschleppte ihn nach Babel.
Nachdem Jerusalem erobert war, verbrannte der Feldherr des Königs von Babel, Nebusaradan, den Tempel, den königlichen Palast und alle großen Häuser in Jerusalem, und sein ganzes Heer riß die Mauern Jerusalems ein.
Das Volk, das in der Stadt noch übrig war, vor allem die wohlhabenden Handwerker, schickte Nebusaradan in die Gefangenschaft, nur von den Armen im Lande ließ er Weingärtner und Bauern zurück. Alle heiligen Gefäße und Instrumente nahm er als Beute mit. Die führenden Leute aus der Umgebung des Königs brachte er zu Nebukadnezar nach Ribla. Der ließ sie hinrichten. (2. Könige 25)

Übrig bleibt ein »armes und verlassenes Volk«.

Die Perser gestatten nach ihrem Sieg über Babylon die Heimkehr.

Es war im ersten Jahr der Regierung des Cyrus, des Königs von Persien, da lenkte Gott die Gedanken des Cyrus, und Cyrus ließ in seinem ganzen Reich mündlich und schriftlich bekanntmachen: So spricht der König von Persien: Der Herr, der Gott des Himmels, hat mir alle Königreiche der Erde gegeben, und er hat mir befohlen, ihm in Jerusalem einen Tempel zu bauen. Wer unter euch zu seinem Volk gehört, der ziehe nach Jerusalem und baue den Tempel des Gottes Israels.

Da machten sich die Häupter der Sippen aus Juda und Benjamin und die Priester auf den Weg, alle, denen Gott den Willen lenkte, und sie zogen heimwärts, um den Tempel in Jerusalem zu bauen. Cyrus gab die heiligen Geräte des Tempels, die Nebukadnezar aus Jerusalem weggenommen und in seinen Tempel gebracht hatte, heraus und übergab sie Scheschbazzar, dem führenden Mann unter den heimkehrenden Judäern, und Scheschbazzar brachte sie nach Jerusalem. (Esra 1)

Insgesamt machten sich 42 360 Menschen auf den Weg, und sie nahmen ihre Pferde, Maultiere, Kamele und Esel mit. In Jerusalem ließen sich die Priester, die Leviten, die Familien der Sänger, Torhüter und Tempeldiener nieder, die übrigen Heimkehrer zerstreuten sich in ihre Heimatorte. (Esra 2)

Später begannen Serubbabel, Jeschua und die übrigen Heimkehrer, den Tempel zu bauen. Als man den Grund zum Tempel legte, stellten sich die Priester in ihren Amtskleidern auf und bliesen die Trompeten, die Leviten spielten auf den Zimbeln, und sie lobten Gott, wie David es getan hatte. Sie stimmten den Lobpreis an und sangen: Dankt dem Herrn, denn er ist freundlich, und seine Barmherzigkeit währt in Ewigkeit über Israel! Das ganze Volk jubelte vor Freude, weil der Grund zum Hause des Herrn gelegt war. Viele aber von den betagten Priestern und von den Sippenhäuptern, die den alten Tempel noch gesehen hatten, weinten laut, als nun dieses Haus vor ihren Augen gegründet wurde. Aber das Freudengeschrei übertönte das Weinen, und man konnte den Jubel weithin hören. (Esra 3)

Im 6. Jahre der Regierung des Darius (nach 20 Jahren) wurde der Tempel vollendet. Man brachte zur Einweihung des Tempels Opfer dar und feierte ein großes Fest. (Esra 6)

In vier Wellen kehren die Verbannten nach Jerusalem zurück:

538 kommen die ersten. Ihr Führer ist Scheschbazzar. Sie bringen die Geräte des Tempels mit. Aber der Anfang im Land ist mit niederdrückender Mühsal verbunden.

525 kommt eine zweite Welle unter Serubbabel und dem Hohenpriester Josua und mit den Propheten Haggai und Sacharja. Sie bauen den Tempel und weihen ihn 515 ein. Ihre Sorge ist, daß über der physischen Not die geistige Orientierung nicht verlorengeht.

445 kommt Nehemia und baut die Stadtmauer auf. Er sorgt sich um die politische Zukunft dieses wehrlosen, schwachen Ländchens.

398 beginnt die letzte Rückwanderung unter dem Gesetzeslehrer Esra, der seinem Volk die Merkmale aufgeprägt hat, die es heute noch bestimmen: den Sabbat, das Gesetz, die Synagoge, die charakteristischen Feste und die strenge Ordnung seines inneren und äußeren Lebens. Er brachte das erste große Stück der Bibel mit: die 5 Bücher Mose mit ihren in der Unfreiheit von Babylon formulierten Bekenntnissen zu dem einen Gott, der sein Volk erwählt und geführt und immer wieder gerettet hat und dem es mit Leib und Leben gehört.

Das kleine Mädchen aus Israel mit seiner Kerze scheint mir immer wieder wie ein Symbol für dieses ganze Volk. Es ist kein fröhliches, kein zuversichtliches Kindergesicht. Es ist wie gezeichnet von der Traurigkeit der vieltausendjährigen Erfahrung, daß das Licht gelöscht werden kann, daß das Leben in Gefahr ist und die Angst ihr Recht hat. In der Babylonischen Gefangenschaft, als es um Sein oder Nichtsein ging, lernte dieses Volk die innere Sorgfalt, die es dann durch seine einzigartige Geschichte hin geführt und getragen hat. Es lernte zuzuhören, was Gott zu ihm sprach. Es lernte die Treue gegenüber dem, was es als Gottes Wort erkannt hatte. Wir sind gewohnt, den Schriftgelehrten als Buchstabenfuchser zu verachten und den Pharisäer als engstirnigen moralischen Nörgler. Aber ehe wir wieder begreifen, was Jesus uns mit der »Freiheit der Söhne Gottes« gebracht hat, müssen wir wohl wieder verstehen, daß nur der frei sein kann, der gelernt hat und bereit ist, aufmerksam und sorgfältig mit sich selbst und mit dem, was er von Gott gehört hat, umzugehen.

Ich, Nehemia, befand mich – es war im 20. Jahr des Königs Artaxerxes – in der Festung Susa bei Hofe. Da kam Hanani, einer meiner Brüder, mit einigen Männern aus Juda. Ich fragte sie, wie es den Juden gehe, die aus der Gefangenschaft zurückgekehrt waren, und der Stadt Jerusalem. Sie antworteten: Die Entronnenen, die aus der Gefangenschaft zurückgekehrt sind, leben im Lande in großem Unglück und in Schmach, denn die Mauern von Jerusalem liegen in Trümmern, und die Tore sind verbrannt.

Als ich das hörte, setzte ich mich nieder und weinte und trauerte tagelang und fastete und betete vor dem Gott des Himmels: Ach Herr, Gott des Himmels, du großer und furchtbarer Gott! Du stehst zu denen, die dich lieben und deine Gebote halten. Wir aber haben großes Unrecht getan, daß wir deine Gebote nicht gehalten haben. Gedenke aber des Worts, das du deinem Diener Mose gesagt hast: Wenn ihr mir die Treue brecht, will ich euch unter fremde Völker zerstreuen. Wenn ihr euch aber zu mir bekehrt, so will ich – und wäret ihr auch zersprengt bis ans Ende des Himmels – euch zurückbringen an den heiligen Ort Jerusalem. Es ist doch dein Volk! So laß es deinem Diener heute gelingen und laß ihn Gnade finden bei diesem Manne! – Denn ich war der Mundschenk des Königs. (Nehemia 1)

Und es gelang. Der König setzte mich als Statthalter von Juda ein, und ich erwirkte die Erlaubnis von ihm, nach Jerusalem zu reisen und die Stadt wieder aufzubauen. Überdies erlaubte mir der König, Holz für die Tore der Mauer und des Tempels aus den königlichen Wäldern zu nehmen.

Ich kam nach Jerusalem und sah mich drei Tage lang um. Dann stand ich in einer Nacht auf, bestieg mein Tier und nahm nur wenige Begleiter mit, denn ich hatte niemandem gesagt, was ich in Gottes Auftrag für Jerusalem tun wollte. Ich verließ das Taltor bei Nacht und erforschte den Zustand der Mauern und Tore von Jerusalem. Als ich zum Teich des Königs kam, stieg ich allein in den gehauenen Schacht hinauf und untersuchte dort ebenfalls die Mauer. Schließlich kehrte ich um und kam durch das Taltor wieder heim.

Am Tage sprach ich zu den Ratsherren: Ihr seht die Not, in der wir uns befinden! Jerusalem liegt in Trümmern, und seine Tore sind verbrannt. Auf! Laßt uns die Mauer bauen, damit wir nicht weiter das Gespött der Leute sind! Ich berichtete, wie freundlich Gott zu mir gewesen sei und von den Anweisungen des Königs, und tatsächlich nahmen sie das Werk in Angriff. (Nehemia 2)

Der Hohepriester machte sich mit den Priestern an die Arbeit und baute das Schaftor. Und sie bauten daneben die Mauer bis an den Turm Hananel. Neben ihnen bauten die Männer von Jericho und neben ihnen, von Stück zu Stück der Mauer, immer wieder andere Dorfgemeinschaften aus der Umgebung oder immer wieder andere Familien aus Jerusalem. Sie bauten die Mauer, sie errichteten die Türme und schlossen die Tore.

Die führenden Leute in der Provinzhauptstadt Samaria aber, Sanballat und Tobia, spotteten und fragten: Was nehmt ihr euch vor? Wollt ihr vom König abfallen? Als die Lücken geschlossen wurden, spotteten sie: Wollen sie denn die Steine im Schutt lebendig machen? Oder: Laßt sie nur bauen! Wenn ein Fuchs an ihrer Mauer hochspringt, reißt er sie ein!

Aber wir bauten weiter und schlossen die Mauer bis zur halben Höhe. Und das Volk fand neuen Mut zu seiner Arbeit. (Nehemia 3)

Das Reich der Perser unterschied sich von Assur und Babylon durch seine Toleranz. Es war der mächtige Rahmen, in dem viele Völker frei leben konnten.

Die Ruinen von Persepolis, der Hauptstadt des damaligen Perserreiches, tausend Kilometer östlich von Babylon gelegen, lassen von der Klarheit und Großartigkeit der persischen Reichsidee noch etwas ahnen.

Nun meldeten die Juden aus der Umgebung, die Leute von Samaria rückten bewaffnet gegen uns heran. Da stellte ich Speerträger an den offenen Stellen der Mauer auf und ordnete die Arbeit so, daß die eine Hälfte der Leute am Bau arbeitete, die andere bewaffnet dahinter stand. Die Lastträger arbeiteten mit der einen Hand, mit der anderen hielten sie die Waffe. Jeder Arbeiter hatte sein Schwert an der Seite und arbeitete so, und der Posaunenbläser stand neben mir. Wir blieben alle bei Nacht an den Baustellen, und weder ich selbst noch die anderen zogen während der ganzen Zeit die Kleider aus. (Nehemia 4)
In 52 Tagen wurde die Mauer fertig. Ich setzte die Torhüter ein und bestimmte meinen Bruder Hanani zum Stadtkommandanten, denn er war ein zuverlässiger und frommer Mann. Die Stadt war sehr groß, nur lebten wenige Menschen darin, und die Wohnhäuser lagen noch in Trümmern. (Nehemia 6–7)

In der Gefangenschaft in Babylon lernt das jüdische Volk, seinen eigenen Weg zu gehen, anders als alle anderen Völker.

In der Zeit des Königs Artaxerxes zog Esra von Babel nach Jerusalem. Denn Esra empfing eine Vollmacht, die so lautete: Artaxerxes, der König der Könige, an Esra, den Priester, den Schreiber, den Sachverständigen für das Gesetz des Himmelsgottes. Friede sei mit dir! Alle Israeliten in Babylon, die den Willen haben, nach Jerusalem zu gehen, dürfen mit dir ziehen. Der König und seine sieben Räte senden dich, nachzuforschen, wie es um Juda und Jerusalem steht, und das Gesetz deines Gottes einzuführen, das in deiner Hand ist. Was du für den Tempel deines Gottes brauchst, bekommst du aus den Schatzhäusern des Königs, damit nicht der Zorn des Himmelsgottes über das Reich des Königs und seine Söhne komme.
Ich faßte den Mut, schreibt Esra, da Gott mit mir war, und sammelte die Ältesten der Sippen, die mit mir ziehen wollten, etwa 1 500 Männer, außer den Frauen und Kindern. Ich versammelte sie an dem Fluß, der nach Ahawa fließt, ließ ein Fasten ausrufen, und wir bekannten unsere Schuld vor Gott und erbaten eine Reise ohne Gefahr für uns, unsere Kinder und unsere Habe. Ich schämte mich nämlich, vom König bewaffnete Leute und Reiter anzufordern, weil ich dem König gesagt hatte: Gott hilft mit seiner starken Hand allen, die ihn suchen.
Und Gott schützte uns wirklich vor unseren Feinden und vor den Räubern an den Straßen, und wir gelangten nach Jerusalem. Wir übergaben die Befehle des Königs den Statthaltern des Landes westlich des Euphrat, und sie alle halfen dem Volk und dem Tempel. (Esra 7–8)
In der Zeit Esras, es war im siebten Monat des Jahres, versammelte sich eines Tages das Volk auf dem Platz vor dem Wassertor, und Esra, der Priester, las das Gesetz des Mose vor, vom Morgen bis zum Mittag. Danach fuhr er fort: Geht nun, feiert ein Mahl mit festlichem Essen und Trinken und gebt auch denen, die nichts haben. Denn dieser Tag soll ein Fest für unseren Gott sein. Seid unbekümmert, denn die Freude am Herrn ist eure Stärke! Und die Menschen gingen, um zu essen, zu trinken und den anderen ihr Teil zu geben, und feierten ein Fest, denn sie hatten die Worte verstanden, die man ihnen vorgelesen hatte.

Die Rückkehr ins »Heilige Land« ist kein Triumphzug.

Unter Scheschbazzar so wenig wie in den 40er Jahren, als die vor den Deutschen flüchtenden Juden in ihrem Schiff von englischen Marineeinheiten gerammt, gekapert und in den Untergang getrieben wurden. Nach der Babylonischen Gefangenschaft kamen sie in ein Land, das ihnen nicht mehr gehörte und in dem nun erst der Kampf ums Überleben begann, ebenso wie nach dem Zweiten Weltkrieg, als gleichsam jeder Acker von Arabern und Juden zugleich beansprucht wurde. Der Glaube aber war schon damals nicht Allgemeingut, sondern mußte von Generationen wieder neu eingeübt werden, ebenso wie heute, wo zwar die gemeinsame Geschichte und die gemeinsame Situation, aber in keiner Weise der Glaube das Verbindende ist. Und wie heute das Volk, das in Palästina wohnt, nur lebensfähig ist, wenn die in der ganzen Welt verstreuten Juden hinter ihm stehen, so war die neue Kultgemeinde in Jerusalem zur Zeit Esras nur lebensfähig, weil aus der Diaspora im persischen Reich immer wieder die geistigen Impulse und die politischen Hilfen kamen.

Im Laubhüttenfest
feiert Israel sein Land.

Am zweiten Tag, als man weiterlas, fand man die Vorschrift, bei dem Fest, das im siebenten Monat gefeiert wurde, sollten die Israeliten in Laubhütten wohnen. Da ging das Volk hinaus und holte Zweige von Ölbäumen, Kiefern, Myrten und Palmen, und sie machten sich Lauben, jeder auf seinem Dach oder in seinem Hof, und wohnten die Zeit des Festes über in Lauben. Seit den Tagen des Josua hatte man dies nicht mehr getan. Sieben Tage lang las man aus dem Gesetz des Mose vor und feierte so das Fest. (Nehemia 8)
Schließlich verpflichtete sich das Volk zu folgender Ordnung: Wir werden unsere Töchter nicht an die fremden Bewohner dieses Landes verheiraten und von den Töchtern der Fremden keine Frauen für unsere Söhne nehmen. Wenn die Fremden ihre Waren am Sabbat zum Verkauf bringen, werden wir ihnen nichts abkaufen. Wir verzichten in jedem siebenten Jahr auf alle Abgaben unserer Schuldner. Wir geben jährlich den dritten Teil eines Silberstücks für den Tempel sowie die Erstlingsfrüchte unserer Äcker und unserer Fruchtbäume und die Erstlingsgeburten unseres Viehs. Wir werden es im Tempel unseres Gottes an nichts fehlen lassen. (Nehemia 10)

Das »Laubhüttenfest«, wohl das populärste der vielen Feste, die das Judentum hat, ist ein Erntedankfest. Das Volk dankt für die Frucht der Erde und dafür, daß es ein Land hat, in dem etwas wächst. Die »Laubhütten« sollen daran erinnern, daß die Söhne Israels keineswegs immer ein Land besaßen, sondern als Nomaden in Zelten lebten, ehe Gott sie in das Land brachte, in dem Milch und Honig fließt. Auf dem Plakat über der feiernden Familie, der eine junge Mutter eben die Geschichte von der Einwanderung in das »Gelobte Land« erzählt, stehen die Worte: »Ein Land, überfließend von Milch und Honig.«

Das Gesetz ist nicht dem Leben feindlich. Aus dem Gesetz wächst vielmehr das Leben hervor.

Weil aus dem Gesetz Gottes das Leben kommt, wird das Fest des Gesetzes mit einem Reigen gefeiert, den junge Männer mit der Gesetzesrolle im Arm tanzen. Wer für Gottes Gesetz dankt, dankt dafür, daß er leben und glücklich sein darf.

**Die Psalmen sind Lieder
für den Gottesdienst, aber auch
für die Besinnung des einzelnen,
und spiegeln das ganze Leben,
wie Israel es vor seinem Gott
führen will.**

Von der Würde des Menschen

Herr, unser Herrscher,
wie herrlich regierst du in aller Welt!
Wie zeigst du deine Hoheit am Himmel!
Aus dem Munde der jungen Kinder und Säuglinge
kommt das Lob, das deine Feinde beschämt,
an ihm scheitern der Feind und der Rachgierige!
Wenn ich die Himmel sehe, deiner Finger Werk,
den Mond und die Sterne, die du geschaffen hast:
Was ist der Mensch, daß du seiner gedenkst?
Was ist des Menschen Kind,
daß du dich seiner annimmst?
Du hast ihn wenig niedriger gemacht
als ein göttliches Wesen,
mit Schönheit und Adel hast du ihn gekrönt.
Du hast ihn zum Herrn gemacht
über das Werk deiner Hände,
alles hast du ihm zu Füßen gelegt:
Schafe und Rinder und die wilden Tiere,
die Vögel unter dem Himmel
und die Fische im Meer
und alles, was die Meere durchzieht.
Herr, unser Herrscher!
Wie herrlich regierst du in aller Welt! (Psalm 8)

Schönheit einer geordneten Welt

Die Himmel erzählen die Macht Gottes,
und das Gewölbe des Himmels
kündet seiner Hände Werk.
Ein Tag sagt's dem anderen,
und eine Nacht tut's kund der anderen,
ohne Sprache und ohne Worte,
sie künden davon mit unhörbarer Stimme.
Was sie sagen, geht über alles Land,
und ihre Reden gehen bis an die Enden der Welt.

Gott hat der Sonne ein Haus gemacht,
und sie geht heraus
wie ein Bräutigam aus seiner Kammer
und freut sich wie ein Held, ihre Bahn zu laufen.
Sie geht auf an einem Ende des Himmels
und läuft bis an sein anderes Ende,
und nichts bleibt vor ihrem Strahl verborgen.
Die Ordnungen Gottes sind schön
und erquicken die Seele.
Die Gebote des Herrn sind zuverlässig
und erfreuen das Herz.
Die Gesetze des Herrn sind Wahrheit
und voll Gerechtigkeit.
Sie sind kostbarer als Gold, als viel feines Gold,
sie sind süßer als Honig und Honigseim.

Laß dir wohlgefallen die Reden meines Mundes
und das Gespräch meines Herzens mit dir,
Herr, mein Fels und mein Erlöser. (Psalm 19)

Frieden

Der Herr ist mein Hirte,
mir wird nichts fehlen.
Er weidet mich auf einer grünen Aue
und führt mich zum frischen Wasser.
Er erquickt meine Seele
und führt mich auf rechter Straße.

Auch wenn ich wanderte im finstern Tal,
fürchte ich kein Unglück, denn du bist bei mir,
dein Speer, deine Lanze geben mir Schutz.
Du deckst mir einen Tisch
im Angesicht meiner Feinde.
Du salbst mein Haupt mit Öl
und schenkst mir voll ein.
Gutes und Barmherzigkeit werden mir bleiben
mein Leben lang
und ich werde wohnen im Hause des Herrn
immer und ewig. (Psalm 23)

Wer unter dem Schutz des Höchsten wohnt
und unter dem Schatten des Allmächtigen bleibt,
der spricht zu dem Herrn:
Meine Zuversicht und meine Burg,
mein Gott, auf den ich hoffe.
Denn er errettet dich aus der Falle des Jägers
und vor der gefährlichen Pest.

Er wird dich mit seinen Fittichen decken,
und Zuflucht wirst du haben
unter seinen Flügeln.
Seine Treue ist Schutz und Schild,
so brauchst du nicht zu erschrecken
vor dem Grauen der Nacht,
vor den Pfeilen, die am Tage fliegen,
vor der Pest, die im Finstern schleicht,
vor der Seuche, die am Mittag wütet.
Wenn tausend fallen zu deiner Linken
und zehntausend zu deiner Rechten,
so wird es doch dich nicht treffen.
Denn der Herr ist's, auf den du dich verläßt,
der Höchste ist deine Zuflucht.

Von der Stirnseite der Synagoge von Kapernaum am See Genezareth ist ein Stein erhalten, der den Psalm 1 und die anderen Gesetzespsalmen auszulegen scheint: Aus dem Haus des Gesetzes, aus den strengen Linien und dem harten, dauerhaften Material ewiger Ordnungen wächst der Baum des Lebens, und der Mensch selbst, der so aus dem Gesetz hervorwächst, ist »wie ein Baum«. Diese Psalmen dürften aus der Zeit des Schriftgelehrten Esra und also aus der Zeit stammen, in der das Judentum sich neu auf sein eigentliches Wesen besann.

»Wenn ich dich vergesse, Jerusalem, so verdorre mir die Rechte!«

singt ein Psalmdichter während der Gefangenschaft in Babylon. Jerusalem ist das Ziel der Sehnsucht bis heute. Es ist das Bild des Friedens, den Menschen im Schutz Gottes genießen. »Schalom!« sagen sie. »Frieden!« Das ist der tägliche und stündliche Wunsch, mit dem man einander begegnet. Frieden ist glückliches Leben im Schutz der Gerechtigkeit auf einer von Gott gesegneten Erde. Die Psalmen sind voll von diesem Wort: Schalom, und immer wieder handelt es sich dabei um die Sehnsucht, zurückzukehren nach Jerusalem, dorthin, wo Friede ist.

Es wird dir kein Unheil begegnen,
und keine Plage wird deinem Hause sich nahen.
Denn er hat seinen Engeln befohlen über dir,
daß sie dich behüten auf allen deinen Wegen,
daß sie dich auf den Händen tragen
und du deinen Fuß nicht an einen Stein stößt.
Über Löwen und Ottern wirst du schreiten,
junge Löwen und Drachen niedertreten.

So spricht der Herr:
Er liebt mich, darum will ich ihn erretten,
er vertraut mir, darum will ich ihn schützen.
Er ruft mich an, darum will ich ihn erhören.
Ich bin bei ihm in der Not,
ich will ihn herausreißen und zu Ehren bringen.
Ich will ihn sättigen mit langem Leben
und will ihm mein Heil zeigen. (Psalm 91)

Ich erhebe meine Augen zu den Bergen.
Woher kommt mir Hilfe?
Meine Hilfe kommt von dem Herrn,
der Himmel und Erde gemacht hat!

Er wird deinen Fuß nicht gleiten lassen,
und der dich behütet, schläft nicht.
Sieh, der Hüter Israels
schläft und schlummert nicht.

Der Herr behütet dich,
der Herr ist ein Schatten über deiner rechten Hand,
daß dir des Tages die Sonne nicht Schaden bringe
noch der Mond des Nachts.

Der Herr behüte dich vor allem Übel,
er behüte deine Seele.
Der Herr behüte deinen Ausgang und Eingang
von nun an bis in Ewigkeit. (Psalm 121)

Die Welt ist ein Wunder

Lobe den Herrn, meine Seele!
Herr, mein Gott, wie bist du herrlich!
Du bist schön und prächtig geschmückt!
Licht ist das Kleid, das du anhast.
Du breitest den Himmel wie einen Teppich aus
und baust deinen Thronsaal über den Wassern.
Du fährst auf den Wolken wie auf einem Wagen
und kommst auf den Fittichen des Windes heran.

Du machst Winde zu deinen Boten
und Blitze zu deinen Dienern.
Du hast das Erdreich gegründet auf festen Grund,
daß es feststeht immer und ewig.
Mit Fluten decktest du es wie mit einem Kleid,
und die Wasser standen über den Bergen.
Aber vor deinen Befehlen flohen sie,
vor deiner Stimme flossen sie davon.
Die Berge stiegen hoch empor,
und die Täler senkten sich tief an den Ort,
den du ihnen bestimmt hast.
Du hast den Fluten eine Grenze gesetzt,
die sie nicht überschreiten werden,
daß sie nicht wieder die Erde bedecken.

Du läßt Wasser in den Tälern quellen,
so daß sie hinfließen zwischen den Bergen,
daß alle Tiere des Feldes trinken
und das Wild seinen Durst löscht.
An ihren Ufern sitzen die Vögel des Himmels
und singen unter den Zweigen.
Du tränkst die Berge von oben her
und machst das Land voll von Früchten.
Du läßt Gras wachsen für das Vieh
und Saat, den Menschen zur Speise,
du bringst Brot aus der Erde
und Wein, der des Menschen Herz erfreut,
das Öl, das sein Angesicht schön macht,
und das Brot, das ihm Kraft gibt.

Die Bäume des Herrn stehen voll Saft,
die Zedern des Libanon, die er gepflanzt hat.
Dort nisten die Vögel,
und die Reiher wohnen in den Wipfeln.
Die hohen Berge geben dem Steinbock Zuflucht,
Felsenklüfte dem Klippdachs.

Du hast den Mond gemacht, das Jahr zu teilen,
die Sonne, die ihren Niedergang weiß.
Du machst Finsternis, und es wird Nacht.
Da regen sich alle wilden Tiere:
die jungen Löwen, die nach Raub brüllen
und ihre Speise suchen von Gott.
Wenn aber die Sonne aufgeht, kehren sie um
und legen sich in ihre Höhlen.

Da geht dann der Mensch an seine Arbeit
und tut sein Werk bis zum Abend.

Herr, wie sind deine Werke groß und reich!
Du hast sie alle in Weisheit geordnet,
und die Erde ist voll deiner Güter.

Da ist das Meer, das so groß und weit ist!
Dort wimmeln sie ohne Zahl,
die großen und die kleinen Tiere!
Dort ziehen die Schiffe dahin.
Da sind Fische, die du gemacht hast,
mit ihnen zu spielen.

Alle warten auf dich, daß du ihnen Speise gibst,
wenn es Zeit ist.
Wenn du ihnen gibst, dann sammeln sie.
Wenn du deine Hand auftust,
werden sie mit Gutem gesättigt.

Verbirgst du dein Antlitz, so erschrecken sie,
nimmst du ihnen den Atem, so vergehen sie
und werden wieder zu Staub.
Du gibst ihnen aufs neue Atem,
so kommen sie zum Leben,
und immer wieder erneust du
die Gestalt der Erde.

Ich will dem Herrn singen mein Leben lang
und meinen Gott rühmen, solange ich bin.
Lobe den Herrn, meine Seele! Halleluja!
(Psalm 104)

Ein Gebet Davids,
als der Prophet Nathan zu ihm kam,
weil er mit Bathseba die Ehe gebrochen hatte.

Gott, sei mir gnädig nach deiner Güte
und tilge meine Sünden
nach deiner großen Barmherzigkeit.
Wasche mich rein von meiner Schuld
und reinige mich von meiner Sünde.
Denn ich erkenne mein Unrecht,
und meine Sünde ist mir immer vor Augen.
Schaue meine Sünden nicht an
und tilge alle meine Schuld.
Schaffe in mir, Gott, ein reines Herz,
und gib mir einen neuen, festen Geist.
Verwirf mich nicht aus der Gemeinschaft mit dir
und nimm mir deinen heiligen Geist nicht.
Stehe mir bei mit deiner Hilfe,
und gib mir einen Geist, der dir gehorsam ist.

Denn du willst nicht Opfer, die ich dir schlachte,
ich wollte sie dir wohl geben,
alle Gaben und Opfer gefallen dir nicht.
Die Opfer, die Gott gefallen,
sind ein geängsteter Geist,
ein geängstetes, zerschlagenes Herz
wirst du, Gott, nicht verachten. (Psalm 51)

Ein unschuldig Gefangener betet

Aus der Tiefe rufe ich, Herr, zu dir!
Herr, höre meine Stimme!
Nimm mein Flehen auf!
Wenn du, Herr, Sünden anrechnest,
Herr, wer wird bestehen?
Denn allein bei dir gibt es Vergebung,
damit man dich fürchte.

Ich warte auf den Herrn, meine Seele wartet,
und ich hoffe auf sein Wort.
Meine Seele wartet auf den Herrn
mehr als ein Wächter auf den Morgen,
ja, mehr als ein Wächter auf den Morgen wartet,
hoffe Israel auf den Herrn.

Denn bei dem Herrn ist die Gnade,
und er allein gibt Freiheit.
Er wird Israel erlösen
aus allen seinen Sünden. (Psalm 130)

Befreiung von Schuld

Lobe den Herrn, meine Seele,
und was in mir ist, seinen heiligen Namen!
Lobe den Herrn, meine Seele,
und vergiß nicht, was er dir Gutes getan hat:
Er, der dir alle deine Sünden vergibt
und alle deine Gebrechen heilt,
der dein Leben vom Tode erlöst
und dich krönt mit Gnade und Barmherzigkeit,
der deinen Mund fröhlich macht,
der dich jung macht einem Adler gleich.

Barmherzig und gnädig ist der Herr,
geduldig und voll Güte.
Er behandelt uns nicht nach unseren Sünden
und vergilt uns nicht nach unserer Schuld.
Denn so hoch der Himmel über der Erde ist,
so mächtig ist seine Gnade über denen,
die ihn fürchten.

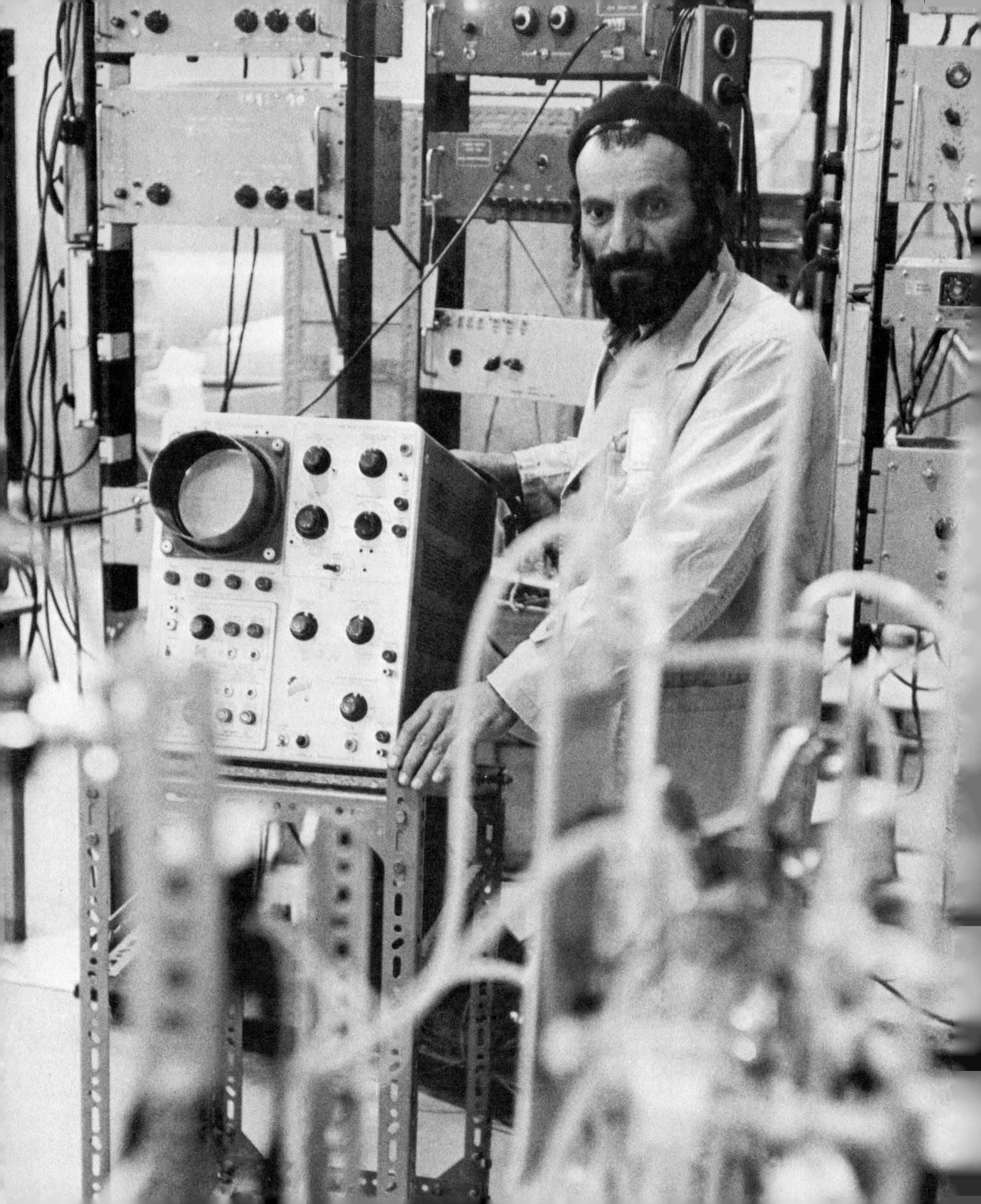

So ferne der Morgen vom Abend ist,
läßt er unsere Übertretungen von uns sein.
Wie sich ein Vater seiner Kinder erbarmt,
so erbarmt sich der Herr derer, die ihn fürchten.

Denn er weiß, was für Geschöpfe wir sind,
er denkt daran, daß wir Staub sind.
Das Leben des Menschen ist wie Gras.
Er blüht wie eine Blume auf dem Felde.
Wenn der Wind darüber hinstreicht,
so ist sie nicht mehr da,
und ihre Stätte kennt sie nicht mehr.
Die Gnade Gottes aber währt
von Ewigkeit zu Ewigkeit
über denen, die ihn fürchten,
und seine Treue von Geschlecht zu Geschlecht
bei denen, die seinen Willen tun. (Psalm 103)

Das Gesetz Gottes ist nicht nur moralisches Gesetz. Es liegt allem, was besteht, zugrunde.

Wenn wir heute von einem Naturgesetz sprechen, dann meinen wir nichts anderes, als was der Jude das Gesetz nennt. Rechte, Naturordnungen oder Lebensgesetze, die sich der Erfahrung erschließen, sind gleichermaßen mit umfaßt. Und wenn der Jude in besonderer Weise die Fähigkeit hat, den Geheimnissen der Natur auf die Spur zu kommen, dann hängt sie zusammen mit der seit Jahrtausenden geübten Aufmerksamkeit, mit der er von jeher alles Bestehende als göttliches Gesetz gedeutet hat. Der Jemenit, der hier in einem israelischen Atommeiler arbeitet, stammt aus einer Familie von »primitiven« Nomaden. Aber der Weg von der Schafherde zur modernen Physik ist für dieses Volk ein kleiner Schritt.

Das Alte Testament hat keine Antwort auf das Rätsel des Leides. Aber es rühmt Gott auch dort, wo der Mensch nicht versteht.

Warum hast du mich verlassen?

Mein Gott, mein Gott, warum hast du mich verlassen?
Ich schreie, aber ich sehe keine Hilfe!
Mein Gott, des Tages rufe ich,
aber du antwortest nicht,
ich rufe des Nachts und finde keine Ruhe.
Du aber bist heilig,
der du über den Lobgesängen Israels thronst.
Unsere Väter vertrauten auf dich,
und du halfst ihnen und machtest sie frei.

Ich aber bin ein Wurm und kein Mensch,
ein Spott der Leute, verachtet vom Volk.
Alle, die mich sehen, verspotten mich,
reißen das Maul auf und schütteln den Kopf:
Er klage es dem Herrn, der helfe ihm heraus,
er rette ihn, hat er Gefallen an ihm!
Du hast mich aus dem Leib
meiner Mutter gezogen,
du gabst mir Geborgenheit
an der Brust meiner Mutter.
Sei nun nicht ferne, denn die Angst ist groß,
und es ist hier kein Helfer!
Gewaltige Stiere drohen von allen Seiten,
mächtige Büffel haben mich umringt.
Ihren Rachen sperren sie auf gegen mich
wie ein brüllender, reißender Löwe.
Der Bösen Rotte hat mich umringt,
sie haben meine Hände und Füße durchbohrt.
Sie teilen meine Kleider unter sich
und werfen das Los um mein Gewand.
Aber du, Herr, sei nicht ferne,
meine Stärke, eile! Hilf mir!

Rühmt den Herrn, die ihr an ihn glaubt,
ehrt ihn und scheut seine Macht.
Denn er hat das Elend des Armen nicht mißachtet,
und als er zu ihm schrie, hörte er ihn.
Ihn allein werden die Toten anbeten,

vor ihm werden die Knie beugen alle,
die zum Staub hinabsanken
und ihr Leben nicht behalten konnten.

Meine Nachkommen werden ihm dienen,
von ihm werden Kind und Kindeskinder reden.
Sie werden kommen und sein Heil verkündigen
den Geschlechtern, die noch geboren werden.
Denn er hat alles getan. (Psalm 22)

Vergänglichkeit

Herr, du bist unsere Zuflucht seit eh und je.
Ehe noch die Berge wurden
und die Erde und die Welt geschaffen wurden,
bist du, Gott, von Ewigkeit zu Ewigkeit.
Du läßt die Menschen sterben
und rufst sie zurück:
Kommt wieder, Menschenkinder!
Denn tausend Jahre sind vor dir
wie der Tag, der gestern vergangen ist,
und wie eine Nachtwache.
Du läßt sie dahinfließen wie einen Strom.
Wie einen Schlaf läßt du sie vergehen.
Wie Gras sind sie, das am Morgen blüht,
das am Morgen noch sproßt und aufblüht
und am Abend welkt und verdorrt.

Das macht dein Zorn, daß wir so vergehen,
dein Grimm, daß wir so plötzlich verdorren.
Denn unsere Schuld stellst du vor dich hin,
unsere verborgene Sünde
ins Licht deines Angesichts.
Darum eilen unsere Tage dahin
durch deinen Zorn.
Wir bringen unsere Jahre zu wie ein Geschwätz.
Unser Leben währt siebzig Jahre,
und wenn's hoch kommt, so sind's achtzig Jahre,
und was köstlich an ihm schien,
war doch vergebliche Mühe;
denn es schwindet schnell dahin,
als flögen wir davon.

Wer glaubt aber, daß du so sehr zürnst,
und wer fürchtet sich vor dir in deinem Grimm?
Lehre uns bedenken, daß wir sterben müssen,
damit wir klug werden.
Sättige uns am Morgen mit deiner Gnade,
so wollen wir rühmen und fröhlich sein
unser Leben lang.

Zeige deinen Dienern deine Werke
und deine Herrlichkeit ihren Kindern.

Und der Herr, unser Gott, sei uns freundlich
und fördere das Werk unserer Hände.
Ja, das Werk unserer Hände lasse er bestehen!
(Psalm 90)

Auf dem Wege zum Heiligtum

Wie lieblich sind deine Wohnungen,
Herr, mein Gott!
Meine Seele verlangt und sehnt sich
nach den Vorhöfen am Tempel des Herrn,
Leib und Seele freuen sich
an dem lebendigen Gott.
Nun hat der Vogel ein Haus gefunden
und die Schwalbe ein Nest ihren Jungen:
deine Altäre, Herr Zebaoth,
mein König und mein Gott.
Wohl denen, die in deinem Hause wohnen
und dich Tag um Tag rühmen.
Wohl den Menschen,
die von dir Kraft empfangen
auf der Wanderschaft zu dir.
Wenn sie durch das dürre Tal ziehen,
springen Quellen auf für sie,
und Regen füllt es mit Segen.
Sie wandern mit wachsender Kraft,
bis sie den wahren Gott schauen in Zion.
Denn ein Tag in deinen Vorhöfen
ist besser als sonst tausend.
Ich will lieber Türhüter sein
in meines Gottes Hause
als behaglich wohnen in der Gottlosen Häuser.
Denn Gott, der Herr, ist Sonne und Schild,
der Herr gibt Gnade und Ehre.
Er wird den Frommen kein Gutes fehlen lassen.
Herr Zebaoth, wohl dem Menschen,
der sich auf dich verläßt! (Psalm 84)

Ein Fest für den heiligen Gott

Die Erde gehört dem Herrn
und alles, was sie füllt,
der Erdkreis und alle, die ihn bewohnen.
Denn er hat ihn über den Meeren gegründet
und über den Wassern errichtet.

Das Alte Testament hat keine Hoffnung für die Toten. Es rühmt Gott aber über den Tod hinaus, auch wenn dem Tod nur die Verwesung folgt.

In Beth Schearim im nördlichen Palästina sammelten sich die Priester von Jerusalem, als die Römer den Tempel im Jahr 70 zerstört hatten. Ihre Gräber liegen tief in Fels gehauen unter der Erde. Aber auch über diesen Gräbern, die das Zeichen der Auferstehung nicht tragen, steht der siebenarmige Leuchter als Zeichen, daß man Gott zu rühmen habe: für das Leben – und darum noch im Tod.

Wer darf auf des Herrn Berg gehen?
Wer darf stehen an seiner heiligen Stätte?
Wer unschuldige Hände hat und ein reines Herz,
der wird Segen vom Herrn empfangen
und Glück vom Gott seines Heils.

Macht die Tore weit und die uralten Pforten hoch,
daß der König der Ehren einziehe!
Wer ist der König, dem die Ehre gebührt?
Es ist der Herr, stark und mächtig,
der Herr, mächtig im Streit.

Macht die Tore weit und die uralten Pforten hoch,
daß der König der Ehren einziehe!
Wer ist der König, dem die Ehre gebührt?
Es ist der Herr Zebaoth!
Er ist der König der Ehren. (Psalm 24)

Dankbarkeit

»Dankt dem Herrn, denn er ist freundlich,
und seine Güte währt in Ewigkeit.«
So sollen die sagen, die der Herr erlöst hat,
die nun zusammenkamen aus allen Ländern,
von Osten und Westen, von Norden und Süden.
Sie gingen irre in der Wüste,
auf ungebahntem Wege,
und fanden keine Stadt,
in der sie wohnen konnten;
hungrig und durstig waren sie,
und ihre Seele verschmachtete.
Da riefen sie den Herrn in ihrer Not an,
und er rettete sie aus ihren Ängsten
und führte sie auf den richtigen Weg,
so daß sie die Stadt fanden,
in der sie bleiben konnten.
Sie sollen nun dem Herrn danken für seine Güte
und für die Wunder,
die er an den Menschenkindern tut.

Danken sollen, die in der Finsternis saßen,
gefangen in Mauer und Eisen,
weil sie Gottes Geboten ungehorsam waren
und das Gesetz des Höchsten verachtet hatten,
so daß er ihr Herz durch Unglück beugte
und sie dalagen und niemand ihnen half.
Zum Herrn riefen sie in ihrer Not,
und er half ihnen in ihren Ängsten,
er führte sie aus Finsternis und Dunkel
und zerriß ihre Fesseln.

Nun sollen sie dem Herrn danken für seine Güte
und für seine Wunder,
die er an den Menschenkindern tut.

Danken sollen, die krank waren,
weil sie gesündigt hatten,
daß ihnen ekelte vor aller Speise
und sie dem Tod nahe waren.
Zum Herrn riefen sie in ihrer Not,
und er half ihnen aus ihren Ängsten.
Er sandte sein Wort und machte sie gesund,
er rettete sie, daß sie nicht starben.
Nun sollen sie dem Herrn danken für seine Güte
und für die Wunder,
die er an den Menschenkindern tut.
Sie sollen Dank opfern
und seine Werke mit Freuden erzählen.
Wer ist weise und behält dies?
Der wird merken,
wie viel Wohltaten Gott ihm erweist. (Psalm 107)

Gelassenheit

Herr, mein Herz sucht das Hohe nicht,
und meine Augen sind nicht stolz.
Ich strebe nicht nach großen Dingen,
die mir zu geheimnisvoll sind.
Mein Herz ist still und voll Frieden
wie ein kleines Kind bei seiner Mutter.
Wie ein kleines Kind, so ruht meine Seele in mir.
Israel, verlaß dich auf den Herrn
von nun an bis in Ewigkeit. (Psalm 131)

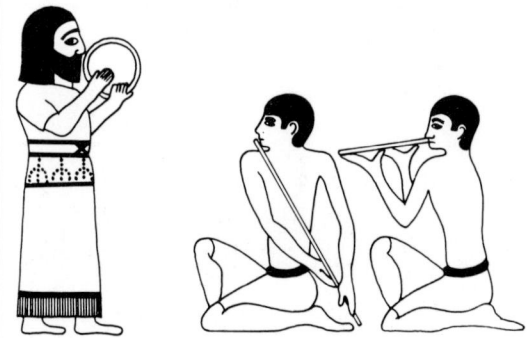

In Ägypten hat man das Bild eines blinden Sängers ▶
ausgegraben. Nicht zu sehen und doch Gott zu preisen,
das ist ein Merkmal israelitischen Lebens, das in der Gestalt
des ägyptischen Harfenspielers wie in einem Gleichnis
verdichtet ist.

Begleitung durch Gott

Herr, du erforschst mich und kennst mich.
Ich sitze oder stehe auf, so weißt du es,
du verstehst meine Gedanken von ferne.
Ich gehe oder liege, du prüfst es
und siehst alle meine Wege.
Kein Wort entsteht auf meiner Zunge,
das du, Herr, nicht schon wüßtest.
Von allen Seiten umgibst du mich
und hältst deine Hand über mir.
Diese Erkenntnis ist mir zu wunderbar
und zu hoch, ich kann sie nicht fassen.

Wohin soll ich gehen vor deinem Geist
und wohin fliehen vor deiner Gegenwart?
Stiege ich zum Himmel, so wärest du da,
bettete ich mich bei den Toten,
so wärest du auch dort.
Nähme ich Flügel der Morgenröte
und bliebe am äußersten Meer,
so würde auch dort deine Hand mich führen
und deine Rechte mich halten.
Spräche ich: Finsternis möge mich decken
und Nacht statt Licht um mich sein,
so wäre auch Finsternis nicht finster für dich,
und die Nacht leuchtete wie der Tag.
Finsternis ist wie das Licht.

Denn du hast meine Nieren geschaffen
und hast mich gebildet im Mutterleibe.
Ich danke dir, daß ich so wunderbar gemacht bin.
Wunderbar sind deine Werke, ich sehe das wohl.
Deine Augen sahen mich,
als ich noch nicht geschaffen war,
und alle die Tage
standen in dein Buch geschrieben,
die noch werden sollten, als noch keiner da war.

Aber wie schwer sind für mich,
Gott, deine Gedanken!
Wie gewaltig ist ihre Zahl.
Wollte ich sie zählen,
so wären sie mehr als der Sand,
und am Ende bin ich noch immer bei dir.

Erforsche mich, Gott, und erkenne mein Herz.
Prüfe mich und ergründe meine Gedanken,
und sieh, ob ich auf bösem Wege bin,
und leite mich auf ewigem Wege. (Psalm 139)

Lob Gottes auf allen Stufen der Wesen

Lobt im Himmel den Herrn,
lobt ihn, ihr in der Höhe!
Lobt ihn, alle seine Engel,
lobt ihn, all sein Heer.
Lobt ihn, Sonne und Mond,
lobt ihn, alle leuchtenden Sterne!
Lobt ihn, ihr Himmel über den Himmeln
und ihr Wasser über dem Himmelsgewölbe!
Die sollen den Namen des Herrn loben,
denn er gebot, da wurden sie geschaffen.
Er gibt ihnen Bestand für immer und ewig,
er gab eine Ordnung, die überschreiten sie nicht.

Lobt den Herrn auf der Erde,
ihr Fische und alle Tiere des Meeres,
Feuer und Hagel, Schnee und Nebel,
Sturmwinde, die sein Wort ausrichten,
ihr Berge und Hügel, Fruchtbäume und Zedern,
ihr Tiere und alles Vieh, Gewürm und Vögel!

Ihr Könige auf Erden und alle Völker,
Fürsten und alle Richter auf Erden,
Jünglinge und Jungfrauen, Alte mit den Jungen.
Lobt alle Gott, euren Herrn,
denn er allein ist erhaben,
seine Herrlichkeit reicht über Himmel und Erde.
Alle seine Heiligen sollen ihn loben,
die Söhne Israels, das Volk, das ihm dient.
(Psalm 148)

Hymnische Musik im Tempel

Preiset Gott in seinem Heiligtum,
preist ihn im Himmel, dem Ort seiner Herrschaft!
Preist ihn für seine Taten!
Preist seine große Herrlichkeit!
Preist ihn mit Posaunen,
preist ihn mit Psalter und Harfen,
preist ihn mit Pauken und Reigentänzen,
preist ihn mit Saiten und Pfeifen.
Preist ihn mit hellen Zimbeln,
preist ihn mit klingenden Zimbeln!
Alles, was atmet, lobe den Herrn! (Psalm 150)

Das »Hohe Lied Salomos« ist eine Sammlung von Liebes- und Hochzeitsliedern.

Und weil Liebe und Hochzeit so wenig außerhalb des Glaubens gesehen und empfunden werden wie irgend sonst etwas im Leben, gehören diese Lieder in die Bibel. Das Mädchen, das der Fotograf in einem Jugendklub in Haifa zufällig tanzen sah, könnte auch vor 2500 Jahren gelebt und geliebt haben und von seinem Bräutigam besungen worden sein.

»Ich bin eine Blume in Saron,
eine Lilie im Tal.«
»Wie eine Lilie unter den Dornen,
so ist meine Freundin unter den Mädchen.«
»Wie ein Apfelbaum unter den wilden Bäumen,
so ist mein Freund unter den Jünglingen.
In seinem Schatten möchte ich sitzen,
und seine Frucht ist meinem Gaumen süß.«

In ein Haus aus Reben führte er mich,
die Liebe ist sein Zeichen über mir.
Mit Traubenkuchen erqickt er mich
und labt mich mit Äpfeln,
denn ich bin krank vor Liebe.
Seine Linke liegt unter meinem Haupte,
und seine Rechte liebkost mich.
Ich beschwöre euch, ihr Töchter Jerusalems,
bei den Gazellen, bei den Hinden auf dem Feld,
daß ihr die Liebe nicht weckt,
bis es ihr selbst gefällt. (Hohes Lied 2)

Mein Geliebter ist's! Seine Stimme!
Er kommt, er springt über die Berge,
schnellt über die Hügel.
Mein Geliebter ist gleich der Gazelle
oder dem jungen Hirsch!
Schau! Er steht hinter unserer Wand,
sieht durchs Fenster, späht durchs Gitter.
Steh auf, ruft er, meine Freundin!
Meine Schöne, komm heraus!
Schau! Der Winter ist vergangen,
der Regen ist vorbei und dahin.

Die Blumen sind aufgegangen an der Erde,
der Frühling ist gekommen,
und die Turteltaube gurrt im Lande.
Der Feigenbaum hat Knospen bekommen,
und die Reben blühen und duften.
Steh auf, meine Freundin, und komm!
Meine Taube in den Felsklüften,
zeige mir deine Gestalt,
laß mich hören deine Stimme,
denn deine Stimme ist süß,
und deine Gestalt ist lieblich. (Hohes Lied 2)

Des Nachts auf meinem Lager suchte ich ihn,
den meine Seele liebt,
ich suchte, aber ich fand ihn nicht.

Ich will aufstehen und durch die Stadt streifen,
auf den Gassen und Straßen,
und ihn suchen, den meine Seele liebt.
Ich suchte ihn, aber ich fand ihn nicht.
Mich aber fanden die Wächter,
die in der Stadt umhergehen:
Habt ihr gesehen, den meine Seele liebt?
An ihnen vorüber eilte ich,
da fand ich ihn, den meine Seele liebt.
Ich hielt ihn und ließ ihn nicht mehr los,
bis ich ihn führte in meiner Mutter Haus.
Ich beschwöre euch, ihr Töchter Jerusalems,
bei den Gazellen, bei den Hinden auf dem Feld,
daß ihr die Liebe nicht weckt,
bis es ihr selbst gefällt. (Hohes Lied 3)

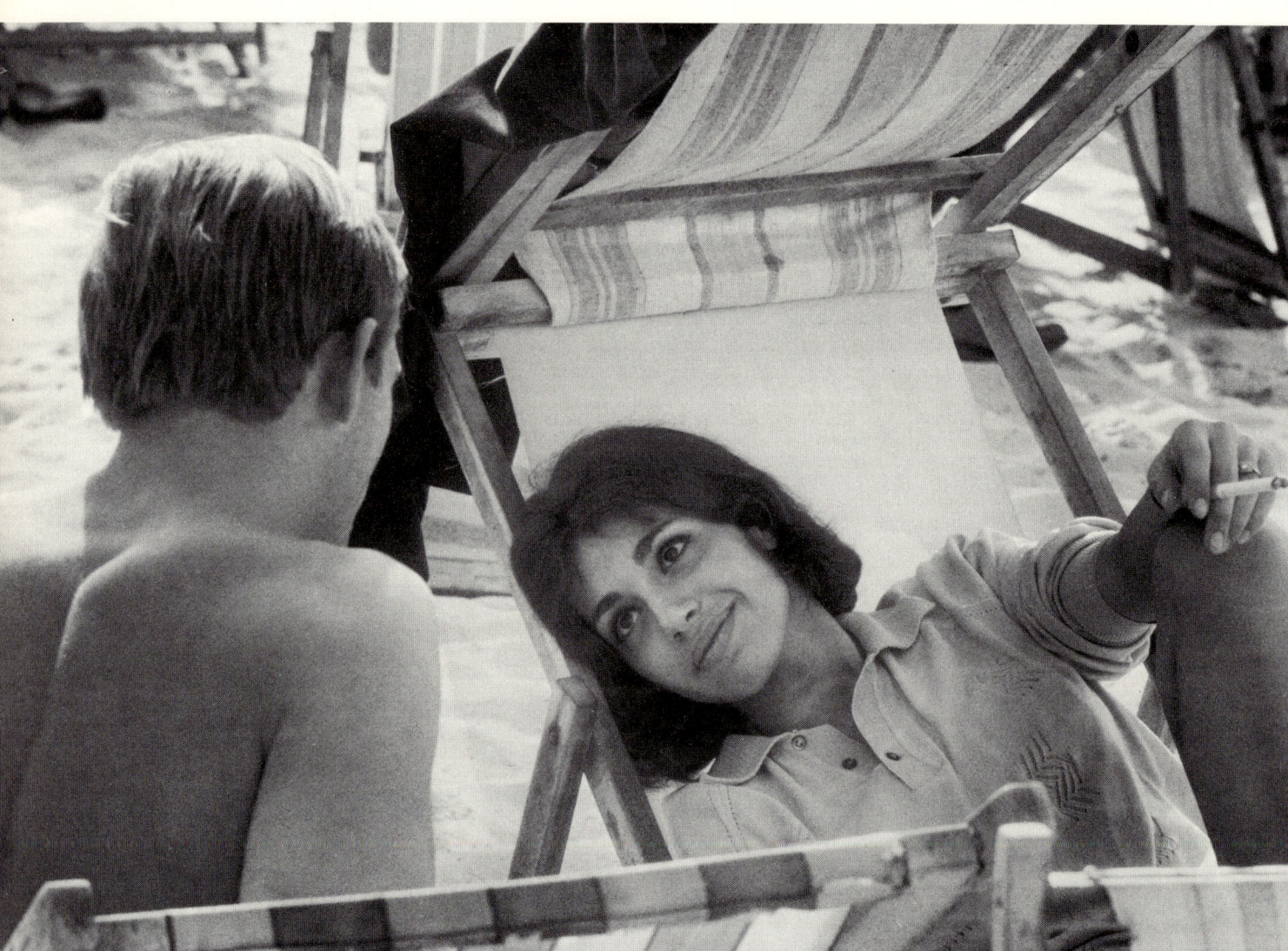

Du bist schön, meine Freundin, du bist schön!
Sanft wie Tauben blicken deine Augen
hinter dem Schleier.
Deine Lippen sind
wie eine scharlachfarbene Schnur
und lieblich ist dein Mund.
Wie eine Scheibe,
aus dem Granatapfel geschnitten,
sind deine Schläfen hinter dem Schleier.
Dein Hals ist aufrecht wie der Turm Davids,
von der Brustwehr umgeben,
an der tausend Schilde hangen.
Lauter Schilde der Starken.
Deine Brüste sind
wie Zwillinge von Gazellenkindern,
die unter den Lilien weiden.
Wenn der Tag kühl wird
und die Schatten schwinden,
will ich zum Myrrhenberge gehen,
zum Weihrauchhügel. (Hohes Lied 4)

Meine geliebte Braut,
du bist ein verschlossener Garten,
eine verschlossene Quelle,
ein versiegelter Brunnen.
Wie ein Lustgarten ist deine Gestalt,
Granatäpfel trägt er und edle Früchte,
Zyperblumen mit Narden.
Ein Gartenbrunnen bist du,
ein Brunnen frischen Wassers,
das vom Libanon fließt.
(Die Braut antwortet:)
Steh auf, Nordwind, komm, Südwind!
durchweht meinen Garten,
daß der Duft seiner Gewürze verströme,
daß mein Freund komme in seinen Garten
und esse von seinen edlen Früchten!
(Hohes Lied 4)

Ich schlief, aber mein Herz war wach,
da klopft mein Freund: »Tu mir auf,
meine Geliebte, meine Taube, meine Reine!
Denn mein Haar ist voll Tau,
meine Locken voll Tropfen der Nacht!«
»Ich habe mein Kleid abgelegt,
wie soll ich es wieder anziehen?

Ich habe meine Füße gewaschen,
soll ich sie wieder beschmutzen?«
Da steckte mein Geliebter die Hand
durch das Riegelloch,
mein Herz drängte ihm entgegen.
So stand ich am Ende auf,
dem Geliebten zu öffnen,
mit Händen, getrieben von Liebe.
Als ich aber auftat, war mein Freund weggegangen;
verzweifelt war meine Seele, erschreckt,
daß er mich verlassen hatte.
Ich suchte ihn, aber ich fand ihn nicht.
Da fanden die Wächter mich,
die die Stadt durchstreifen,
und schlugen mich wund.
Die Wächter auf den Mauern
nahmen mir mein Kleid.
Ich beschwöre euch, ihr Töchter Jerusalems,
findet ihr meinen Freund, so sagt ihm,
daß ich krank bin vor Liebe. (Hohes Lied 5)

Komm, mein Freund, laß uns aufs Land gehen!
Über Nacht bleiben unter Zyperblumen!
Früh laß uns in die Weinberge gehen,
sehen, ob der Weinstock sproßt,
ob die Blüten sich öffnen
und die Granatbäume blühen.
Da will ich dir meine Liebe schenken.

Liebesäpfel duften,
edle Früchte hängen an unserer Tür,
heurige und vorjährige.
Dir, mein Freund,
habe ich sie aufbewahrt. (Hohes Lied 7)

Lege mich wie ein Siegel an dein Herz,
wie einen Ring an den Finger,
denn stark wie der Tod ist die Liebe
und unbezwingbar wie der Tod die Leidenschaft.
Ihre Glut ist brennendes Feuer,
Feuer von Gott.
Viele Wasser löschen die Liebe nicht aus,
und Ströme ertränken sie nicht.
Gäbe einer alles Gut seines Hauses für die Liebe,
nimmer könnte es genügen. (Hohes Lied 8)

Die Reden des Propheten Jesaja versetzen uns in die Zeit der Assyrerkriege zwischen 733 und 700.

Das Nordreich Israel war unter den Schlägen der Assyrer zusammengebrochen. Es war eine Frage der Zeit, wann sie vor Jerusalem stehen würden. Wenn Israel durch eine fremde Macht gefährdet war, warfen seine Propheten stets die Frage auf, ob Israel nicht zuvor schon durch fremde Gedanken um seine Orientierung gebracht worden sei. Sie waren der Überzeugung, daß Gerechtigkeit und Frieden in einem direkten Zusammenhang stehen, der Glaube und das Überleben. Glaubt ihr nicht, so bleibt ihr nicht, sagte Jesaja schon einige Jahre vorher, als das Nordreich Jerusalem zwingen wollte, sich am Krieg gegen Assur zu beteiligen. Prophetie in diesem Sinn ist nicht Wahrsagerei. Sie ist Anrede an die Zeitgenossen über aktuelle Fragen. Sie ist Besinnung auf die Grundlagen des Glaubens angesichts einer Situation, in der geglaubt und gehandelt werden muß, Rechenschaft über die Maßstäbe, die jetzt und hier gelten. Wenn sie mit der Zukunft zu tun hat, dann nur insofern, als die Propheten die großen Themen der Zeit schon sehen, ehe sie vor aller Augen sind, oder sie schonungslos zur Sprache bringen, solange noch die herrschende Meinung sie verschweigt.

So war zum Beispiel Gerechtigkeit zwischen den Mächtigen und den Abhängigen, zwischen Reichen und Armen, zwischen Gesicherten und Verlassenen ein Grundelement der alten israelitischen Überlieferung. Wenn sie in Gefahr geriet, hatte Israel auch nach außen einer Welt von Ungerechtigkeit und Krieg nichts mehr entgegenzusetzen. Die Ursache für seinen Untergang lag in erster Linie in ihm selbst. Denn »politische Notwendigkeiten« haben nie ihr eigenes Gesetz.

Ich stelle mir vor: Der Prophet tritt wie ein anderer Unterhalter auf dem Markt auf, stellt sich auf einen Tisch – die Umstehenden werden aufmerksam und kommen näher – und beginnt zu singen. Er singt von einem Freund, der einen Weinberg besitzt. In den Liebesliedern meinte man mit dem Weinberg eine Braut. Er singt also ein Liebeslied von der untreuen Braut seines Freundes, die der Freund verstoßen und bestrafen wird. Es wird ein politisches Lied. Während die Zuhörer sich noch auf die Art freuen, in der der Freund seine Braut zur Rechenschaft ziehen wird, wandelt sich die Szenerie, und sie selbst sind die Angeklagten.

Ein Bänkelsang mit bitterem Ende.

Ich will ein Lied singen meinem Freund,
ein Lied von meinem Freunde
und seinem Weinberg.

Mein Freund hatte einen Weinberg
auf fruchtbarer Höhe.
Er grub ihn um und säuberte ihn von Steinen
und pflanzte edle Reben hinein.
Er baute auch einen Turm hinein
und grub eine Kelter.
Dann wartete er darauf,
daß er süße Trauben brächte,
aber er brachte saure.

Nun richtet, ihr Bürger Jerusalems,
zwischen meinem Weinberg und mir.
Was hätte man mehr tun sollen
an meinem Weinberg,
das ich unterlassen hätte?
Warum hat er denn saure Trauben gebracht,
während ich auf gute wartete?

Wohlan! ich will euch zeigen,
was ich mit meinem Weinberg tun will:
Seinen Zaun will ich abreißen,
daß er verwüstet wird,
seine Mauer will ich einstürzen,
daß er zertreten wird,
ich will ihn verwildern lassen,
will ihn weder beschneiden noch hacken.
Dornen und Disteln sollen darauf wachsen,
und ich will den Wolken gebieten,
nicht darauf zu regnen.

Der Weinberg des Herrn Zebaoth
ist das Volk Israel,
Juda ist sein Lustgarten.
Er wartete auf Rechtsspruch –
und siehe da: Rechtsbruch!
Er wartete auf Gerechtigkeit –
und siehe da: Schlechtigkeit!

Der Gemeinderat der heutigen Stadt Jerusalem tagt vor dem Bild des Löwen, dem Wappen der Stadt. Das heutige Jerusalem ist wie wenige Städte in dieser Welt zerschnitten von Haß. Araber, Armenier, orthodoxe Juden, liberale Europäer und junge Israelis bewohnen es, und jeder sieht es als seine Stadt an. Nicht nur Jerusalem, jedes Gemeinwesen ist in Gefahr, wenn die Lösung der täglichen Schwierigkeiten nicht in Gerechtigkeit erfolgt. Gerechtigkeit und Frieden sind nicht zu trennen. Zu Jesajas Zeiten sowenig wie heute.

Ohne Gerechtigkeit ist kein Friede möglich.

Weh denen, die ein Haus ans andere reihen,
die Acker an Acker fügen,
bis sie allein das Land besitzen!
In meinen Ohren ist ein Wort von Gott:
Veröden sollen die vielen Häuser,
die großen und vornehmen Häuser leerstehen.

Weh denen, die Böses gut und Gutes böse nennen,
die Finsternis Licht und Licht Finsternis nennen,
die Saures süß nennen und Süßes sauer!
Weh denen,

die den Schuldigen freisprechen für Geschenke
und das Recht nehmen denen, die im Recht sind!
Drum wie des Feuers Flamme Stroh verzehrt
und wie Stoppeln in der Flamme versinken,
so wird ihre Wurzel vergehen
und ihre Blüte auffliegen wie Staub.
Darum entbrennt der Zorn des Herrn
gegen sein Volk,
er reckt seine Hand aus und schlägt es,
daß die Berge beben
und die Leichen wie Kehricht auf der Gasse liegen.
Ein fremdes Volk pfeift er herbei
vom Ende der Erde,
in aller Eile kommt es herbei!
Keiner von ihm ist müde und schwach,

keiner schlummert und schläft,
keinem geht der Gürtel auf an den Hüften,
keinem zerreißt ein Schuhriemen.
Ihre Pfeile sind scharf und ihre Bogen gespannt,
die Hufe ihrer Rosse sind hart wie Kieselsteine,
ihre Wagenräder laufen wie der Sturmwind.
Ihr Brüllen ist wie das Brüllen von Löwen,
ja, wie junge Löwen ist ihr Gebrüll!
Sie brausen herbei und packen den Raub
und tragen davon – und niemand wird retten!
Schaut man über das Land hin,
so ist's finster vor Angst,
und das Licht ist ausgelöscht über ihm. (Jesaja 5)

In einer Vision erlebt Jesaja seine Berufung.

Diese Vision findet im Tempel statt. Aber der Raum weitet sich über die ganze Erde hin. Gott, so erkennt er, ist nicht der Nationalgott Israels oder Judas, sondern der Herr von Himmel und Erde. Gott vertritt nicht die Interessen Israels, auch wenn er dieses Volk in besonderem Sinne erwählt hat.

Im Todesjahr des Königs Usia sah ich Gott sitzen auf einem hohen, ragenden Thron, und der Saum seines Gewandes füllte den Tempel. Seraphim standen um ihn her, ein jeder hatte sechs Flügel: Mit zweien deckten sie ihr Antlitz, mit zweien deckten sie ihre Füße, mit zweien flogen sie, und sie riefen einander zu: Heilig, heilig ist der Herr Zebaoth, die ganze Erde ist voll seiner Herrlichkeit. Die Schwellen bebten von ihren Rufen, und das Haus war voll Rauch. Da sprach ich: Weh mir! Ich vergehe! Denn ich habe unreine Lippen und wohne bei einem Volk mit unreinen Lippen und habe doch den König, den Herrn Zebaoth, mit meinen Augen gesehen.
Da flog einer der Seraphim zu mir, eine glühende Kohle in der Hand, die er mit der Zange vom Altar nahm, rührte meinen Mund an und sprach: Sieh! Nun sind deine Lippen berührt! Nun ist deine Schuld von dir genommen und deine Sünde gesühnt.
Und ich hörte Gottes Stimme sprechen: Wen soll ich senden? Wer soll unser Bote sein? Da sprach ich: Hier bin ich! Sende mich! Und er sprach: Geh hin und sprich zu diesem Volk: Hört immer zu und versteht nichts! Seht immer und begreift nichts! Verhärte du das Herz dieser Leute, laß ihre Ohren taub und ihre Augen blind sein, daß sie mit ihren Augen nicht sehen, mit ihren Ohren nicht hören und mit ihrem Herzen nicht begreifen, sie könnten sich sonst bekehren und genesen. Ich aber fragte: Wie lange, Herr? Er sprach: Bis die Städte wüst sind, die Häuser ohne Menschen und das Feld verwüstet. Denn der Herr wird die Menschen fortschaffen in große Ferne, und das Land wird verlassen liegen. Und wenn der zehnte Teil dableibt, wird es doch aufs neue verwüstet werden. Allein: wie bei einer Eiche oder Linde, von denen beim Fällen ein Stumpf bleibt: Ein heiliger Trieb wird aus dem Stumpf aufbrechen. (Jesaja 6)

701 stehen die Assyrer vor Jerusalem. Aber Jesaja klagt über Jerusalem, nicht über Assur.

Hört, ihr Himmel! Erde, horch auf!
Denn der Herr redet:
Ein Ochse kennt seinen Herrn,
ein Esel die Krippe seines Herrn,
aber Israel kennt nichts,
mein Volk versteht nichts!
Wehe dem sündigen Volk,
dem schuldbeladenen, das den Herrn verläßt!
Das ganze Haupt ist krank,
das ganze Herz ist matt!
Von der Fußsohle bis zum Haupt
ist nichts Gesundes an euch!
Euer Land ist verwüstet,
eure Städte sind verbrannt,
Fremde verzehren eure Ernte vor euren Augen.
Übriggeblieben ist allein die Tochter Zion,
wie eine Hütte im Weinberg,
wie eine Nachthütte im Gurkenfeld,
eine belagerte Stadt.
Hätte uns der Herr, unser Gott,
nicht einen Rest gelassen,
wie Sodom wären wir, wie Gomorra.
Ja, hört des Herrn Wort, ihr Herren von Sodom!
Vernimm die Anklage unseres Gottes,

du Volk von Gomorra.
Wenn ihr auch viel betet — ich höre euch nicht,
denn voll Blut sind eure Hände.
Wascht euch! Reinigt euch!
Schafft eure Verbrechen aus meinen Augen,
helft den Unterdrückten,
schafft den Waisen Recht,
nehmt euch der Klage der Witwen an.
Denn Zion muß durch Recht erlöst werden
und durch Gerechtigkeit. (Jesaja 1)

In der Not sucht König Hiskia Hilfe bei den Ägyptern. Aber die Rammböcke von außen sind nicht so gefährlich wie die Gewalttat im Innern.

Jesaja hat erlebt, daß ihm die Augen aufgingen. Er »sah«
Gott sitzen als Herrn und Richter der Erde, und danach sah
er auch die Wirklichkeit, wie sie war. Er sah, daß es für
Jerusalem keine Rettung gab, wenn es sich nicht auf seinen
eigentlichen Auftrag besann. Half es, eine fremde Macht
herbeizurufen, wenn das eigene Gemeinwesen von innen
zerstört war? Bündnisse, die eine Besinnung auf den eigenen
Weg eines Volks ersetzen sollen, halfen damals nicht. Sie
helfen heute sowenig wie je. Ein Sehender spricht zu
Blinden über die Farbe. Das ist die Rolle vieler Propheten.

So spricht der Herr:

Wehe den abtrünnigen Söhnen,
die ohne mich Pläne fassen
und Bündnisse eingehen ohne meinen Geist.
Da ziehen sie hinab nach Ägypten
und fragen nicht nach meiner Weisung,
um sich in die Macht Pharaos zu flüchten
und sich im Schatten Ägyptens zu bergen.
Aber die Macht des Pharao wird ihre Schande sein
und der Schutz im Schatten Ägyptens
ihre Schmach.
Ihre Fürsten kamen nach Zoan
und ihre Boten nach Hanes.
Aber sie werden doch alle zuschanden,
denn dieses Volk wird ihnen nichts nützen,
wird weder Hilfe noch Beistand sein.
Da führen sie auf den Rücken von Eseln
ihre Habe,
ihre Schätze auf dem Höcker von Kamelen
und bringen sie einem Volk, das ihnen nicht hilft.
Denn Ägypten ist nichts und seine Hilfe wertlos.

So spricht Gott, der Herr, der Heilige Israels:
Wenn ihr umkehrtet und still bliebet,
so würde euch geholfen.
Durch Stillsein und Vertrauen
würdet ihr stark sein.
Aber ihr wollt nicht und sprecht:

Nein, auf Rossen wollen wir dahinfliegen!
Darum werdet ihr dahinfliehen.
Auf Rennern wollen wir reiten!
Darum werden eure Verfolger rennen. (Jesaja 30)

Weh denen,
die hinabziehen nach Ägypten um Hilfe
und sich auf Rosse verlassen,
auf die Menge der Streitwagen hoffen
und auf die starken Gespanne,
aber sich nicht an den Heiligen Israels halten
und nicht nach dem Herrn fragen.
Denn der Herr
wird gegen das Haus der Bösen aufstehen
und wider das Bündnis unter den Übeltätern.

Denn Ägypten ist Mensch und nicht Gott,
seine Rosse sind Fleisch und nicht Geist;
wenn Gott seine Hand ausstreckt,
wird der Helfer straucheln
und der Unterstützte fallen,
und alle miteinander werden zugrunde gehen.
(Jesaja 31)

Die Reden des Zweiten Jesaja werden 150 Jahre später gehalten.

Die Bevölkerung von Jerusalem lebt in der Gefangenschaft in Babylon. Es ist alles zu Ende. Jerusalem ist zerstört, der Tempel verbrannt, das Land ein Trümmerfeld und Teil einer babylonischen Provinz. Fünfzig Jahre nach dieser Zerstörung erobert Cyrus, der Perserkönig, Babylon und macht sich zum Erben des babylonischen Reiches und zum Herrn des Vorderen Orients. Die Perser waren gewohnt, besiegten Völkern ein wenig Freiheit zu lassen. Vor allem ließen sie die von den Babyloniern deportierten Massen in ihre Heimatländer zurückkehren. Kurz vor diesem Ereignis muß der Prophet gelebt haben, dessen Reden an die Reden des Jesaja angehängt sind und den wir deshalb den Zweiten Jesaja nennen.

Tröstet, tröstet mein Volk! spricht euer Gott.
Redet mit Jerusalem freundlich und sagt ihm,
daß seine Knechtschaft ein Ende hat
und seine Schuld vergeben ist,
denn es hat Strafe genug getragen
für alle seine Sünden.
Es ruft eine Stimme:
In der Wüste bahnt dem Herrn einen Weg,

macht in der Steppe eine Straße für unseren Gott.
Alle Täler sollen erhöht,
alle Berge und Hügel erniedrigt werden!
Was uneben ist, soll gerade,
was hügelig, soll flach werden,
denn die Majestät Gottes wird sich zeigen,
und alle Menschen sollen sie sehen.
Des Herrn Mund hat es geredet!

Es ruft eine Stimme: Predige!
Da frage ich: Was soll ich predigen?
Alles Fleisch ist doch wie Gras
und alle Pracht des Menschen
wie die Blume des Feldes;
das Gras verdorrt, die Blume verwelkt,
wenn Gottes Atem darüber weht!
Ja! ruft die Stimme, das Volk ist Gras.
Das Gras verdorrt, die Blume verwelkt,
aber das Wort unseres Gottes bleibt in Ewigkeit.

Der zweite Jesaja lebt in der Zeit, in der die erste Schöpfungsgeschichte niedergeschrieben wird.

Dieses Bekenntnis zu dem Gott, der allein die Macht hat und neben dem der Stadt- und Reichsgott von Babylon, Marduk, ein Götze ist, also ein Nichts, ist die Voraussetzung dafür, daß der Zweite Jesaja sagen kann: Der Gott, der uns offenbart ist, ist der Herr dieser ganzen Erde. Er hat alle Mächte in der Hand, auch die Babylonier, und alle Könige sind seine Werkzeuge, auch Cyrus, der Perser.

So fragt der Herr:
Wer hat im Osten den erweckt,
dem der Sieg folgt, wohin er geht?
Wer liefert die Völker und Könige ihm aus
und gibt ihm die Macht über sie?
Sein Schwert zerschlägt sie zu Staub,

◄

Die beiden feiern Pfingsten. Am 50. Tag nach dem Passa feiert Israel das sogenannte Wochenfest, dessen Thema der Bund zwischen Gott und den Menschen ist und das Zeichen des Bundes: das Gesetz. Die beiden Kinder tragen an ihren Kleidchen kleine Plättchen mit den beiden Tafeln des Mose. Damit drücken sie aus: Das Gesetz ist kein finsterer Aufseher, kein moralischer Büttel, sondern die Quelle für Frieden und Glück unter den Menschen und zwischen den Menschen und Gott.

sein Bogen macht sie zu Spreu.
Wer tut das? Wer handelt so?
Wer hat die Menschengeschlechter
von Anfang an gerufen?
Ich, der Herr, bin es, der Erste,
der zuletzt noch der ist, der er war.

Du aber, Israel, mein Volk,
ich erwähle dich und verwerfe dich nicht.
Fürchte dich nicht, ich bin mit dir,
halte nicht Ausschau nach fremder Hilfe,
denn ich bin dein Gott.
Ich stärke dich, ich helfe dir auch,
ich halte dich mit meiner Treue fest. (Jesaja 41)

Dieses »Lied über den Gottesknecht« hat später Jesus auf sich bezogen.

Siehe, das ist mein Bote, den ich festhalte,
mein Auserwählter, an dem ich mich freue:
Ich habe ihm meinen Geist gegeben,
und er wird unter den Völkern Recht schaffen.
Er wird nicht schreien noch lärmen,
man wird seine Stimme auf den Gassen
nicht hören.
Das geknickte Rohr wird er nicht zerbrechen
und den glimmenden Docht
wird er nicht auslöschen.
So spricht Gott, der Herr, zu seinem Diener:
Ich mache dich zum Zeichen meiner Treue
in meinem Volk
und zum Licht der Fremden,
du sollst die Augen der Blinden öffnen,
die Gefangenen aus dem Gefängnis führen
und die in Finsternis sitzen, aus dem Kerker.
(Jesaja 42)

Der Herr hat dich, Israel, zu sich gerufen
wie eine verlassene
und von Herzen betrübte Frau.
Kann man die Frau von sich stoßen,
die man in der Jugend geliebt hat?
spricht der Herr.
Einen kleinen Augenblick habe ich dich verlassen,
aber mit großer Barmherzigkeit
will ich dich heimholen.

Denn es sollen wohl Berge weichen
und Hügel wanken,
aber meine Gnade soll nicht von dir weichen,
und die Festigkeit meines Friedens
soll nicht vergehen,
spricht der Herr, der sich deiner erbarmt.

Denn meine Gedanken sind nicht eure Gedanken,
und eure Wege sind nicht meine Wege,
sondern soviel der Himmel höher ist als die Erde,
sind auch meine Wege höher als eure Wege
und meine Gedanken als eure Gedanken.
(Jesaja 54 und 55)

Jerusalem wird zum Bild des Glücks und der Geborgenheit schlechthin.

Brich auf, Jerusalem, werde Licht!
Denn dein Licht kommt,
und die Herrlichkeit Gottes geht über dir auf.
Denn sieh: Finsternis bedeckt das Erdreich
und Dunkel die Völker,
aber über dir geht der Herr auf,
und der Glanz seiner Macht erscheint über dir.
Deine Sonne wird nicht mehr
deinen Tag erleuchten
und der Glanz des Mondes nicht mehr
deine Nacht,
sondern der Herr wird dir ein ewiges Licht
und dein Gott wird dein Glanz sein,
und die Tage deines Leidens sind zu Ende. (Jesaja 60)

Der Geist des Herrn ruht auf mir,
denn er hat mich berufen,
er sandte mich,
den Leidenden gute Botschaft zu bringen,
die zerbrochenen Herzen zu verbinden,
den Gefangenen die Freiheit zu verkündigen,
alle Traurigen zu trösten
und ihre Trauer zu verwandeln
in einen Lobgesang.
Sie werden die alten Trümmer wieder aufbauen
und was einst zerstört wurde, aufrichten,
sie werden die verwüsteten Städte erneuern,
die seit vielen Geschlechtern zerstört lagen,
und wer sie sehen wird, soll erkennen,
daß sie gesegnet sind durch den Herrn. (Jesaja 61)

Um Zions willen will ich nicht schweigen,
um Jerusalems willen muß ich reden,
bis sein Friede aufgeht wie ein Glanz
und sein Heil wie eine brennende Fackel!
Geht hinein, geht hinein durch die Tore,
ebnet dem Volk den Weg!
Macht Bahn! Macht Bahn!
Räumt die Steine hinweg.
Sagt der Tochter Zion: Dein Heil kommt!
Man wird sie nennen: »Heiliges Volk«,
»Erlöste des Herrn«,
und dich, Zion, wird man nennen:
Besuchte, nicht mehr verlassene Stadt! (Jesaja 62)

So schau nun vom Himmel,
sieh herab von deiner heiligen,
herrlichen Wohnung!
Bist du doch in Wahrheit unser Vater!
Du begegnetest seit alters denen,
die Gerechtigkeit übten
und auf deinen Wegen deiner gedachten.
Aber wir sind alle wie die Unreinen,
und unsere Gerechtigkeit ist
wie ein beschmutztes Kleid.
Wir sind verwelkt wie die Blätter,
und unsere Sünden wirbeln uns davon
wie der Wind.
Und doch, Herr, bist du unser Vater.
Wir sind Ton, du bist unser Töpfer,
und wir alle sind deiner Hände Werk.
(Jesaja 63 bis 64)

Es ist merkwürdig, wie sich die Probleme, unter denen die Menschen überhaupt in der Welt zu leiden haben, in Jerusalem verdichten. Diese Beispielhaftigkeit Jerusalems entspricht einer seltsamen Stellvertretung, in der die Juden seit Jahrtausenden die Probleme der Gerechtigkeit und des Glaubens für die Menschheit schlechthin erleiden.

Durch dieses Tor, das Damaskustor in Jerusalem, gehen heute Menschen der verschiedensten Kulturkreise und Zivilisationsstufen zur gleichen Stunde. Für alle ist Jerusalem ihre heilige Stadt. Sie wird es auf die Dauer nur sein können, wenn diejenigen, die hier die Macht ausüben, auch die Weisheit haben, »den Leidenden gute Botschaft zu bringen und den Gefangenen die Freiheit zu verkündigen«. Denn Frieden entsteht nicht durch Macht, sondern durch überlegene Güte.

108

Hundert Jahre nach Jesaja tritt in Jerusalem Jeremia als Prophet auf.

Im Jahr 627, in der Zeit des Königs Josia, erlebt er seine Berufung. Vierzig Jahre lang wirkt er von da an als religiöser und politischer Warner und Mahner bis zum Untergang Jerusalems 587, zunächst die kluge Reformpolitik Josias unterstützend, dann im schonungslosen Kampf gegen dessen unfähige Nachfolger Jojakim und Zedekia.

Dies sind die Reden Jeremias aus dem Priestergeschlecht derer von Anathot im Lande Benjamin. An ihn erging das Wort von Gott zur Zeit Josias und Zedekias, der Könige von Juda, bis zur Wegführung Jerusalems in die Gefangenschaft.

Ein Wort von Gott erging an mich und lautete so:
Ich kannte dich, ehe ich dich im Leib deiner Mutter formte. Ich wählte dich aus, ehe du geboren wurdest, und bestimmte dich zu meinem Sprecher für die Völker! Ich sprach: Ach Herr, Herr, ich tauge nicht, an deiner Stelle zu sprechen, denn ich bin zu jung. Der Herr aber sprach zu mir: Sage nicht »ich bin zu jung«! sondern geh, wohin ich dich sende, und predige, was ich dir gebiete. Fürchte dich nicht vor ihnen, denn ich bin bei dir und werde dich schützen. Und Gott streckte seine Hand aus, rührte meinen Mund an und sprach: Gib acht! Ich lege meine Worte in deinen Mund! Ich gebe dir Vollmacht den Völkern und Königreichen gegenüber, auszureißen, einzureißen, zu zerstören und zu verderben oder zu bauen und zu pflanzen.
Und Gott fragte mich: Jeremia, was siehst du? Ich sprach: Ich sehe einen erwachenden Zweig. Gott antwortete: Du hast recht gesehen! Ich will wach sein und erfüllen, was mein Wort ankündigt.
Zum zweitenmal fragte mich Gott: Was siehst du? Ich sprach: Ich sehe im Norden einen siedenden Wasserkessel, der überkocht. Und der Herr fuhr fort: Von Norden her wird das Unheil losbrechen über die Bewohner dieses Landes. Denn gib acht! Ich will die Völker aus den Königreichen des Nordens herbeirufen, daß sie kommen und ihre Throne aufrichten vor den Toren Jerusalems und vor allen Städten Judas. Ich will mein Gericht über sie ergehen lassen zur Strafe für ihre Bosheit, denn sie haben mich verlassen und opfern anderen Göttern und beten ihrer Hände Werke an. So mach dich reisefertig, brich auf und sprich zu ihnen alles, was ich dir gebiete. Erschrick nicht vor ihnen, sonst bringe ich Schrecken über dich. Denn ich mache dich heute zur befestigten Stadt, zur eisernen Säule, zur ehernen Mauer gegen die Könige Judas, seine Fürsten, seine Priester und das ganze Volk des Landes. Sie werden gegen dich streiten, aber sie werden dir nichts anhaben, denn ich bin bei dir und werde dich erretten. (Jeremia 1)

Während scheinbar tiefer Friede herrscht, kündigt Jeremia die Katastrophe an.

Verkündet in Juda! Schreit laut in Jerusalem!
Sprecht: Die Posaune soll blasen!
Sammeln! Alles in die festen Städte!
Flieht nach Zion und säumt nicht!
Denn der Löwe steigt
aus seinem Dickicht im Norden,
der Verderber der Völker ist aufgesprungen,
hat sein Lager verlassen, dein Land zu verheeren
und deine Städte zu verbrennen.

Zieht das Bußkleid an! Klagt und heult!
Denn der grimmige Zorn des Herrn läßt nicht ab!
Ein heißer Wind, spricht Gott,
kommt von den kahlen Höhen der Wüste,
ein Wind, der ihnen zu stark sein wird!
Gebt acht! Er braust daher wie Wolken,
seine Wagen sind wie ein Sturmwind!
Seine Rosse sind schneller als die Geier!
Weh uns! Wir sind verloren.
Belagerer kommen aus fernen Landen
und erheben das Kriegsgeschrei
gegen die Städte Judas.
Wie die Wächter auf dem Felde
werden sie lagern um Jerusalem her!
Wie ist mir so weh! Wie pocht mein Herz!

Ich höre die Posaune,
höre den Lärm der Feldschlacht,
Niederlage auf Niederlage höre ich verkünden.

Ich schaute über das Land hin und sah:
Wüst war es und öde und der Himmel finster.
Ich sah die Berge an: Sie bebten,
und alle Hügel zitterten.
Ich sah: Da war kein Mensch,
und die Vögel des Himmels waren verschwunden.
Ich sah: Das Fruchtland war eine Wüste
vor dem Herrn und seinem grimmigen Zorn!
Aus allen Städten fliehen sie
vor dem Geschrei der Reiter und der Schützen,
in die dichten Wälder laufen sie,
kriechen in die Felsen.

Ich höre ein Geschrei wie von einer Gebärenden,
Angstrufe einer Frau in den ersten Kindsnöten,
ein Geschrei der Tochter Zion, die da keucht
und die Hände ringt: Ach, weh mir!
Ich komme um vor den Gewalttätern! (Jeremia 4)

Wo ist denn jemand, der nicht, wenn er fällt,
gern wieder aufstünde?
Wo ist jemand, der nicht gerne,
wenn er irregeht,
wieder auf den rechten Weg fände?
Warum will denn dieses Volk von Jerusalem
in die Irre gehen unaufhörlich?
Niemand ist, dem seine Bosheit leid wäre
und der spräche: Was habe ich da getan!
Sie laufen alle ihren Lauf stur dahin
wie ein Hengst,
der in der Schlacht dahinstürmt.

Der Storch unter dem Himmel weiß seine Zeit,
Taube, Kranich und Schwalbe halten die Zeit ein,
in der sie wiederkehren sollen,
aber mein Volk
will die Ordnung des Herrn nicht wissen.
Die Priester und Propheten gehen mit Lügen um
und heilen den Schaden meines Volks
nur zum Schein,

indem sie sagen: Friede! Friede!,
und ist doch kein Friede.
Darum sollen sie fallen unter die Fallenden!
Ich will unter ihnen Lese halten,
so daß keine Traube am Weinstock,
keine Feige am Feigenbaum bleibt,
ja, daß die Blätter mit abgerissen werden.

Was kann mich in meinem Jammer erquicken?
Mein Herz ist krank.
Aus einem fernen Lande
höre ich den Schrei meines Volks:
Will denn der Herr nicht mehr Gott sein in Zion?
Soll dort kein König mehr herrschen?
Die Ernte ist vergangen, der Sommer ist dahin,
aber uns ist keine Hilfe gekommen!
Ach, daß ich Wasser genug hätte
in meinem Haupt,
daß meine Augen Tränenquellen wären,
daß ich Tag und Nacht beweinen könnte.
die Erschlagenen meines Volks! (Jeremia 8)

So spricht der Herr:
Ein Weiser rühme sich nicht seiner Weisheit,
ein Starker rühme sich nicht seiner Kraft,
ein Reicher rühme sich nicht seines Reichtums!
Wer sich rühmen will, rühme sich,
daß er klug sei und wisse, daß ich Gott bin
und daß ich Barmherzigkeit,
Recht und Gerechtigkeit
durchsetze auf Erden.
Denn das ist nach meinem Willen! (Jeremia 9)

In Jeremia erreicht nicht nur die alttestamentliche
Religiosität ihre sensibelste Form. Jeremia spricht nicht nur
in einer sehr vergeistigten Weise von Frömmigkeit, die in
Hingabe und Zutrauen, in Liebe und Bejahung des
göttlichen Willens sich ausdrückt. Er leidet auch persönlich
am tiefsten unter seinem Auftrag. Er hat nicht nur ein
Wort zu sagen, er hat ein »Wort« zu sein und hat dieser
Aufgabe alles persönliche Glück, Erfolg und Frieden mit
den Menschen, Freundschaft und Liebe zu opfern. An
mehreren Stellen ist erzählt, er habe Gott seinen Auftrag
sozusagen vor die Füße werfen wollen und habe es nicht
gekonnt. Er habe wie unter Zwang gehandelt und diesen
Zwang, weil er notwendig war, immer wieder bejaht.

Der göttliche Auftrag ist eine Last, der sich Jeremia nicht gewachsen fühlt.

Weh mir, meine Mutter,
daß du mich geboren hast!
Hadert doch jeder mit mir!
Streitet doch jeder gegen mich im ganzen Land!
Wie kommt es, daß jeder mir flucht?

Ach Herr, du weißt es!
Denke an mich – nimm dich meiner an
und nimm mich in Schutz gegen meine Verfolger!
Du weißt, daß ihr Haß
um deinetwillen mich trifft.

Dein Wort war Nahrung für mich,
sooft ich's empfing,
dein Wort ist meines Herzens Freude und Trost,
nach deinem Namen bin ich genannt.

Ich habe mich nicht zu den Fröhlichen gesellt,
ich habe ihre Freude nicht geteilt,
sondern saß einsam, gebeugt von deiner Hand,
denn du hattest mich gefüllt mit deinem Zorn.

Warum währt denn mein Leiden so lange?
Warum sind meine Wunden so tief,
warum kann keiner sie heilen?

Aber der Herr spricht:
Wenn du dich zu mir hältst,
will ich mich zu dir halten,
und du sollst mein Sprecher bleiben.
Wenn du klar redest und nicht leichtfertig,
so sollst du mein Mund sein.
Zu dir sollen sie sich kehren,
doch du kehre dich nicht zu ihnen!

Denn ich mache dich für dieses Volk
zur festen, ehernen Mauer.
Wenn sie auch wider dich streiten,
sollen sie dir doch nichts anhaben,
denn ich bin bei dir und will dir helfen.
Ich will dich erretten aus der Hand der Bösen
und erlösen aus der Hand der Tyrannen.
(Jeremia 15)

112

Wie man einen Tonkrug zerschlägt, so, sagt Jeremia, zerschlägt Gott diese ganze Stadt.

Dieses Wort hörte Jeremia von Gott: Geh hinab in das Haus des Töpfers, dort will ich zu dir reden! Und ich ging in das Haus des Töpfers hinab und fand ihn, wie er eben auf der Scheibe arbeitete. Aber der Topf, den er formen wollte, mißriet ihm unter den Händen. Da machte er einen anderen Topf, wie er ihm gefiel, aus dem Lehmklumpen. Da sprach der Herr zu mir: Kann ich mit euch, ihr Israeliten, nicht ebenso umgehen wie dieser Töpfer mit seinem Ton? Wie der Ton in der Hand des Töpfers, so ist das Volk Israel in der meinen. Ich werde dieses Volk und Königreich ausreißen, abbrechen und zerstören. Wenn es sich aber von seiner Bosheit bekehrt, will ich es bauen und pflanzen. Wenn es aber tut, was mir zuwider ist, werde ich es nicht tun.

Denn sie antworteten: Daraus wird nichts, daß wir uns bekehren! Wir wollen leben, wie es uns richtig dünkt! Ein jeder soll tun, was sein eigenes Herz ihm befiehlt! Nun sprich zu den Männern in Juda und zu den Bürgern von Jerusalem:

Fragt doch unter den fremden Völkern!
Wer hat je dergleichen gehört wie das,
was die Jungfrau Israel tut!
Der Schnee schmilzt nicht so schnell
von den Steinen auf dem Felde,
wenn es vom Libanon herab schneit,
und das Regenwasser verläuft sich nicht so schnell,
wie mein Volk mich vergißt!
Sie opfern Göttern, die es nicht gibt.
Auf den alten Straßen sind sie gestolpert,
nun gehen sie auf ungebahnten Pfaden.
Das Ende wird sein, daß ihr Land Wüste ist,
denn ich will sie zerstreuen lassen
durch ihre Feinde
wie durch einen dürren Ostwind.
Ich will mich von ihnen abwenden
am Tag ihres Verderbens. (Jeremia 18)

Da sprach der Herr zu Jeremia: Geh hin und kaufe dir einen irdenen Krug vom Töpfer. Dann nimm einige von den Ältesten des Volks und von den Priestern und geh hinunter ins Tal Hinnon, das vor dem Scherbentor liegt. Dann sollst du den Krug zerbrechen vor den Augen der Männer und sagen: So spricht der Herr: Wie man das Gefäß eines Töpfers zerschlägt und niemand es danach wieder ganz machen kann, so will ich dieses Volk und diese Stadt zerbrechen. (Jeremia 19)

Der Hauptgegner ist der König.

So sprach der Herr: Geh hinab in den Palast des Königs von Juda und sprich dort: Höre das Wort des Herrn, du König von Juda! Du sitzt auf dem Thron Davids! So schaffe Recht und Gerechtig-

keit! Errette den Bedrückten aus der Hand des Gewalttätigen! Bedrängt nicht die Fremden, die Waisen und die Witwen! Tut niemand Gewalt an und vergießt kein unschuldiges Blut! Dann sollen durch die Tore dieses Palastes Könige einziehen, die auf Davids Thron herrschen. Werdet ihr aber den Worten des Herrn nicht gehorchen, so spricht der Herr: Dieser Palast wird zerstört werden!

Denn weh dem, der sein Haus mit Betrug baut
und seine Gemächer mit Unrecht,
der seinen Mitmenschen umsonst arbeiten läßt
und ihm seinen Lohn nicht gibt.
Der denkt: Wohlan, ein großes Haus
will ich mir bauen und weite Gemächer!
Fenster läßt er sich ausbrechen,
mit Zedern täfeln und rot bemalen.
Meinst du, das mache dich zum König,
daß du mit Zedern prangst?
Hat nicht auch dein Vater gegessen und getrunken
und dennoch auf Recht
und Gerechtigkeit geachtet,
und es ging ihm gut?
Aber deine Augen und dein Herz suchen nichts
als unrechten Gewinn,
unschuldiges Blut zu vergießen,
zu freveln und zu unterdrücken.
Darum spricht der Herr über Jojakim,
den Sohn Josias, den König von Juda:
Man wird ihm keine Totenklage halten:
Ach Bruder! – Ach Schwester!
Man wird ihn nicht beklagen:
Ach Herr! – Ach du Edler!,
sondern wie ein Esel soll er verscharrt werden,
fortgeschleift und hinausgeworfen
vor die Tore Jerusalems.

O Land! Land! Land!
Höre des Herrn Wort! (Jeremia 22)

Die Sache mit der Schriftrolle offenbart den Gegensatz.

Was Gott gesagt hatte, war: Ihr überlebt nicht mit Waffengewalt. Ihr überlebt nicht durch Verteidigungsbündnisse, ganz gleich mit wem. Ihr überlebt, wenn ihr euch auf das Eigenste besinnt, das ihr habt, nämlich die Wahrheit über Gott, und das heißt über euch selbst.

Entschließt euch, zur Wahrheit zu stehen, denn die Wahrheit ist das einzige, das der brutalen Macht auf die Dauer gewachsen ist. Und dies, so hatte Jeremia gesagt, ist nicht meine Meinung, nicht eine Ermessensfrage, sondern ein Wort von Gott. Das heißt: An ihm entscheidet sich Sein oder Nichtsein. Mit ihm steht oder fällt nicht nur das Leben, sondern auch sein Sinn und seine Zukunft.

Im vierten Jahr der Regierung des Königs Jojakim sprach der Herr zu Jeremia: Nimm eine Schriftrolle und schreibe alles darauf, was ich dir gesagt habe über Israel, Juda und die anderen Völker von der Zeit Josias an bis heute. Vielleicht wird das Volk von Juda sich bekehren, wenn es von all dem Unheil hört, das ich über es verhängt habe. Da rief Jeremia Baruch zu sich, und Baruch schrieb nach dem Diktat des Jeremia alle Worte Gottes. Danach sprach Jeremia: Mir ist es verboten, in den Tempel zu gehen. Darum geh du und lies die Schriftrolle dem Volk am Festtag vor. Vielleicht werden sie sich im Gebet vor Gott beugen und wird ein jeder von seinem bösen Weg umkehren. Und Baruch tat alles, was Jeremia ihm befohlen hatte, und las aus der Schriftrolle im oberen Vorhof dem ganzen Volk vor. Als nun Micha alle Worte des Herrn gehört hatte, ging er in den Palast hinab, in die Kanzlei, in der die Minister des Königs versammelt saßen. Die riefen Baruch zu sich; Baruch kam zu ihnen, und sie sprachen: Setz dich und lies! Und Baruch las vor ihren Ohren. Dann entsetzten sie sich und sprachen: Wir müssen dies alles dem König mitteilen. Und sie fragten Baruch: Sage uns, wie hast du alle diese Worte aufgeschrieben? Baruch antwortete: Jeremia hat mir alles vorgesprochen, und ich schrieb es mit Tinte auf die Schriftrolle. Da sprachen die Minister zu Baruch: Geh und verbirg dich mit Jeremia, so, daß niemand weiß, wo ihr seid. Sie ließen die Schriftrolle in den Räumen des Schreibers verwahren, gingen in den Palast zum König und teilten ihm den ganzen Vorgang mit. Da sandte der König den Judi, die Schriftrolle zu holen, und Judi las sie dem König und den Ministern vor. Dabei saß der König im Winterhaus vor dem Kohlenbecken. Wenn nun Judi drei oder vier Spalten gelesen hatte, schnitt der König das Stück mit einem Schreibmesser ab und warf es ins Feuer, bis die Schriftrolle ganz verbrannt war. Und obwohl Elnathan, Delaja und Gemarja den König baten, die

עק לגניזה

אבו ארבעה בר הכסות, בלוא ברכו הקדוש
מפני בתי כנסיות, ובתי חרמת, ובתיבותית
ומצוה ידימות תבקר ראשית והוששת סכלנולן

תרמ

Rolle nicht zu verbrennen, fuhr er damit fort. Dazu gab der König Befehl, Baruch und Jeremia zu
verhaften. Aber Gott hielt sie verborgen.

Jojakim, der König, haftete dafür, daß das Volk dem Feuer
entgehen würde. Im Wort von Gott lag die Chance dazu.
Daß das Wort von Gott lesbar blieb, dafür haftete er. Und
indem er die Rolle ins Feuer warf, warf er sein Volk ins
Feuer. Indem er es ablehnte, haftbar zu sein, warf er sich
selbst ins Feuer. Er bezahlte seine Haftung mit dem
politischen Ende seiner Stadt und mit Leben und Freiheit
seines Volks.

Nachdem die Rolle verbrannt war, sprach Gott zu
Jeremia: Nimm eine neue Rolle und schreibe alle
vorigen Worte darauf. Über Jojakim, den König
von Juda, sollst du sagen: Du hast diese Rolle verbrannt und mir vorgeworfen, daß ich darauf
schrieb, der König von Babylon werde kommen
und dieses Land vernichten und Menschen und
Vieh ausrotten. Darum spricht der Herr über dich,
Jojakim, den König von Juda: Keiner deiner Nachkommen wird auf dem Thron Davids sitzen! Dein
Leichnam soll daliegen am Tage in der Hitze, in
der Nacht im Frost. Über dich, deine Familie, die
Machthaber und die Bürger von Jerusalem will
ich das Unheil kommen lassen, das ich angekündigt habe und das sie nicht zum Gehorsam bewegt

hat! Dann nahm Jeremia eine andere Schriftrolle, und Baruch schrieb wiederum alle Worte darauf, die auf der vorigen gestanden hatten und die Jojakim hatte im Feuer verbrennen lassen, und fügte ihnen noch viele ähnliche Worte hinzu.
(Jeremia 36)

Dasselbe Wort gilt auch Zedekia.

Zedekia, der Sohn Josias, wurde an Jojachins, des Sohnes des Jojakim, Statt König von Juda, denn Nebukadnezar, der König von Babel, setzte ihn ein. Aber er und seine Berater und das Volk im Land gehorchten den Worten Gottes nicht, die er durch Jeremia redete. Trotzdem sandte Zedekia einige seiner Höflinge zu Jeremia und ließ ihm sagen: Bitte Gott für uns! Denn Jeremia ging noch frei unter dem Volk aus und ein, und man hatte ihn noch nicht gefangen gesetzt. Indessen war aber das Heer des Pharao aus Ägypten aufgebrochen, und als die Babylonier, die Jerusalem belagerten, davon gehört hatten, waren sie von der Stadt abgezogen.

Und der Herr sprach zu Jeremia: Laß dem König von Juda sagen: Das Heer des Pharao, das euch zur Hilfe anrückt, wird wieder nach Hause zurückkehren, nach Ägypten. Die Babylonier werden wiederkommen, diese Stadt einschließen, erobern und verbrennen. Betrügt euch nicht mit der Hoffnung, die Babylonier würden abziehen. Sie werden es nicht tun. Und wenn ihr das ganze Heer der Babylonier schlägt und es blieben nur ein paar Verwundete übrig, so würde doch jeder von ihnen in seinem Zelt aufstehen und diese Stadt mit Feuer verbrennen.

Während der Zeit, in der die Babylonier die Belagerung von Jerusalem unterbrachen, um dem Heer des Pharao entgegenzuziehen, wollte Jeremia aus der Stadt hinausgehen ins Land Benjamin, um mit seinen Verwandten ein Erbe zu teilen. Als er nun zum Benjamintor kam, hielt ihn dort der Wachhabende an, ein Mann namens Jeria: Du willst zu den Babyloniern überlaufen! Jeremia antwortete: Nein, das ist nicht wahr. Ich will nicht überlaufen. Aber Jeria hörte nicht auf ihn, nahm Jeremia fest und brachte ihn vor die Beamten des Königs. Die wurden zornig über Jeremia, ließen ihn prügeln und warfen ihn ins Gefängnis. So kam Jeremia in den überwölbten Raum auf der Sohle einer Zisterne und blieb dort lange Zeit.

Der König Zedekia aber ließ ihn holen und fragte ihn in aller Heimlichkeit: Hast du ein Wort von Gott? Jeremia antwortete: Ja! daß du dem König von Babylon in die Hände gegeben wirst! Und fuhr fort: Was habe ich an dir, den Fürsten und diesem Volk verbrochen, daß man mich in den Kerker geworfen hat? Wo sind denn nun eure Propheten, die euch weissagten: Der König von Babel wird uns und dieses Land nicht angreifen? Und nun bitte ich dich, mein Herr und König! Laß mich nicht wieder in das Haus des Schreibers bringen, ich würde dort sterben! Da befahl Zedekia, man solle Jeremia im Wachthof halten und ihm täglich ein Brot aus der Bäckergasse geben. Und Jeremia blieb dort in Haft. (Jeremia 37)

Aber Jeremia redete dort weiter: So spricht der Herr! Wer in dieser Stadt bleibt, der wird durch Schwert, Hunger und Pest sterben. Wer aber hinausgeht und sich den Babyloniern ergibt, wird sein Leben retten. Denn diese Stadt wird erobert werden. Da sprachen die führenden Leute der Verwaltung zum König: Laß diesen Mann töten, er lähmt den Kampfwillen der Soldaten! Er will nicht unser Heil, sondern unseren Untergang! Zedekia antwortete: Tut, was ihr wollt, mit ihm, ich habe euch gegenüber ja nichts zu sagen. Da warfen sie Jeremia in eine Zisterne am Wachthof; mit Seilen ließen sie ihn hinab. Im Brunnenloch aber war kein Wasser, sondern nur Schlamm, und Jeremia sank in den Schlamm. Aber ein Kammerdiener des Königs, der ein Afrikaner war, hörte davon und wandte sich an den König: Mein Herr und König, diese Männer begehen ein Verbrechen an dem Propheten Jeremia! Er wird in der Zisterne vor Hunger sterben, denn es ist ja kein Brot mehr in der Stadt! Da befahl der König dem Schwarzen: Nimm drei Männer mit dir und zieh den Propheten Jeremia aus der Zisterne, ehe er stirbt. Und der Kämmerer nahm zerrissene, alte Lumpen, ließ sie an einem Seil zu Jeremia hinab und rief Jeremia zu: Lege diese Lumpen auf das Seil unter deine Achseln! Und so zogen sie Jeremia herauf, und Jeremia blieb wieder im Wachthof.
(Jeremia 38)

Eine Koalition der Bankrotten rettet nicht.

An den Tatsachen hat sich nicht viel geändert. Soll ein Zukunftsforscher heute sagen: Ein Atomkrieg wird nicht kommen – nur weil die Leute es so hören wollen und das Gegenteil nicht ertragen? Oder soll er sagen: Wenn sich in dieser Welt zwischen den Völkern nicht etwas ändert, wenn Politik nicht etwas anderes wird, als sie heute ist, dann wird er kommen? Das zweite wäre realistischer. Aber wer es sagt, macht sich lächerlich oder verhaßt.

In der ersten Zeit der Herrschaft Zedekias, des Königs von Juda, sprach der Herr zu Jeremia: Mache dir einen Jochbalken und lege ihn auf deinen Nacken! Dann laß den Botschaftern von Edom, Moab und Ammon, Tyrus und Sidon, die sich bei Zedekia in Jerusalem versammelt haben, sagen:

Das sollt ihr euren Königen bestellen: Der Herr Zebaoth spricht: Ich habe die Erde gemacht und die Menschen und die Tiere, durch meine Kraft und Macht, und ich gebe sie, wem ich will. Nun aber habe ich alle eure Länder in die Hand meines Dieners Nebukadnezar, des Königs von Babylon, gegeben. Ihm sollen alle Völker dienen, ihm und seinem Sohn und seines Sohnes Sohn, bis auch für sein Land die Zeit kommt, daß es sich anderen Völkern und großen Königen beugen muß. Das Volk aber, das ihm nicht untertan sein will, das seinen Nacken nicht unter das Joch des Königs von Babel beugt, will ich durch seine Hand, durch Schwert, Hunger und Pest umbringen. Hört nicht auf eure Propheten, Wahrsager, Traumdeuter und Zauberer, die euch sagen: Ihr braucht euch dem König von Babel nicht zu unterwerfen. Denn ihre Prophezeiung ist Lüge, und sie werden es dahin bringen, daß ich euch aus eurem Lande verstoße und ihr den Tod findet. Das Volk aber, das seinen Nacken unter das Joch des Königs von Babel beugt, das will ich in seinem Lande lassen, und es wird sein Land bearbeiten und bewohnen!
(Jeremia 27)

Aber Hananja, ein Weissager aus Gibeon, antwortete in Gegenwart der Priester und des ganzen Volkes: So spricht der Gott Israels: Ich zerbreche das Joch des Königs von Babylon! Da antwortete Jeremia: Wenn ein Prophet Heil weissagt — ob der Herr ihn gesandt hat, wird man daran erkennen, daß sich sein Wort erfüllt! Da nahm Hananja das Joch vom Nacken des Jeremia und zerbrach es. Und Jeremia ging seines Weges.
(Jeremia 28)

Es gibt – jenseits der Katastrophe – noch eine Zukunft.

Im 10. Jahr des Königs Zedekia belagerte das Heer des Königs von Babylon Jerusalem, und der Prophet Jeremia lag gefangen im Wachthof am Palast des Königs von Juda. Denn Zedekia hatte ihn festnehmen lassen und ihn gefragt: Warum sprichst du im Namen Gottes und behauptest, Gott sage: Ich überlasse diese Stadt dem König von Babel! Er soll sie erobern! Zedekia wird vor den König von Babel gestellt werden, der wird ihn nach Babel bringen?

Damals hörte ich, Jeremia, dieses Wort von Gott: Hanamel, dein Vetter, wird zu dir kommen und sagen: Kaufe du meinen Acker in Anathot, du hast das erste Recht, ihn zu kaufen. Und wirklich kam Hanamel zu mir in den Wachthof und sprach so zu mir. Da merkte ich, daß das von Gott kam, und kaufte den Acker. Ich schrieb einen Kaufbrief, versiegelte ihn vor Zeugen, nahm den versiegelten Kaufbrief und die offene Abschrift und gab beides Baruch, während alle Judäer, die im Wachthof waren, zusahen. Und ich sprach zu Baruch: Nimm diese beiden Briefe und lege sie in einen tönernen Krug, damit sie lange erhalten bleiben. Denn so spricht der Herr Zebaoth, der Gott Israels: Man wird wieder Häuser, Äcker und Weinberge kaufen in diesem Lande!

Danach betete ich zum Herrn: Ach Herr, du hast Himmel und Erde gemacht. Vor dir ist nichts unmöglich. Du hast dein Volk aus Ägypten geführt unter großen Wundern und hast ihm dieses Land gegeben, in dem Milch und Honig fließen. Aber als sie hineinkamen und es bewohnten, gehorchten sie dir nicht und hielten deine Gebote nicht. Darum ließest du ihnen auch all dieses Unheil geschehen. Sieh! Die Wälle reichen schon bis an die Stadt. Es ist nicht mehr lange, und sie wird erobert

sein. Schwert, Hunger und Pest werden sie zu Fall bringen. Wie du geredet hast, so ist es geschehen. Und da sprichst du zu mir: »Kaufe dir einen Acker um Geld und nimm Zeugen dazu!«

Und der Herr sprach zu mir: Ja, die Chaldäer werden hereinkommen und die Stadt verbrennen mit allen den Häusern, auf deren Dächern man dem Baal Rauchopfer dargebracht hat. Aber wenn die Zeit kommt, will ich die Bewohner dieser Stadt wieder sammeln aus den Ländern, in die ich sie verstoße, und sie wieder an diesen Ort bringen. Es sollen wieder Äcker gekauft werden in diesem Land, das jetzt eine Wüste ist, ohne Menschen und Vieh. Denn ich will ihr Geschick wenden. (Jeremia 32)

Es ist für den Propheten kein Trost, wenn sein Wort eintrifft.

Im neunten Jahr Zedekias, im 10. Monat, kam Nebukadnezar mit seinem ganzen Heer vor die Stadt, und im 11. Jahr Zedekias, im 4. Monat, brachen sie in die Stadt ein. Als Zedekia das sah, floh er mit einem Teil seines Heeres durch ein Nebentor am Königsgarten aus der Stadt und suchte das Jordantal zu erreichen. Aber die Kriegsleute der Babylonier verfolgten sie und holten Zedekia bei Jericho ein, nahmen ihn gefangen und brachten ihn zu Nebukadnezar, der in jener Zeit in Ribla im Lande Hamath Hof hielt. Der sprach das Urteil über ihn: Er ließ Zedekias Söhne vor seinen Augen töten und tötete auch alle Fürsten Judas. Zedekia selbst ließ er die Augen ausstechen und ihn in Ketten schmieden und führte ihn nach Babylon. Die Babylonier verbrannten den Palast und die

Häuser der Bürger und rissen die Mauern Jerusalems ein. Die Leute, die sich noch in der Stadt aufhielten oder die zu ihnen übergelaufen waren, führte Nebusaradan, der Befehlshaber der Leibwache, nach Babylon. Nur vom armen Volk, das nichts besaß, ließ er einen Teil im Lande zurück und verteilte die Weinberge und Felder unter sie. Nun hatte Nebukadnezar Nebusaradan befohlen: Hole Jeremia zu dir und tu ihm kein Leid, sondern erfülle ihm seine Wünsche. So ließ er Jeremia nach Hause gehen, und Jeremia blieb unter dem Volk. (Jeremia 39)

In der Katastrophe nimmt Jeremia das alte Wort »Bund« wieder auf.

Mit Noah schloß Gott den »Bund«, daß die Erde bewohnbar bleiben werde. Mit Abraham, daß von ihm Segen ausgehen werde auf alle Völker. Mit Mose, daß sein Volk Frieden und Lebensraum gewinnen werde. Mit David, daß immer wieder Menschen den Auftrag bekommen werden, ein Reich der Gerechtigkeit zu gründen und zu erhalten. Und nun spricht Jeremia von dem Bund, den Gott mit den einzelnen Menschen schließe: daß sie nämlich fähig werden, ihn zu begreifen und ihm zu vertrauen. Das Wort, das die Zukunft hat, heißt »Glauben«. Glauben heißt: Sich auf ein Wort verlassen, das von Gott kommt.

Es wird eine Zeit kommen,
spricht der Herr,
da will ich der Gott aller Geschlechter Israels
und sie sollen mein Volk sein.
Denn das Volk, das dem Schwert entrann,
hat Gnade gefunden in der Wüste.
Wohlan! Ich will dich wieder aufrichten,
daß du stehen sollst, Jungfrau Israel!
Du sollst dich wieder schmücken,
Pauken schlagen und zum Tanz schreiten.
Weinberge sollst du pflanzen
an den Hängen Samarias
und ihre Früchte genießen.

Jubelt, ruft, rühmt und sprecht:
Der Herr hat seinem Volk geholfen,
dem Rest Israels!
Ich will sie aus dem Lande im Norden bringen,
sie sammeln von den Enden der Erde.
Sie werden weinend kommen,

ich aber will sie trösten und leiten,
daß ihre Seele wie ein wasserreicher Garten ist
und keine Trauer Raum hat.
Es kommt die Zeit,
da will ich mit dem Hause Israel
und mit dem Hause Juda
einen neuen Bund schließen:
Ich will mein Gesetz in ihr Herz geben
und in ihren Sinn schreiben,
und sie sollen mein Volk
und ich will ihr Gott sein.
Und es wird keiner den anderen lehren:
Erkenne den Herrn!
Sondern alle sollen sie mich kennen,
die kleinen und die großen,
denn ich will ihre Schuld vergeben
und ihrer Sünde nicht mehr gedenken.
So spricht der Herr,
der die Sonne dem Tage zum Licht gibt
und den Mond und die Sterne der Nacht,
der das Meer bewegt, daß seine Wogen brausen:
Wenn diese Ordnungen
jemals ins Wanken gerieten,
so müßte auch das Geschlecht Israels aufhören,
ein Volk zu sein, das mein ist! (Jeremia 31)

Die Reden des Amos am Hof des Königs von Samaria bedeuten Aufruhr.

Ein Jahrhundert nach dem Zusammenstoß zwischen Elia und Ahab auf dem Acker des Naboth greift ein Bauer aus einem Dorf bei Jerusalem den Königshof insgesamt an und sagt ihm den Untergang voraus.
Wie er dazu komme, Reden gegen den König zu halten, fragt man ihn. Er antwortet: Wenn der Löwe brüllt – wer fürchtet sich nicht? Wenn Gott redet – wer wird nicht zum Propheten?
Es ging den führenden Schichten gut in der Zeit Jerobeams II. Aber nun sagt Amos dem reichen, erfolgshungrigen und erfolgssatten Klüngel auf der Palastburg in Samaria das Gericht Gottes an: »So spricht Gott! Gegen das Haus Jerobeams stehe ich mit dem Schwert auf!« Das aber ist Aufruhr. Die Damen des Hofs bezeichnet er als »fette Kühe«, als »Rasserindvieh« sozusagen. Denn Gott interessiere sich für Gerechtigkeit und nicht fürs Wohlergehen der Reichen. Den Priestern, die auf den »Tag Gottes« hoffen, an dem alle Feinde Israels untergehen werden, verkehrt er ihre Hoffnung: Der Tag Gottes ist der Tag, an dem Gott alles Unrecht im Lande rächt. In Amos erhebt sich das alte israelitische Recht gegen das neue, feudale der Kanaanäer.

Versammelt euch auf den Bergen
rings um Samaria
und seht die Klage der Entrechteten
und das Unrecht:
Sie achten kein Gesetz, spricht der Herr,
und sammeln Schätze in ihren Palästen
durch Frevel und Raub.
Darum spricht der Herr:
Feinde werden dieses Land einschließen,
werden euch von eurer Macht herunterreißen
und eure Häuser plündern.
Gleichwie ein Hirte dem Löwen zwei Beine
oder ein Ohrläppchen eines Schafs
aus dem Maul »rettet«,
sollen die Söhne Israels »gerettet« werden,
die jetzt noch in Samaria auf dem Diwan lagern,
auf dem Ruhebett von Damast. (Amos 3)

Und hört ihr das Wort des Herrn,
ihr fetten Kühe auf den Bergen Samarias,
die den kleinen Leuten Gewalt antun
und die Armen schinden
und zu ihren Männern sprechen:
Wein her! Laßt uns saufen!
Der Herr hat geschworen bei seiner Heiligkeit:
Es kommt eine Zeit,
da wird man euch herausziehen mit Angeln
und den Rest von euch mit Fischhaken.
Durch die Lücken der Mauern
wird man euch heraustreiben,
jede vor sich hin, hinweg
über den Hermon! Wort von Gott! (Amos 4)

Hört das Wort, ihr Israeliten!
Ein Klagelied will ich anstimmen.
Die Jungfrau Israel ist gefallen,
und nie mehr wird sie aufstehen.
Sie ist zu Boden gestoßen,
und niemand ist da, der ihr aufhilft.
Denn so spricht Gott, der Herr:
Die Stadt, aus der tausend zum Kampf ausziehen,
soll nur hundert übrigbehalten,
aus der hundert ausziehen,
nur zehn im Volke Israel.
Sucht das Gute und nicht das Böse,
damit ihr am Leben bleibt.
Haßt das Böse, liebt das Gute,
richtet das Recht im Tor auf,
wo man Urteile spricht!

Vielleicht wird der Herr
doch denen noch gnädig sein,
die übrigbleiben im Volk.
Weh denen, die den Tag des Herrn ersehnen!
Was soll euch der Tag des Herrn?
Finsternis ist er, nicht Licht.
Flieht einer vor einem Löwen,
so wird ein Bär ihm begegnen,
rettet einer sich in ein Haus
und lehnt sich mit der Hand an die Wand,
so sticht ihn die Schlange.
Ja, finster wird er sein und nicht licht,
der Tag des Herrn! Dunkel, nicht hell.

Ich hasse eure Feste und Feiern.
Ich mag eure Gottesdienste nicht riechen.
Und wenn ihr mir auch Tiere schlachtet
zum Opfer,
so habe ich doch kein Gefallen daran.
Verschont mich mit dem Geplärr eurer Lieder,
denn ich mag euer Harfenspiel nicht hören.

Es fließe aber das Recht wie ein Strom
und die Gerechtigkeit
wie ein nie versiegender Bach! (Amos 5)

Und Gott, der Herr, ließ mich dies schauen: Ein
Heuschreckenschwarm, als eben die Sommersaat
aufging! Als die alles Gras im Lande abfressen
wollten, rief ich: Ach Herr, sei gnädig! Wer soll
Israel wieder aufhelfen? Es ist ja so schwach. Da
ließ der Herr sich erbitten und sprach: Es soll nicht
geschehen!
Auch dies zeigte mir der Herr: Eine Feuersbrunst,
die das Meer ausgeleckt hatte und nun über die
Fluren hereinbrach, sie zu verbrennen. Da sprach
ich: Ach Herr! Laß ab! Wer soll Israel wieder aufhelfen? Es ist ja so schwach. Da sprach der Herr:
Es soll nicht geschehen!
Ein drittes zeigte er mir: Er stand auf einer Mauer
und hielt das Senkblei an die Mauer gelegt. Und
er fragte: Was siehst du, Amos? Ich antwortete:
Ein Bleilot! Da sprach der Herr: Ich lege das Bleilot an mein Volk Israel und will das Schiefe nicht
mehr übersehen! Verwüstet seien die Heiligtümer
Israels auf den Höhen, mit meinem Schwert erhebe ich mich gegen das Herrscherhaus des Jerobeam! (Amos 7)

Auch dies schaute ich: Da war ein Korb mit reifem Obst. Was siehst du, Amos? fragte er. Ich antwortete: Einen Korb mit reifem Obst. Und er sprach: Reif zur Ernte ist mein Volk Israel!

Hört! Es kommt die Zeit, spricht der Herr,
daß ich einen Hunger ins Land senden werde!
Nicht einen Hunger nach Brot,
nicht einen Durst nach Wasser,
sondern Hunger und Durst
nach dem Wort des Herrn!

Von einem Meer zum anderen werden sie laufen,
nach Norden und nach Osten,
sie werden ein Wort von Gott suchen
und es doch nicht finden. (Amos 8)

Von dieser Höhe, auf der einst der Palast der Könige Israels stand, sah man in die Täler Samarias hinunter, und man tat es, wie der Prophet anklagt, mit Überheblichkeit und Gleichgültigkeit gegenüber dem Recht der kleinen Leute.

Während der Gefangenschaft in Babylon spricht Daniel zum erstenmal vom »Reich Gottes«.

Die menschlichen Weltreiche gehen ihrem Ende entgegen, sagt der uns unbekannte Daniel gegen das Ende der Zeit des Alten Testaments. Er ist einer der ersten Vertreter der sogenannten »Apokalyptik«, einer geistigen Bewegung, die die Erneuerung der Erde und des Menschen von einem Eingreifen Gottes erwartet und sie mit Bildern und Visionen deutet. Jesus selbst greift immer wieder auf solche Bilder und Gleichnisse der spätjüdischen Apokalyptik zurück.

Im zweiten Jahr seiner Regierung hatte Nebukadnezar einen Traum. Erschreckt wachte er auf und ließ alle Traumdeuter und Magier zusammenrufen, ihn zu deuten. Und sie kamen und erschienen vor dem König, aber den Traum konnten sie nicht deuten.

Danach ging Daniel zum König und sprach: Es ist ein Gott im Himmel, der Geheimnisse aufdeckt. Der hat dem König Nebukadnezar kundgetan, was in künftiger Zeit geschehen wird. Du, König, hattest einen Traum: Ein großes, hohes, hell schimmerndes Bild stand vor dir, das war schrecklich anzusehen: eine aufrechte Gestalt! Ihr Haupt war aus Gold, Brust und Arme waren aus Silber, Bauch und Hüften aus Kupfer, die Schenkel aus Eisen und die Füße teils aus Eisen, teils aus Ton. Da schlug ein Felsbrocken von oben herab und traf die Gestalt an den Füßen und zertrümmerte sie. Da wurden Eisen, Ton, Kupfer, Silber und Gold zerschlagen und stoben auseinander wie Spreu auf der Tenne. Der Stein aber, der die Gestalt zerschlug, wuchs und wurde ein Berg, so groß, daß er die ganze Welt füllte.

Das ist der Traum. Nun will ich dem König die Deutung geben: Du, König, bist König aller Könige. Der Gott des Himmels hat dir dein Reich und deine Macht gegeben. Du bist das goldene Haupt. Nach dir wird ein anderes Königreich kommen, das geringer ist als deines, danach ein drittes, das alle Länder beherrschen wird. Das vierte wird hart sein wie Eisen. Denn wie Eisen alles zermalmt und zerschlägt, so wird es alles zertrümmern und zerbrechen. Daß du aber gesehen hast, daß die Füße teils von Ton, teils von Eisen waren, das bedeutet: Es wird in einer Hinsicht stark, in einer anderen schwach sein. Aber wenn dieses Reich kommen wird, wird der Gott des Himmels ein Reich aufrichten, das nie mehr zerstört wird. Es wird alle diese Königreiche zertrümmern, es selbst aber wird ewigen Bestand haben. So hat der große Gott dem König gezeigt, was in künftigen Zeiten geschehen wird. (Daniel 2)

Die vier Reiche bedeuten wohl das babylonische, medische, persische und mazedonische Reich.

In der Zeit Jesajas spricht Micha vom kommenden König.

Auch dieses Stück hat in den Gedanken der späteren Apokalyptik weitergewirkt. Es fügt zum Gedanken eines »Reiches Gottes« den Gedanken eines von Gott eingesetzten »Friedenskönigs« hinzu. Im Neuen Testament wird die Stelle auf Jesus bezogen.

In den letzten Tagen dieser Zeit
wird der Tempelberg fest stehen,
höher als alle weltliche Macht
und über alle Hügel erhaben.
Die Völker werden herzukommen,
und viele Fremdlinge werden kommen und sagen:
Auf! Laßt uns zum Berg des Herrn gehen,
daß der Herr uns seine Gebote lehre!
Denn von Zion aus wird Weisung ergehen
und das Wort Gottes von Jerusalem.

Sie werden ihre Schwerter zu Pflugscharen
und ihre Spieße zu Sicheln machen.
Kein Volk wird wider das andere
das Schwert erheben,
und sie werden nicht mehr lernen,
Krieg zu führen.
Jeder wird unter seinem Weinstock wohnen,
unter seinem Feigenbaum,
und niemand wird sie schrecken.

Und du, Bethlehem, du bist klein
unter den Städten in Juda!
Aber aus dir soll der kommen,
der über Israel König sei.
Der wird es sein, dessen Anfang ist
in der Ewigkeit. (Micha 4–5)

Aus Bethlehem soll er kommen.

**Danach schweigt das Alte Testament.
Was in den letzten 300 Jahren vor Christus geschehen ist,
berichtet es nicht.**

Nach der Rückkehr der Verbannten aus dem babylonischen Exil regieren noch 200 Jahre lang die Perser im Land.

Dann übernahm um 330 Alexander der Große das Erbe der Perserkönige. Als er starb, zerfiel sein Reich in die Teilreiche seiner Nachfolger. So regierten vom Ende des 4. Jahrhunderts an die Ptolemäer in Ägypten und die Seleukiden in Syrien. Zunächst lebten die Juden unter den Ptolemäern und genossen unter ihrer toleranten Herrschaft ein hohes Maß an Freiheit. Um 200 vor Christus aber begann eine mehr als dreihundert Jahre während Zeit der Unruhen und der Leiden, der Kriege und Verfolgungen, die erst mit der völligen Vertreibung der Juden aus Jerusalem im Jahre 135 nach Christus ihr Ende fand. Um 200 besiegten die Seleukiden bei Caesarea Philippi, hoch im Norden Palästinas, die Ptolemäer, besetzten Palästina und zogen es in den Strudel ihrer ehrgeizigen politischen Pläne. Sie suchten die Weltherrschaft, und da sie dabei an die Römer gerieten, zogen sie Palästina mit in die unvermeidlichen Kriegswirren herein. Das kleine jüdische Volk überlebte zunächst leidlich, und aus einer Zeit des Entsetzens und der Zerstörungen, der Foltern und des Martyriums entstanden neue Kräfte in ihm, die bis heute spürbar sind.

Gegen den religiösen Terror der Seleukidenkönige erheben sich 166 die Makkabäer.

Mit dem Aufkommen der Seleukidenherrschaft begann in Jerusalem eine Zeit der inneren Überfremdung. Es war die Zeit des sogenannten Hellenismus, jener Mischkultur, die damals das Leben aller Völker rings um das Mittelmeer bestimmte. Als man in Jerusalem ein »Gymnasium«, das heißt eine Sportstätte nach griechischem Muster, baute, wurde es vor aller Augen klar. Denn hier wurde nicht nur Sport getrieben und Kunst verehrt, hier wurden auch für griechische und andere Götter Kulte eingerichtet. Und wenn schon Kulte da sind, müssen sie auch gefeiert werden, und zwar vom ganzen Volk. Den Tempel weihte man dem Zeus. Den König verehrte man als einen Gott. Der Sabbat wurde aufgehoben, heilige Bücher durfte niemand besitzen. Wer sie besaß, wurde mit dem Tode bestraft.

In dem Dorf Modein westlich Jerusalems kam es zum Aufstand. Ein Syrer und ein Jude opferten gemeinsam auf einem griechischen Altar. Da griff der Priester Mattathias mit seinen fünf Söhnen zu den Waffen, erschlug die beiden und flüchtete mit seiner Familie und ein paar Anhängern in die Höhlen der Wüste Juda. Überzeugte Anhänger des alten Glaubens stießen zu ihm – sie nannten sich »Chassidim«, »Fromme« –, und wahrscheinlich waren es die Leute, in deren Kreisen die Bilder des Danielbuchs vom kommenden Reich Gottes lebendig waren.

Nach dem Tod des Mattathias übernahm sein Sohn Judas, den man »Makkabi«, das heißt »Hammer«, nannte, die Führung. Er muß ein ungewöhnlicher Mann gewesen sein, »ein Löwe, der sich auf seine Beute stürzt«, sagte man von ihm. Mit kleinen Gefechten, meist bei Nacht, fing der Krieg gegen die Syrer an, und als Judas wider alle Wahrscheinlichkeit das weit überlegene syrische Heer in einer Schlacht besiegen konnte, besetzte er 164 Jerusalem und weihte den Tempel neu für den Gott Israels. Das »Fest der Tempelweihe«, das »Chanukkafest«, geht auf diesen Neuanfang zurück, und noch heute erneuert man an diesem Fest die Hoffnung auf die Wiederherstellung des alten Gottesvolkes. Nach einigen Siegen und Niederlagen fiel Judas 160 in einem Gefecht.

Seine Brüder übernahmen nacheinander die Führung. Der zweite unter ihnen, Simon, errichtete ein nahezu selbständiges judäisches Reich und nahm den Titel »Hoherpriester, Heerführer und Fürst der Juden« an. Er vertrieb den letzten Rest der syrischen Besatzung und dehnte seinen politischen Einfluß weit über Palästina hin aus. Die Söhne und Enkel der Makkabäer schließlich begründeten die Dynastie der Hasmonäer. Ihr Interesse freilich rückte immer mehr von den religiösen Zielen der Makkabäer ab und zu politischen hinüber. Immer breiter wurde die Kluft zwischen dem, was Mattathias gewollt hatte, und dem, was seine Nachfahren erreichten.

In den Makkabäern sieht Israel bis heute die Urbilder kämpferischer Märtyrer und das Muster, nach dem es sich in Verfolgungszeiten zu verhalten hat.

Die Jahre der Makkabäerkriege wirkten sich nachhaltig auf das ganze Judentum aus. Noch nie hatte es so viel Mut erfordert, am Gesetz und an den Überlieferungen der Väter festzuhalten, wie damals. Niemals war so viel Bereitschaft, zu leiden, sich zu opfern und das Martyrium auf sich zu nehmen, nötig gewesen. Woher die Kräfte kamen, die schließlich zu einer Erneuerung des jüdischen Glaubens führten, zeigt in Andeutungen das Danielbuch: In der Makkabäerzeit begannen die Juden, die Weltgeschichte in großen Zusammenhängen zu sehen und überall, auch an den fremden Großmächten, die führende und richtende Hand Gottes wahrzunehmen. In Kürze, so glaubten sie, werde das Ende des gegenwärtigen, schrecklichen Weltzustandes dasein und Gott sein Reich aufrichten.

Die Zeit der Makkabäer und die Zeit des Freiheitskrieges gegen die Römer wird im heutigen Israel immer wieder beschworen. Junge Israelis, die ihren Soldateneid ablegen sollen, marschieren in langen Kolonnen durch die Wüste auf die Bergfeste Massada, die Herodes gebaut und die die Römer erobert haben und die bis heute als das Symbol des Widerstandes bis zum Tod gilt. Dort oben, wo 900 Juden, als ihre Festung erobert wurde, sich selbst den Tod gaben, werden diese Soldaten die Losung nachsprechen »Massada lo tipol schuv«: Nie wieder wird Massada fallen!

Die Makkabäerkriege sind bis heute das immer wieder beschworene Bild des Widerstandes aus dem Glauben. Kaum irgendwann hat das Judentum in Frieden leben können. Fast immer lebte es in Angst und unter entehrenden Bedingungen, ob es den Islam oder das Christentum und seinen Haß zu erleiden hatte. Fast immer war Mut erforderlich, wenn ein Jude sich zu seinem Glauben und seiner Herkunft bekennen wollte. Und immer neu faßt der Jude am Chanukkafest wieder den Mut, zu widerstehen und auf seinem eigenen Glauben kämpferisch zu beharren.

»Auch wenn Gott uns nicht retten will, werden wir dennoch eure Götter nicht anbeten«, sagt Daniel und gibt die Losung für viele Jahrhunderte.

Es gibt eine Legende aus einer Judenverfolgung in der Zeit der spanischen Inquisition:

Ein Jude floh mit Frau und Kindern in einem kleinen Boot über das Meer und trieb zu einer steinigen Insel. Es kam ein Blitz und erschlug die Frau. Es kam ein Sturm und schleuderte seine Kinder ins Meer. Allein, elend wie ein Stein, nackt und barfuß, geschlagen vom Sturm und geängstigt von Donner und Blitz, mit verwirrtem Haar und die Hände zu Gott erhoben, ging der Jude seinen Weg weiter auf der wüsten Felseninsel und sagte zu Gott: »Gott von Israel, ich bin hierher geflohen, um Dir ungestört dienen zu können, um Deine Gebote zu erfüllen und Deinen Namen zu heiligen: Du aber hast alles getan, damit ich nicht an Dich glaube. Solltest Du meinen, es wird Dir gelingen, mich von meinem Weg abzubringen, so sage ich Dir, mein Gott und Gott meiner Väter: Es wird Dir nicht gelingen. Du kannst mich schlagen, mir das Beste und

Teuerste nehmen, das ich auf der Welt habe. Du kannst mich zu Tode peinigen – ich werde immer an Dich glauben. Ich werde Dich immer liebhaben – Dir selbst zum Trotz!«

In der Zeit der Hasmonäer zerbricht das Judentum in scharf voneinander geschiedene Gruppen.

Im Jahr 103 bestieg Alexander Jannäus, der Urenkel des Mattathias, ein selbstherrlicher Tyrann, den Thron des Königs und Hohenpriesters. Als sich im Lande Widerstand gegen ihn regte, schlug er ihn mit brutaler Gewalt nieder. 50 000 ließ er töten, und während 800 Juden von ihrem Hohenpriester gekreuzigt und ihre Frauen und Kinder vor ihren Augen abgeschlachtet wurden, feierte Alexander Jannäus mit seinen Konkubinen an festlichen Tischen und sah sich das Schauspiel an.

Man muß solche Bilder vor Augen haben, um zu verstehen, warum das Judentum zur Zeit Jesu noch immer so tief zerrissen war, wenn es darauf ankam, den Glauben der Väter und die politischen Tagesfragen in Verbindung zu bringen. Denn in der Zeit der späteren Hasmonäer fiel das Volk endgültig in Parteien auseinander, deren eine es mit dem Königshaus und mit der politischen Gewalt hielt, deren andere das Gesetz und den Glauben der Väter schützte. Auch Jesus wurde in den Streit dieser Parteien hineingezogen, und heute noch wird immer wieder behauptet, er sei ein politischer Revolutionär gewesen. Im heutigen Israel, das hängt aufs engste mit diesen alten Gegensätzen zusammen, leben orthodoxe Juden, die den Wehrdienst ablehnen, weil sie zuerst einen am Gesetz der Väter orientierten Staat sehen wollen.

Im 1. Jahrhundert holen die streitenden Parteien die Römer als Schiedsrichter ins Land.

Als Herodes, den man den Großen nennt, sich als junger Heerführer im Sold Roms gegen aufständische Juden bestens bewährt hatte, war für ihn der Weg frei, König von Roms Gnaden zu werden. Das war im Jahr 40. Und wieder wurden die Repräsentanten des jüdischen Glaubens, die Mitglieder des Hohen Rates und andere, massenhaft umgebracht. Das große Reich, das er mit Hilfe Roms errichtete, zerfiel nach seinem Tod. Aber seine Herrschaft bestimmte die Ausgangssituation, von der her wir die Bewegungen der Zeit vor Jesus und während seiner Lebenszeit verstehen müssen.

Der siebenarmige Leuchter, der heute vor dem israelischen Parlament steht, spiegelt das Schicksal einer jahrtausendelangen Verfolgung.

Im untersten Feld des Mittelschafts brennen die Häuser von Juden, wehren sich Juden mit Steinen, Messern und Flinten, bringen sie ihre Gesetzesrollen in Sicherheit und liegen sie erschlagen übereinander. Auf dem Feld darüber klagen die Toten an, und ein neues Israel erhebt sich aus dem Übermaß der Leiden. Auf den beiden untersten Armen steht: »Nicht durch Heer oder Gewalt, sondern durch meinen Geist, spricht der Herr.«

126

Die Pharisäer waren eine religiöse Partei. Ihr Ziel war die strenge Anwendung des Gesetzes auf alle Lebensgebiete.

Ihr Name heißt auf deutsch: »die Abgesonderten«, weil ihre strenge Beobachtung des Gesetzes sie von der »unreinen« Masse ihrer Volksgenossen trennte. Sie standen ursprünglich als harter Kern des Widerstandes hinter den Makkabäern und trennten sich später von ihnen, als die Makkabäer begannen, sich vorwiegend politisch zu interessieren. Zuletzt waren sie offene Gegner der Hasmonäer. Als sie die Römer baten, sie von dem gottlosen Königshaus zu befreien und ihnen religiöse Freiheit zu geben, schafften die Römer zwar das Königshaus ab, gaben aber keine religiöse Freiheit. In der Enttäuschung darüber entwickelten sich die Pharisäer zu einer konservativ-nationalen Partei. Schließlich standen sie mit hinter den gewaltsamen Aufständen gegen die Römer in den Jahren 68 und 135, die mit den Katastrophen der Zerstörung Jerusalems im Jahr 70 und der Vertreibung der Juden aus der Stadt 135 endeten. Danach waren sie die sammelnde Kraft, die im Norden des Landes, in Beth Schearim und später in Tiberias, zur erneuten Konzentration des Judentums um die heilige Schrift und ihre Auslegung half und die die Entwicklung des Judentums seither am nachhaltigsten bestimmte.

Im Neuen Testament erscheinen sie immer wieder als Gesprächsgegner Jesu. Sie standen ihm in manchen Fragen nahe, so wenn Jesus von Auferstehung, Letztem Gericht und ewigem Leben sprach. Aber sie waren grundsätzlich von ihm geschieden bei der Beurteilung des Gesetzes und seiner Anwendung. Denn Jesus strebte nicht die Absonderung der Frommen von den Sündern an, er lebte im Gegenteil besonders mit denen zusammen, von denen die Pharisäer geschieden waren. Ihm war der Mensch wichtig, nicht das Gesetz. Und das Heil des Menschen, von dem die Pharisäer meinten, es hänge mit der strengen Erfüllung vieler Gebote zusammen, sah Jesus im einfachen Glauben an die Liebe Gottes und in der Liebe der Menschen untereinander verwirklicht.

Sie waren vielfach auch in ihrem äußeren Auftreten Jesus nicht unähnlich. Unter ihnen waren besonders viele des Lesens und Schreibens Kundige, die man Schriftgelehrte nannte. Die zogen, begleitet von einigen Schülern, von Dorf zu Dorf, um die heiligen Schriften auszulegen und ihre Anwendung zu prüfen. Aber gerade was sie dann praktisch redeten und forderten, trennte sie von Jesus.

Die Sadduzäer waren eine vorwiegend politische Partei.

Ihr Name hängt mit Zadok zusammen, dem Vorfahren der Familien, die das Priesteramt am Tempel seit Salomo verwalteten. Sie bestanden weithin aus den Priestern und den privilegierten Familien und bildeten eine starke Fraktion im Hohen Rat. Sie waren Gegner der Hasmonäer ebenso wie des Herodes und wurden im 2. und 1. Jahrhundert jeweils von den Machthabern bekämpft, weil sie sich der Herrschaft einzelner Könige, vor allem wenn sie sich priesterliche Funktionen anmaßten, widersetzten.

Im Neuen Testament erscheinen die Sadduzäer seltener als die Pharisäer. Es gab auch, vor allem solange Jesus im Norden des Landes lehrte, kaum Berührungspunkte zu den Kreisen der Priesterschaft. Erst in den letzten Tagen, die Jesus in Jerusalem verbrachte, verbanden sich die sonst verfeindeten Sadduzäer und Pharisäer gegen Jesus, und der Sadduzäer Kaiphas setzte am Ende das Todesurteil gegen Jesus durch.

Die Partei erlosch, als der Tempel im Jahr 70 zerstört war. Bestimmend für den weiteren Weg des Judentums waren danach die Pharisäer.

Die Essener waren ein religiöser Orden im Judentum.

Auch sie gehen in ihren Anfängen auf die Makkabäerkriege zurück, aber sie trennten sich, als das Interesse der Makkabäer sich auf das politische Gebiet verlagerte, noch entschiedener als die Pharisäer von allen politischen Kräften ihrer Zeit: nicht nur vom Königshaus, sondern auch vom Tempel und seinem Kult. Um 150 zogen sie sich in die Einöde am Toten Meer zurück und lebten dort an verschiedenen Orten in klösterlicher Abgeschiedenheit. Ihre Blütezeit erlebten sie, als der blutrünstige und gewissenlose Alexander Jannäus regierte, also zu Beginn des 1. Jahrhunderts vor Christus. Als die Römer das Land besetzten, waren die Essener davon kaum berührt. Sie lebten fast zweihundert Jahre lang in ihrem entlegenen Kloster zusammen, wenig berührt von den Händeln in Jerusalem, bis die Römer sie im Zusammenhang mit dem jüdischen Aufstand im Jahr 68 vertrieben. Danach verlieren wir ihre Spur.

Die Essener waren ein reiner Männerorden, der im Kern aus Zölibatären bestand, um den her ein weiterer Kreis auch verheirateter Männer lebte. Wer eintreten wollte, gab sein ganzes Vermögen ab und verpflichtete sich zu einem Leben in äußerster Einfachheit. Er trug das charakteristische weiße Gewand der Mönche und bemühte sich, rein zu leben in allen Dingen und den Willen Gottes mit ganzem Herzen und ganzer Seele zu erfüllen.

Ihr gemeinsames Leben hatte das Ziel, auch nicht ein einziges Gebot zu übertreten. Dabei war allein der Sabbat durch 28 strenge Verbote reglementiert.

Die Essener waren überzeugt, in der Endzeit zu leben, einer Zeit, in der das Böse – noch – herrscht, die aber auf den letzten gewaltigen Kampf zwischen den Söhnen des Lichts und den Söhnen der Finsternis hinausläuft, der zugleich ein Endkampf zwischen Gott und seinen Engeln einerseits, dem Satan und seinen Scharen andererseits ist. Dieser Kampf, so glaubten sie, führt zur Vernichtung des Teufels und zum Untergang alles Bösen auf dieser Erde. Er bringt den Söhnen des Lichts eine Heilszeit in ewigem Frieden und Segen, Gemeinschaft mit den Engeln und eine Erneuerung aller Dinge, einen neuen Himmel und eine neue Erde.

Im Jahre 1947 fand ein Araber in den Höhlen am Wadi Qumran einige sehr wertvolle Handschriften aus dem ersten Jahrhundert vor Christus. In den Jahren danach wurden rund 200 Höhlen der Umgebung durchforscht. In 37 von ihnen fanden sich Tonkrüge und Schalen, in elf Handschriften oder Reste von solchen. Das Leinen, in das sie eingewickelt waren, stammte aus der Zeit zwischen 170 vor Christus und 230 nach Christus, die Schrift wies in die Zeit des 1. Jahrhunderts vor Christus. Man war einem unschätzbaren Fund auf die Spur gekommen.

Unterhalb der Höhlen lagen die Reste einiger Gebäude, von denen man vermutet hatte, sie hätten zu einem römischen Kastell gehört. Als man sie ausgrub, stellte sich heraus, daß hier das Hauptkloster des Ordens der Essener lag.

Allmählich verdeutlichte sich das Bild: Hier muß eine große Gemeinschaft von Mönchen gelebt haben, nicht nur im Hauptgebäude, sondern überall verstreut, in den unzähligen Höhlen, in Zelten und Hütten.

Aber wozu brauchten sie die ungeheuren Zisternen? Nur zur normalen Versorgung mit Wasser waren sie zu groß und war ihre Anlage zu kompliziert, im Zusammenhang mit ihren Gedanken über die Reinheit hatten sie ihren Sinn. Denn täglich wusch sich jeder einzelne in einem Tauchbad in frischem Wasser, um rein zu sein, wenn der Kampf gegen die Söhne des Verderbens beginnen würde.

Das Wadi Qumran am Toten Meer war der Schauplatz von erregenden Entdeckungen über die essenische Gemeinschaft.

Das Wasser, das diese Zisternen füllte, diente nicht nur der leiblichen Versorgung, es gab den Mönchen täglich das Bewußtsein ihrer Reinheit vor Gott.

Es hat sich begreiflicherweise in den letzten Jahren eine breite Diskussion um die Frage bewegt, ob Jesus ein Essener gewesen sei und ob nicht überhaupt das ganze Christentum nur eine andere Art von Essenismus sei. Aber je genauer man die Rollen prüfte, um so deutlicher wurde die Andersartigkeit der Lehre Jesu, ja die Gegensätzlichkeit zwischen Essenismus und Christentum.

Denn von zentraler Bedeutung für die Leute von Qumran war das Gesetz. Ein Sohn des Lichts war nur, wer dieses Gesetz sorgfältig und fehlerlos einhielt. Es mußte einem Essener unerträglich sein, wenn Jesus in seinen scharfen Reden die Gesetzlichkeit der Juden geißelte. Der Sabbat mußte genauestens eingehalten werden, und es war einem Essener unmöglich, zuzustimmen, wenn Jesus sagte, der Sabbat sei um des Menschen willen und nicht der Mensch um des Sabbats willen gemacht, oder wenn Jesus sagte, es komme nicht auf äußere Waschungen an, sondern auf die Reinheit des Herzens.

Wer dem Orden beitrat, mußte schwören, »sich von allen verderbten Menschen zu trennen, die einhergehen auf den Wegen der Gottlosigkeit«. Er durfte keine Mahlzeit gemeinsam mit einem Menschen einnehmen, der nicht zum Orden gehörte. Er verpflichtete sich, »alle Söhne der Finsternis zu hassen, jeden nach seiner Bosheit, in Gottes Rache«. Wenn also Jesus mit denen am selben Tisch aß, die das Gesetz nicht einhielten, dann war er in den Augen der Leute von Qumran selbst ein »Sohn der Finsternis« und mußte gehaßt werden.

Von den Christen der ersten Zeit nach dem Tod Jesu heißt es, sie seien »täglich im Tempel gewesen«. Die Leute von Qumran aber verpflichteten sich, »nicht mehr in den Tempel zu gehen«.

Die treibenden Kräfte des Judentums in der Zeit Jesu sind uns durch die Funde von Qumran deutlicher geworden. Aber deutlicher wurde auch der ungeheure Abstand aller jener Gruppen und Parteien zu dem, was Jesus gebracht, gewollt und gesagt hat. Das Neue Testament berichtet davon.

Über Jesus Christus, über seine Taten und seine Reden, wird nicht aus der Wüste berichtet, aus der Abraham kam, nicht aus der Stadt Jerusalem und nicht aus der Einsamkeit des Klosters an den Felsen von Qumran, sondern aus dem fruchtbaren, paradiesisch schönen Norden, aus Galiläa.

Auf einem Hügel nahe dem Ufer des Sees Genezareth zeigt man die Stelle, an der er die berühmten Seligpreisungen gesprochen habe. In der Tat liegt diese Stelle mit ihren alten Bäumen und dem weiten Blick über einen schimmernden See in der Mitte des kleinen Landstrichs, auf dessen Wegen er umhergezogen ist.

Der Prediger Johannes mit seiner Taufe gilt als der »Vorläufer«.

Nahe ist das Himmelreich! Ändert euren Sinn! So predigte Johannes in der judäischen Wüste. Er trug ein Kleid aus Kamelhaaren und einen ledernen Gürtel; seine Nahrung waren Heuschrecken und wilder Honig. Die ganze Stadt Jerusalem strömte zu ihm hinaus, und man bekannte seine Sünden und ließ sich von ihm im Jordan taufen.

Als Johannes nun auch viele Pharisäer und Sadduzäer zu seiner Taufe kommen sah, rief er: Ihr Schlangenbrut! Wer hat denn euch gesagt, ihr würdet dem kommenden Zorn Gottes entrinnen? Seht zu, daß ihr umkehrt! Denkt nur nicht: Uns kann nichts geschehen, wir haben Abraham zum Vater! Gott vermag dem Abraham aus diesen Steinen Kinder zu erwecken! Die Axt ist den Bäumen schon an die Wurzel gelegt. Ein Baum, der keine gute Frucht bringt, wird abgehauen und ins Feuer geworfen. Ich taufe euch mit Wasser und will, daß ihr euch bessert. Der aber, der nach mir kommen wird, ist größer als ich; und ich bin nicht wert, ihm die Schuhe nachzutragen. Der wird euch mit heiligem Geist und mit Feuer taufen. Der hat seine Wurfschaufel in der Hand, er wird seine Tenne säubern und den Weizen in seine Scheune sammeln, die Spreu aber wird er in unlöschbarem Feuer verbrennen.

Damals kam auch Jesus aus Galiläa zu Johannes an den Jordan und wollte sich von ihm taufen lassen. Aber Johannes wehrte sich: Ich habe es nötig, daß du mich taufst. Warum kommst du zu mir? Jesus antwortete: Laß es jetzt so geschehen. Es ist der Wille Gottes, den wir damit erfüllen. Da ließ es Johannes zu. Und als Jesus getauft war und ans Ufer stieg, sah er den Geist Gottes herabfahren, wie eine Taube herabstürzt, und hörte eine Stimme vom Himmel: Das ist mein lieber Sohn, an dem ich Wohlgefallen habe. (Matthäus 3)

Die Versuchungsgeschichte zeigt, worauf es Jesus ankommt.

Danach war Jesus in der Wüste. Als er dort vierzig Tage und vierzig Nächte gefastet hatte, quälte ihn der Hunger. Und der Versucher trat zu ihm: Bist du Gottes Sohn, so befiehl, daß diese Steine Brot werden. Aber er antwortete: Es steht geschrieben: »Der Mensch lebt nicht vom Brot allein, sondern von jedem Wort, das aus Gottes Mund kommt.«
Da führte ihn der Teufel in die heilige Stadt, stellte ihn auf die Zinne des Tempels und sprach: Bist du Gottes Sohn, so stürze dich hinab, denn es steht geschrieben: Er wird seinen Engeln befehlen, die werden dich auf den Händen tragen, so daß du mit deinem Fuß nicht an einen Stein stößt. Da sprach Jesus: Es steht aber auch geschrieben: Du sollst Gott, deinen Herrn, nicht auf die Probe stellen.
Zuletzt führte ihn der Teufel auf einen sehr hohen Berg und zeigte ihm alle Reiche der Welt und ihre Herrlichkeit und sprach: Dies alles will ich dir geben, wenn du niederfällst und mir huldigst. Da sprach Jesus: Weg von mir, Satan! Es steht geschrieben: Gott allein sollst du anbeten und ihm allein dienen. Da verließ ihn der Teufel, und die Engel traten zu ihm und dienten ihm.

Angesichts der sozialen Spannungen und der, bei allem Wohlstand der einen, schreienden Armut der anderen wäre ein Sozialrevolutionär nötig gewesen. Jesus lehnt es ab. Ihm geht es nicht um das Brot, sondern darum, daß durch ihn viele Menschen erfahren, was Gott zu ihnen spricht.

Angesichts der unklaren Ansprüche, die die verschiedenen Gottesboten und Messiasse seiner Zeit stellten, wäre es gut gewesen, er hätte durch ein spektakuläres Wunder beweisen können, wer er war und woher er seine Vollmacht nahm. Er überläßt es aber dem einfachen Wort, das er spricht, dies zu zeigen.

Angesichts der unzähligen blutigen Kriege, Feldzüge und Belagerungen, mit denen die Mächtigen dieser Erde ihre Weisheit zu dokumentieren pflegten, hätte es durchaus Sinn haben können, es hätte einer die politische Macht gesucht, der vom Frieden mehr verstand. Aber Jesus suchte ein anderes Reich.

Seine Mitarbeiter und Schüler sucht sich Jesus vor allem unter den Fischern am See.

Wir stellen uns die Fischer vom See Genezareth gerne als einfache bis einfältige Leute vor. In Wirklichkeit waren sie mit die geistig lebendigste Gruppe im Land. Sie lebten keineswegs in ihrem kleinen Rahmen vor sich hin, sondern trieben einen weitreichenden, für damalige Verhältnisse modernen Fischhandel. In Magdala, am Westufer des Sees, war eine Fabrik, in der man Fische einpökelte und in Fässer füllte, und die Fischer vom See, wie Petrus oder Johannes, Andreas oder Philippus, verkauften ihre Ware in ganz Palästina und weit darüber hinaus in die Länder des Mittelmeeres. Sie waren für damalige Begriffe welterfahrene Leute mit einem weiten Horizont.

Seit jener Zeit trat Jesus öffentlich auf, redete und sammelte eine Schar von Mitarbeitern um sich. Als er einmal am Galiläischen Meer entlangging, sah er zwei Brüder, Simon Petrus und Andreas, zwei Fischer, die ihre Netze ins Meer warfen. Und er sprach zu ihnen: Folgt mir nach, ich will euch zu Menschenfischern machen! Sofort ließen sie ihre Netze liegen und schlossen sich ihm an. Ein Stück Weges weiter sah er zwei andere Brüder, Jakobus und Johannes, mit ihrem Vater Zebedäus im Schiff ihre Netze flicken. Er rief sie, und sie verließen das Schiff und ihren Vater und folgten ihm nach.

Und Jesus ging im ganzen Lande Galiläa umher, predigte das Evangelium vom Reich Gottes und heilte alle Krankheiten und Leiden im Volk. Sie brachten die Kranken zu ihm, und er machte sie gesund. (Matthäus 4)

In der Bergpredigt ist das Neue, das Jesus bringt, am deutlichsten zusammengefaßt.

Als er nun die Leute sah, ging er auf einen Berg und setzte sich, und seine Jünger traten zu ihm. Und er lehrte sie:
Selig sind, die vor Gott arm sind,
denn das Himmelreich gehört ihnen.
Selig sind, die Leid tragen,
denn sie sollen getröstet werden.
Selig sind, die auf Gewalt verzichten,
denn sie werden die Erde besitzen.
Selig sind, die nach Gerechtigkeit hungern und dürsten, denn sie sollen satt werden.
Selig sind die Barmherzigen,
denn sie werden Barmherzigkeit empfangen.
Selig sind, deren Herz rein ist,
denn sie werden Gott schauen.
Selig sind, die Frieden schaffen,
denn sie werden Kinder Gottes heißen.
Selig sind, die verfolgt werden,
weil sie Gerechtigkeit schaffen,
denn das Himmelreich ist für sie offen.
Ihr seid das Salz der Erde. Wenn nun das Salz fad wird, womit soll man es salzen? Es taugt zu nichts mehr, als daß man es wegschüttet und läßt es die Leute zertreten.

Ihr seid das Licht der Welt. Die Stadt, die auf einem Berg liegt, kann nicht verborgen sein. Man zündet auch nicht ein Licht an und verbirgt es unter einem Kessel; man setzt es auf einen Leuchter, so leuchtet es allen, die im Hause sind. So soll euer Licht leuchten vor den Menschen, daß sie eure guten Werke sehen und euren Vater im Himmel preisen.

Ihr habt gehört, daß Gott zu euren Vätern gesagt hat: Du sollst nicht töten! Wer aber tötet, soll vor ein Gericht gestellt werden. Ich aber sage euch: Wer seinem Bruder zürnt, verdient den Tod durch ein Gericht. Wer zu seinem Bruder sagt: Du Nichtsnutz!, hat das Urteil des Hohen Rats verdient. Wer aber sagt: Du Gottloser, verdient das höllische Feuer. Wenn du also vor dem Altar deine Gabe opferst und dir einfällt, daß dein Bruder dir etwas vorwirft, dann laß deine Gabe vor dem Altar liegen und geh hin und versöhne dich mit deinem Bruder. Danach komm und opfere.

Ihr habt gehört, daß gesagt ist: Du sollst nicht ehebrechen! Ich aber sage euch: Wer eine Frau ansieht und sie begehrt, hat in seinem Herzen schon mit ihr die Ehe gebrochen. Wenn dein rechtes Auge schuld ist, daß du dich gegen Gottes Willen vergehst, dann reiß es aus und wirf es von dir. Es ist besser für dich, daß eins deiner Glieder verdirbt, als daß der ganze Leib in die Hölle geworfen wird. Es ist auch gesagt: Wer sich von seiner Frau scheidet, soll ihr einen Scheidebrief geben. Ich aber sage euch: Wer sich von seiner Frau trennt, es sei denn wegen Ehebruchs, der ist schuldig, daß sie nun die Ehe bricht. Und wer eine Geschiedene heiratet, der bricht die Ehe.

Ihr habt ferner gehört, daß den Vätern gesagt ist: Du sollst keinen Meineid schwören und sollst deine Gelübde halten. Ich aber sage euch, daß ihr überhaupt nicht schwören sollt, weder beim Himmel, denn er ist Gottes Thron, noch bei der Erde, denn sie ist der Schemel seiner Füße, noch bei Jerusalem, denn sie ist die Stadt des großen Königs. Auch sollst du nicht bei deinem Haupt schwören, denn du vermagst nicht ein einziges Haar schwarz oder weiß zu machen. Wenn ihr etwas sagt, dann bekräftigt es mit Ja oder Nein. Was darüber ist, das ist vom Übel.

Ihr habt gehört, daß gesagt ist: Auge um Auge, Zahn um Zahn. Ich aber sage euch, daß ihr dem

Bösen nicht widerstehen sollt. Vielmehr, wenn dich jemand auf die rechte Backe schlägt, dann biete ihm die andere auch. Wenn dir jemand deinen Rock nehmen will, dann laß ihm auch den Mantel. Wenn dich jemand nötigt, eine Meile mit ihm zu gehen, dann geh mit ihm zwei. Gib dem, der dich bittet, und wende dich nicht von dem ab, der etwas von dir borgen will.

Ihr habt gehört, daß gesagt ist: Du sollst deinen Stammesgenossen lieben und deinen Feind hassen. Ich aber sage euch: Liebt eure Feinde. Bittet für die, die euch verfolgen, damit ihr Kinder eures Vaters im Himmel seid. Denn er läßt seine Sonne aufgehen über den Bösen und den Guten und läßt regnen über Gerechte und Ungerechte. Denn wenn ihr die liebt, die euch lieben, was ist das Besondere daran? Tun das nicht alle Völker? So sollt ihr vollkommen sein, wie euer Vater im Himmel vollkommen ist. (Matthäus 5)

Achtet darauf, daß ihr euch nicht vor den Menschen zur Schau stellt, wenn ihr etwas Gutes tut. Ihr habt sonst von eurem Vater im Himmel keinen Lohn zu erwarten. Wenn du etwas spendest für Menschen, die Not leiden, dann laß deine linke Hand nicht wissen, was die rechte tut, damit dein Tun im Verborgenen bleibe; und dein Vater, der das Verborgene sieht, wird es dir lohnen.

Wenn ihr betet, sollt ihr euch nicht öffentlich darstellen wie die Heuchler. Wenn du betest, dann geh in deine Kammer, schließ die Tür zu und bete zu deinem Vater. Dein Vater, der das Verborgene sieht, wird dir antworten. Und wenn ihr betet, sollt ihr nicht viel plappern wie die Heiden, denn die meinen, sie würden erhört, wenn sie viele Worte machen. Euer Vater weiß, was ihr braucht, ehe ihr ihn bittet. Darum sollt ihr so beten:

Unser Vater im Himmel!
Dein Name werde geheiligt.
Dein Reich komme.
Dein Wille geschehe auf der Erde wie im Himmel!
Unser tägliches Brot gib uns heute
und vergib uns unsere Schuld,
wie wir unseren Schuldnern vergeben.
Und führe uns nicht in Versuchung,
sondern erlöse uns von dem Bösen.
Denn dein ist das Reich und die Kraft
und die Herrlichkeit in Ewigkeit. Amen.

Ihr sollt euch nicht Schätze sammeln auf dieser Erde, wo sie die Motten und der Rost fressen und wo die Diebe nachgraben und stehlen. Sammelt euch Schätze im Himmel! Dort fressen weder Motten noch Rost, dort graben keine Diebe, um zu stehlen. Denn wo euer Schatz ist, dort ist auch euer Herz.

Niemand kann zwei Herren dienen. Er wird den einen vernachlässigen und den anderen bevorzugen, oder er wird sich dem einen verpflichten und den anderen verachten. Ihr könnt nicht Gott dienen und dem Geist des Geldes.

Deshalb sage ich euch: Sorgt euch nicht um euer Leben, nicht um Essen und Trinken; sorgt euch auch nicht um euren Leib und seine Kleidung. Ist nicht das Leben, das Gott gab, mehr als die Speise, und der Leib mehr als die Kleidung? Seht die Vögel unter dem Himmel an! Sie säen nicht, sie ernten nicht, sie sammeln nicht in Scheunen, und euer himmlischer Vater ernährt sie doch. Seid ihr nicht viel mehr als sie? Wer verlängert mit seinen Sorgen sein Leben auch nur um eine Elle? Und warum sorgt ihr euch um eure Kleidung? Seht die Lilien auf dem Felde, wie sie wachsen! Sie arbeiten nicht, sie spinnen nicht, und doch ist auch Salomo in all seiner Herrlichkeit nicht bekleidet gewesen wie eine von ihnen. Wenn also Gott das Gras auf dem Felde, das doch heute steht und morgen in den Ofen geworfen wird, so herrlich kleidet, sollte er das nicht viel mehr mit euch tun? Ihr sollt nicht sorgen und sagen: Was werden wir essen? Was werden wir trinken? Womit werden wir uns kleiden? Um dies alles kreisen die Gedanken der Gottlosen. Euer himmlischer Vater weiß, daß ihr das alles braucht. Bemüht euch zuerst um das Reich Gottes und seine Gerechtigkeit, so wird euch das übrige alles zufallen. Sorgt nicht für den anderen Morgen, denn der kommende Tag wird seine eigene Sorge bringen. Es ist genug, daß jeder Tag seine eigene Plage hat. (Matthäus 6)

Richtet niemanden, damit ihr nicht auch gerichtet werdet. Wie ihr über andere zu Gericht sitzt, wird man über euch zu Gericht sitzen. Das Maß, mit dem ihr meßt, wird man an euch anlegen. Warum siehst du den Splitter im Auge deines Bruders und merkst nicht, daß ein Balken in deinem Auge steckt? Hat es Sinn, daß du zu deinem Bruder

sagst: Halt! Ich will dir den Splitter aus dem Auge ziehen, wo doch ein Balken in deinem Auge ist? Du Heuchler, zieh zuerst den Balken aus deinem Auge, dann sieh zu, wie du den Splitter aus deines Bruders Auge ziehst.

Bittet, so wird euch gegeben. Sucht, so werdet ihr finden. Klopft an, so wird man euch auftun. Wer bittet, empfängt. Wer sucht, findet. Wer anklopft, dem wird aufgetan. Wer unter euch bietet seinem Sohn, der ihn um Brot bittet, einen Stein? Wer gibt ihm eine Schlange, wenn er ihn um einen Fisch bat? Wenn nun ihr, die ihr böse seid, dennoch euren Kindern gute Gaben geben könnt, wieviel mehr wird euer Vater im Himmel denen, die ihn bitten, Gutes verleihen!

Alles nun, von dem ihr wollt, daß die Leute es euch tun sollen, tut ihnen auch. Das ist der Sinn des Gesetzes und die Forderung der Propheten.

Geht durch die enge Pforte, denn die Pforte ist weit und der Weg ist breit, die zur Verdammnis führen, und viele gehen sie. Die Pforte aber ist eng und der Weg ist schmal, der zum Leben führt, und wenige finden sie.

Darum, wer diese meine Rede hört und ihr nachlebt, der gleicht einem klugen Mann, der sein Haus auf den Felsen baute. Als nun ein schwerer Regen fiel, die Wasser kamen und die Winde wehten und an dem Haus rüttelten, fiel es nicht ein, denn es war auf den Felsen gebaut. Wer diese meine Rede hört und ihr nicht nachlebt, der gleicht einem Toren, der sein Haus auf den Sand baute. Als nun ein schwerer Regen fiel, die Wasser kamen, die Winde wehten und an dem Haus rüttelten, fiel es zusammen in gewaltigem Einsturz.

Als Jesus diese Rede beendet hatte, war das Volk erschrocken über seine Lehre, denn er lehrte wie einer, der von Gott Vollmacht hat, und nicht wie die Schriftgelehrten. (Matthäus 7)

Die Bergpredigt ist nicht die Utopie eines Träumers, sondern das Modell einer menschlichen Welt und ein Hinweis auf das kommende Reich Gottes zugleich.

Für einen Lehrer der Schrift war es unmöglich, sich seine Mitarbeiter und Tischgenossen unter denen zu suchen, die das Gesetz nicht einhielten.

Daß immer wieder in den Erzählungen über Jesus von Zöllnern die Rede ist, hängt damit zusammen, daß die große Handelsstraße von Damaskus nach Caesarea auf den See Genezareth zu das Jordantal herabführte und ihn bei Kapernaum umging, an der Stelle, an der das Reich des Tetrarchen Philippus an das des Tetrarchen Herodes Antipas grenzte. Kapernaum war also Grenzort und Zollstation. Die »Zöllner« waren zum Teil einfach Handlanger der immer geldgierigen Fürsten, teils waren sie selbständige Unternehmer, die ihren Teil in die eigene Tasche kassierten und darum selbst als Ausbeuter galten. In den Augen frommer Juden waren sie schlechthin verfemt und ausgestoßen.

Eines Tages kam Jesus an einer Zollstelle vorbei, sah einen Mann namens Matthäus dort sitzen und rief ihn an: Auf! Mir nach! Da stand der auf und folgte ihm. Danach kam Jesus als Gast in sein Haus, und es kamen viele Zöllner und andere aus der Gemeinschaft der Frommen ausgestoßene Leute und saßen mit Jesus und seinen Jüngern zu Tisch. Als die Pharisäer das sahen, fragten sie seine Jünger: Warum ißt euer Meister mit den Zöllnern und den Ausgestoßenen? Als Jesus das hörte, sprach er: Die Gesunden bedürfen des Arztes nicht, wohl aber die Kranken. Geht hin und lernt, was das bedeutet – was bei Hosea steht: »Ich habe Wohlgefallen an Barmherzigkeit und nicht am Opfer.« Ich bin gekommen, die Sünder zu rufen und nicht die Gerechten.

Und Jesus ging in allen Städten und Dörfern umher, lehrte in ihren Synagogen, predigte das Evangelium vom Reich Gottes und heilte alle Krankheiten und Gebrechen. Und als er das Volk sah, tat es ihm weh, denn sie waren verschmachtet und ohne Hilfe wie Schafe, die keinen Hirten haben. Da sprach er zu seinen Jüngern: Die Ernte ist groß, die Zahl der Arbeiter ist klein. Bittet den Herrn der Ernte, daß er Arbeiter in seine Ernte sende! (Matthäus 9)

Mit der Bergpredigt steht Jesus einsam der Synagoge seiner Zeit gegenüber: den Schriftgelehrten, die in der Mitte der Versammlungssäle auf thronartigen Stühlen saßen und die Schrift auslegten.

**Die Entfernungen sind gering.
Auf dem See die Fischer.
Am Ufer die Synagoge.
Darüber
der »Berg der Seligpreisungen«.**

Wenige hundert Meter unterhalb des Hügels, auf dem heute die Kirche der Seligpreisungen steht, stößt man auf die Reste der Synagoge von Kapernaum. Die schönen Säulen stammen von einem Bau, der erst kurz nach der Zeit Jesu errichtet worden ist, aber sie stehen auf demselben Fundament wie die Synagoge, in der Jesus gelehrt hat und in der sich, wie in den anderen Synagogen, die Auseinandersetzung anbahnte, die mit seinem Tod endete.

Die Reden Jesu, die heute in der Bergpredigt zusammengefaßt sind, könnten uns heute harmlos und gewohnt in den Ohren klingen. In Wirklichkeit waren sie Kampfansagen auf kurze Distanz.

140

Die Spannung zwischen Jesus und den Vertretern der Synagoge spiegelt sich in der »Aussendungsrede«.

Zwölf Jünger sammelte Jesus um sich. Ihre Namen sind: Simon, genannt Petrus, Andreas, sein Bruder, Jakobus und Johannes, die beiden Söhne des Zebedäus, Philippus, Bartholomäus, Thomas und der Zöllner Matthäus, Jakobus, Sohn des Alphäus, Thaddäus, Simon Kananäus und Judas Ischarioth, der ihn verriet.

Diese zwölf sandte Jesus voraus in die Orte, die er besuchen wollte und gab ihnen folgende Weisung: Geht nicht zu den fremden Völkern! Geht nicht in die Städte der Samariter, sondern zu den verlorenen Schafen aus dem Volk Israel. Sprecht: Das Himmelreich ist nahe! Macht Kranke gesund, weckt Tote auf, heilt Aussätzige, treibt böse Geister aus. Umsonst habt ihr es empfangen, umsonst gebt es auch. Wenn ihr ein Haus betretet, dann sprecht den Friedensgruß, und wenn die Bewohner es wert sind, werden sie euren Frieden empfangen. Sind sie es nicht, dann wird euer Friede wieder mit euch weiterziehen. Und wenn euch jemand nicht aufnimmt und euch nicht hört, so verlaßt das Haus oder die Stadt und schüttelt den Staub von euren Füßen. Wahrlich ich sage euch: Dem Lande von Sodom und Gomorrha wird es am Tage des Gerichts erträglicher gehen als einer solchen Stadt.
Gebt acht! Ich sende euch wie Schafe mitten unter die Wölfe. Darum seid klug wie die Schlangen und rein wie die Tauben. Nehmt euch vor den Menschen in acht. Sie werden euch vor ihre Gerichte schleppen und werden euch in den Synagogen geißeln. Man wird euch vor Fürsten und Königen anklagen um meinetwillen. Wenn das geschieht, dann sorgt euch nicht, wie oder was ihr reden sollt. Es soll euch in der Stunde eingegeben werden. Denn ihr seid es nicht, die dann reden, sondern der Geist eures Vaters redet durch euch.

Es ist nichts verborgen, das nicht offenbar würde, nichts ist geheim, das man nicht erfahren würde. Was ich euch im Dunkeln sage, das redet im Licht. Was ich euch ins Ohr sage, das predigt von den Dächern. Und fürchtet euch nicht vor denen, die den Leib töten und die Seele nicht töten können. Fürchtet euch hingegen vor dem, der Leib und Seele in der Hölle verderben kann.
Kauft man nicht zwei Sperlinge für einen Pfennig? Dennoch fällt keiner von ihnen auf die Erde, wenn euer Vater nicht will. So sind auch eure Haare auf dem Haupt alle gezählt. Darum fürchtet euch nicht, ihr seid wertvoller als viele Sperlinge. Wer mich nun bekennt vor den Menschen, zu dem will ich mich auch bekennen vor meinem himmlischen Vater. Wer mich aber vor den Menschen verleugnet, den will ich vor meinem himmlischen Vater auch verleugnen.
Wer nun Vater oder Mutter mehr liebt als mich, ist nicht wert, mir anzugehören. Wer Sohn oder Tochter mehr liebt als mich, ist meiner nicht wert. Wer nicht sein Kreuz nimmt und mir nachfolgt, ist meiner nicht wert. Wer sein Leben zu finden meint, wird es verlieren. Wer sein Leben um meinetwillen verliert, der wird's finden. (Matthäus 10)

In jener Zeit sprach Jesus:
Ich preise dich,
Vater und Herr des Himmels und der Erde,
daß du dein Geheimnis
den Weisen und Klugen verborgen
und es den Unmündigen offenbart hast.
Ja, Vater, so war es dein Wille.
Alle Dinge sind mir von meinem Vater übergeben,
niemand kennt den Sohn als allein der Vater,
niemand kennt den Vater als nur der Sohn
und wem der Sohn es offenbaren will.
Kommt her zu mir, alle,
die ihr euch mit euren Lasten abmüht,
ich will euch Frieden bringen.
Nehmt meine Weisung auf euch
und tut, was ich tue.
Ich bin demütig und arm vor Gott.
So werdet ihr Frieden finden für eure Seele.
Denn mein Joch ist sanft und meine Last ist leicht.
(Matthäus 11)

Jesus spricht von den »Mühseligen und Beladenen«, von den Armen und den Verstoßenen, den Verlassenen und geistig Verhungernden. Wen meint er?

Er meint nicht die leidenden Menschen, die im übrigen im Rahmen und Schutz ihrer Gesellschaft leben. Indem er von den Armen redet, stößt er an die Gesellschaftsordnung seiner Zeit. Die Zöllner waren Ausgestoßene, weil sie Ausbeuter ihres Volks im Sold einer fremden Macht waren. Die Tagelöhner, die die Herden hüteten, galten als unehrlich. Die Dirnen hielt man für nötig, aber sie gehörten nicht zum heiligen Volk. Die Unwissenden, die über das Gesetz keine Auskunft geben konnten, weil sie weder lesen noch schreiben konnten und das Leben für sie zu hart war, als daß sie Zeit und Kraft an heilige Texte hätten wenden können, galten als »Am haarez«, als das »Volk auf dem Land«, das zum Entstehen des heiligen Volks und zum Kommen des Reiches Gottes nichts beitrug. Der Sadduzäer, der ein Aristokrat war, verachtete die Unwissenheit der Armen. Der fromme und geschulte Pharisäer hielt sich für gerecht und die Armen für gesetzlos. Der Essener vollends sah nur noch in seinem eigenen Orden das wahre Israel verkörpert. Das verachtete Volk aber blieb »ohne Hirten«. Als Jesus in Jerusalem auftrat – im 7. Kapitel des Johannes-Evangeliums ist davon erzählt – und ein Knecht sich von Jesus beeindrucken läßt, fragen die Pharisäer: »Glaubt denn irgendein Pharisäer an ihn? Nur das Volk, das nichts vom Gesetz weiß, tut es! Es sei verflucht!« Verflucht heißt: ausgeschlossen aus der Gottesbeziehung des heiligen Volks.

Und was die Kranken betraf: Krankheit war für die frommen Juden eine Strafe Gottes für Schuld. Der Kranke schloß sich selbst aus, und der Essener schwor bei seiner Aufnahme in den Orden, er werde sich von jeder Berührung mit Tauben, Stummen oder anderen Behinderten fernhalten.

So haben die Heilungsgeschichten Jesu nicht den Sinn, zu zeigen, daß er zaubern könne, sie zeigen vielmehr, daß es eine Heilung von Gott her gibt und daß das Reich Gottes auch für die Kranken und Behinderten offen ist. Und wenn Jesus sagt, er sei »zu den verlorenen Schafen vom Hause Israel gesandt« und nicht zu den Gerechten, dann heißt das, daß es ihm um eine große Sammlung ging. Er wollte das heilige Volk als ein brüderliches Volk neu sammeln. Er wollte die Grenzen überwinden, die Menschen gegeneinander aufrichteten, und zeigen, daß für jeden, der Menschenantlitz trägt, Gott der Vater sei.

In den Kindern sieht Jesus sozusagen den unbewaffneten Menschen, der Gott und den Menschen gegenüber nicht um sein Recht kämpft.

Das Reich Gottes ist kein exklusiver Bereich der Gerechten. Wer Gottes Stimme hört und sich ihr anvertraut, lebt unter dem Schutz Gottes, den Jesus das »Reich« nennt.

Eines Tages verließ Jesus sein Haus und ging ans Meer. Dort versammelte sich eine große Menschenmenge um ihn, und er trat in ein Schiff und setzte sich, und das Volk stand am Ufer. Und er sprach zu ihnen in Gleichnissen:

Seht, da ging ein Bauer aus, um zu säen! Während er säte, fiel von seinem Saatgut einiges auf den Weg. Da kamen die Vögel und fraßen es auf. Einiges fiel auf eine felsige Stelle, wo nicht viel Erde war. Es ging rasch auf, weil es keine tiefe

Einer der vielen in Lumpen
gehüllten Schafhirten,
die von Weideplatz zu
Weideplatz zogen und nirgends
in das heilige Volk eingefügt
waren.

Sie hüteten Schafe
und waren selbst ohne Hüter.
Sie stehen für Jesus
stellvertretend für alle die
Menschen, die aus irgendeinem
Grund abseits leben.

Erde hatte. Als aber die Sonne hochstieg, welkte es, und weil es keine Wurzel hatte, verdorrte es. Einiges fiel unter die Dornen, und die Dornen wucherten und erstickten es. Einiges fiel auf gutes Land und trug Frucht, hundertfach oder sechzigfach oder dreißigfach. Wer Ohren hat, höre!

Danach deutet er seinen Jüngern dieses Gleichnis: Wenn jemand das Wort vom Gottesreich vernimmt und es nicht versteht, kommt der Böse und reißt das Wort aus seinem Herzen. Das ist das Korn, das auf den Weg fiel. Anderes fiel auf felsigen Grund, das ist der, der das Wort hört und mit Freude aufnimmt, aber in sich keine Wurzel hat. Wenn er Bedrängnis oder Verfolgung um des Wortes willen erleidet, wirft er alles wieder weg. Einiges fiel unter die Dornen. Das ist ein Mensch, der das Wort hört, aber die weltlichen Sorgen und der trügerische Reichtum ersticken das Wort, und er bringt keine Frucht. Das aber auf das gute Land gesät wurde, ist der Mensch, der das Wort hört und versteht und Frucht bringt, hundertfach, sechzigfach oder dreißigfach.

Er vertraute ihnen auch ein anderes Gleichnis an: Das Himmelreich gleicht einem Mann, der guten Samen auf sein Feld säte. Während nun seine Arbeiter schliefen, kam sein Feind und säte Unkraut zwischen den Weizen und ging davon. Als die Saat aufwuchs und reif wurde, kam auch das Unkraut. Da gingen die Knechte zu dem Hausherrn und sprachen: Herr, hast du nicht guten Samen auf deinen Acker gesät? Woher kommt denn das Unkraut? Er antwortete: Das hat ein Feind getan! Da fragten die Knechte: Wenn du willst, gehen wir hin und jäten es aus! Er sprach: Nein, sonst reißt ihr auch den Weizen mit aus, wenn ihr das Unkraut jätet! Laßt beides miteinander bis zur Ernte wachsen. In der Ernte will ich den Schnittern sagen: Sammelt das Unkraut und bindet es zusammen, daß man es verbrennt, aber den Weizen sammelt mir in meine Scheune.

Ein drittes Gleichnis lautete: Das Himmelreich gleicht einem Senfkorn, das einer nahm und in seinen Acker säte. Das ist kleinste unter allen Samen. Wenn es aber gewachsen ist, ist es größer als alle Stauden und wird ein Baum, so groß, daß die Vögel kommen und in seinen Zweigen wohnen.

Ein viertes: Das Himmelreich ist einem Sauerteig gleich, den eine Frau nahm und mit drei Scheffeln Mehl vermengte, so daß der ganze Teig durchsäuert wurde.

Das Himmelreich gleicht auch einem Schatz, der in einem Acker vergraben war. Den fand einer und verbarg ihn. Und in seiner Freude ging er hin, verkaufte alles, was er hatte, und kaufte den Acker.

Es gleicht auch einem Kaufmann, der kostbare Perlen suchte. Als er eine besonders kostbare fand, ging er hin, verkaufte alles, was er hatte, und kaufte sie. (Matthäus 13)

Was »Reich Gottes« heißt, wird deutlich an der Geschichte von der »Speisung der viertausend in der Wüste«.
Es wird erzählt, Jesus habe dem Teufel gegenüber abgelehnt, aus Steinen Brot zu machen. Und das, obwohl der Jammer der Hungrigen ihm zu Herzen ging. Stünde er heute an unserer Stelle, so würde er vermutlich sagen: Aus Steinen nicht und auch nicht, was fast dasselbe ist, aus bloßem Geld. Denn wenn Jesus Brot gibt, dann gibt er Güte. Mit dem Brot gibt er sich selbst. Wenn es hier heißt: Er sah zum Himmel auf und sprach den Lobgesang, dann ist es, als feierten sie dort oben miteinander die erste Eucharistie: das erste Abendmahl. Wenn Jesus Brot gibt, gibt er sich selbst.

Einmal kam Jesus wieder an das Galiläische Meer und ging dort auf einen Berg. Und viele Menschen kamen zu ihm, die Lahme, Krüppel, Blinde, Stumme und viele andere Kranke mitbrachten und sie Jesus vor die Füße legten. Und Jesus heilte sie, so daß die Leute sich wunderten, als sie sahen, daß die Stummen redeten, die Krüppel gesund wurden, die Lahmen gehen und die Blinden sehen konnten. Und sie priesen den Gott Israels.

Dann rief Jesus seine Jünger zu sich: Ich habe Sorge um diese Menschen. Sie sind nun schon drei Tage lang bei mir und haben nichts zu essen. Wenn ich sie aber nach Hause schicke, ohne daß sie gegessen haben, sterben sie mir auf dem Weg. Da fragten ihn seine Jünger: Woher sollen wir in der Wüste so viel Brot nehmen für so viele Menschen? Und Jesus erwiderte: Wieviel Brote habt ihr? Sie sprachen: Sieben und ein paar kleine Fische. Und Jesus befahl den Menschen, sich auf der Erde zu lagern, nahm die sieben Brote und die Fische, dankte, brach sie und gab sie seinen Jüngern, und die Jünger reichten sie dem Volk. Sie aßen alle und wurden satt, und was an Brocken übrigblieb, hoben sie auf: Es waren sieben Körbe voll. Es hatten aber viertausend Männer mitgegessen, dazu die Frauen und Kinder. Und Jesus entließ die Menge, bestieg ein Schiff und fuhr in die Gegend von Magdala. (Matthäus 15)

Wie Schafe, die keinen Hirten haben, ohne Nahrung und ohne Hoffnung, leben heute Hunderte von Millionen. Einer unter ihnen, ein Christ, dichtet in seinem südamerikanischen Vaterunser: »Vater unser, der du bist im Himmel, ich möchte, daß du noch einmal kommst, ehe du vergessen hast, wie man den Süden des Rio Grande erreicht.« Wir haben sicher irgendwie recht, wenn wir aufbegehren und sagen: Das ist eine Gotteslästerung! Aber besser ist, wenn wir betroffen sind über das Maß des Elends, das seinen Ausgangspunkt in Europa gehabt hat. Es ist sehr einfach, zu sagen: Ein Christ sucht sein Recht nicht mit Waffen. Es gibt aber nur eine Alternative zur Gewalt: das ist die Gerechtigkeit, die wir schaffen. Gerechtigkeit aus Erbarmen mit den Menschen.

Die Menschen, die heute ausziehen, Brot zu geben, werden von vielen für harmlose Idealisten gehalten. Aber durch ihren Glauben ändert sich etwas, draußen in der Welt. Dadurch, daß sie das scheinbar Sinnlose tun, zeigen sie den Sinn. Dadurch, daß sie das scheinbar Unwirkliche ernst nehmen, schaffen sie Wirklichkeit. Aus dem Glauben kommt Brot.

Wir leben in einer Zeit, in der die Realisten alles tun, um uns das Elend aus den Augen zu schaffen. In einer Zeit, in der das Elend kaserniert wird in Massenhäusern für Kranke und Irre, Alte und Pflegebedürftige, Schwererziehbare und Gestrandete, Kriminelle und Neurotische. Und wieder sind es die »harmlosen Träumer«, die das Erbarmen faßt und die dann draußen auf der Schutthalde unserer Gesellschaft, abseits der glänzenden Straßen, ihren Dienst tun.

Aber wen wundert es, daß bei uns auch die Gesunden und Erfolgreichen unter ihrer Einsamkeit leiden? Es ist nun einmal so geordnet, daß wirkliche Gemeinschaft unter Menschen die Gemeinschaft auch in der Erfahrung des Elends erfordert. Weil man das Elend nicht sehen will, sieht man die Menschen nicht, und so ist unsere Zeit zu einer Epoche der Einsamen und Verlassenen geworden. Und es ist, das kommt hinzu, nun einmal so geordnet, daß nur der auf die Dauer von Gott etwas erfährt, der bereit ist, Not und Schuld mit anderen Menschen zusammen zu tragen. Es ist kein Wunder, daß man in unserer Zeit so viel nach Gott ruft, ohne eine Antwort zu hören. Daß Gott tot ist. Wer heute das Reich Gottes sucht, darf sich nicht abfinden mit Lüge, Ausbeutung und Gewalt. Er wird streiten müssen gegen Krieg, Elend und Unmenschlichkeit. Er wird die Gedanken der Unbequemen ernst nehmen. Was ist denn verlangt? Ein wenig Zivilcourage vielleicht. Ein wenig Phantasie. Ein wenig Hingabe. Ein paar klare Gedanken. Eine ganze Menge Liebe zum Menschen und Wille zum

Frieden. Das ist es, was die Christen heute der Welt schuldig sind und ihren eigenen Kindern auch, denen sie eine bewohnbare Welt hinterlassen sollten.

Sie standen vor ihm, ohne Hoffnung, wie Schafe, die keinen Hirten haben. Und er wollte, daß sie leben können. Nicht nur an ihrem Leib, sondern auch an ihrer Seele, nicht nur an ihrer Seele, sondern auch an ihrem Leib. Nicht nur jetzt, während der Jahre ihres Lebens auf dieser Erde, sondern auch danach. Aber nicht nur danach, sondern auch jetzt auf dieser Erde.

Und das ist die Vision, die in jener Geschichte mit der Speisung der viertausend Menschen in der Wüste an der Grenze zwischen dem Sichtbaren und dem Unsichtbaren sozusagen durchgespielt wird. Menschen empfangen, was sie zum Leben brauchen. Sie geben es weiter. Andere werden dabei satt. Und unter den Händen der Gebenden wie der Empfangenden nimmt die Welt Gottes unter den Menschen Gestalt an.

Die Passion Christi beginnt damit, daß er beansprucht, gültig und bindend für alle in Gottes Auftrag zu handeln.

In der Gegend von Caesarea Philippi fragte Jesus seine Jünger: Was sagen die Leute von mir? Für wen halten sie mich? Sie antworteten: Einige sagen, du seiest Johannes der Täufer, andere, du seiest Elia, Jeremia oder irgendein anderer der Propheten. Er fragte weiter: Wer bin ich denn nach eurer Überzeugung? Da antwortete Simon Petrus: Du bist Christus, der Sohn des lebendigen Gottes! Jesus antwortete: Du bist gesegnet, Simon, Jonas Sohn; denn das hat dir kein Mensch eingegeben, sondern mein Vater im Himmel. Ich sage dir: Du bist »Petrus«, und auf diesen Felsen will ich meine Gemeinde bauen, und das Totenreich wird sie nicht überwältigen. Ich will dir die Schlüssel des Himmelreiches geben: Alles, was du auf der Erde binden wirst, soll auch im Himmel gebunden sein. Alles, was du auf der Erde lösen wirst, soll auch im Himmel frei sein. Danach verbot er seinen Jüngern, irgend jemandem zu sagen, er sei der Christus.

In jener Zeit fing Jesus an, seinen Jüngern sein Geschick zu enthüllen: Er müsse nach Jerusalem gehen und von den Ältesten und Hohenpriestern und Schriftgelehrten viel erdulden, er müsse getötet werden und am dritten Tage auferstehen. Da nahm Petrus ihn beiseite und fuhr ihn an: Herr, das verhüte Gott! Das darf dir nicht geschehen! Aber Jesus wandte sich um und sprach zu Petrus: Weg von mir, Satan! Du bist mir im Wege! Du meinst nicht, was göttlich, sondern was menschlich ist!

Zu seinen Jüngern sprach er: Will jemand mir nachfolgen, so verleugne er sich selbst und nehme sein Kreuz auf sich. Dann folge er mir. Denn wer sein Leben erhalten will, der wird's verlieren. Wer aber sein Leben hingibt um meinetwillen, der wird's finden. (Matthäus 16)

Einmal traten die Jünger zu Jesus und fragten: Wer ist der Größte im Himmelreich? Jesus rief ein Kind zu sich, stellte es in die Mitte und sprach: Das ist wahr: Wenn ihr nicht umkehrt und wie die Kinder werdet, könnt ihr nicht ins Himmelreich kommen. Wer sich erniedrigt wie dieses Kind, der ist der Größte im Himmelreich. Wer ein solches Kind aufnimmt, weil ich es ihm gebiete, der nimmt mich auf. Wer aber den Glauben eines dieser Kinder an mich zerstört, dem wäre besser, daß man ihm einen Mühlstein um den Hals hängte und ihn im Meer ersäufte, wo es am tiefsten ist.

Einmal fragte Petrus: Herr, wie oft muß ich meinem Bruder, der an mir schuldig wird, vergeben? Genügt siebenmal? Jesus antwortete: Ich sage dir, nicht siebenmal, sondern siebzig mal siebenmal! Das Himmelreich nämlich gleicht einem König, der mit seinen Verwaltern abrechnen wollte. Kaum hatte er damit angefangen, da kam er an einen, der ihm zehntausend Pfund schuldig geblieben war. Als er seine Schuld nun nicht bezahlen konnte, befahl der König, ihn, seine Frau, seine Kinder und all seinen Besitz zu verkaufen und davon die Schuld zu bezahlen. Da warf sich der Verwalter auf sein Angesicht nieder und sprach: Habe Geduld mit mir, ich will es dir alles bezahlen! Da tat er seinem Herrn leid, der ließ ihn los, und die Schuld erließ er ihm auch.

Aber derselbe Mann ging hinaus und fand einen anderen Verwalter, der ihm hundert Groschen schuldig war. Er griff ihn an, würgte ihn und sprach: Bezahle, was du mir schuldig bist! Da warf sein Mitknecht sich nieder und bat ihn: Habe Geduld mit mir, ich will dir alles bezahlen. Er wollte aber nicht, sondern ließ ihn ins Gefängnis werfen, bis er seine Schuld bezahlt haben würde. Als die anderen Diener das sahen, waren sie entsetzt und berichteten alles ihrem Herrn. Da ließ der König ihn kommen und sprach: Du Bösewicht, alle deine große Schuld habe ich dir erlassen, weil du mich batest. Hättest du nun nicht auch mit deinem Mitknecht Erbarmen haben sollen, wie ich mit dir? Und der König wurde zornig und übergab ihn den Folterknechten, bis er alles bezahlt hätte, was er schuldig war. So wird mein himmlischer Vater mit euch verfahren, wenn ihr nicht einander von Herzen eure Schuld vergebt, jeder seinem Bruder. (Matthäus 18)

Die Pharisäer traten eines Tages an ihn heran, stellten ihm eine Falle und fragten: Ist es recht, daß ein Mann sich von seiner Frau scheidet, wenn er einen Grund hat? Jesus antwortete: Habt ihr nicht gelesen? Am Anfang schuf Gott den Menschen als Mann und Frau und sprach: Darum wird ein Mann Vater und Mutter verlassen und sich mit seiner Frau verbinden, und die beiden werden ein Leib sein. Sie sind also nicht mehr zwei, sondern ein Leib. Was nun Gott zusammengefügt hat, das soll der Mensch nicht scheiden. Da erwiderten sie: Warum hat dann Mose die Ordnung gegeben, man solle einen Scheidebrief ausfertigen, wenn man sich scheidet? Er sprach: Mose hat euch erlaubt, euch von euren Frauen zu scheiden, weil ihr harten Herzens seid. Im Anfang aber ist es nicht so gewesen. Ich sage euch: Wer sich von seiner Frau scheidet – es sei denn, sie würde eine Hure – und eine andere heiratet, der bricht die Ehe.

Da wurden Kinder zu ihm gebracht, damit er ihnen die Hände auflege und sie segne. Die Jünger aber fuhren sie an. Aber Jesus sprach: Laßt die Kinder! Hindert sie nicht, zu mir zu kommen, denn ihnen gehört das Himmelreich. Und er legte ihnen die Hände auf und zog weiter.

Danach kam einer zu ihm und sprach: Meister, was muß ich Gutes tun, um das ewige Leben zu gewinnen? Er antwortete: Was fragst du mich über das Gute? Gut ist nur einer. Willst du das Leben gewinnen, so halte die Gebote. Da fragte er weiter: Welche? Jesus sprach: Du sollst nicht töten, du sollst nicht ehebrechen, du sollst nicht stehlen, du sollst nicht als falscher Zeuge aussagen, ehre Vater und Mutter und: Du sollst deinen Nächsten lieben wie dich selbst. Da sprach der junge Mann: Das habe ich alles gehalten. Was fehlt mir noch? Jesus antwortete: Willst du vollkommen sein, dann geh, verkaufe alles, was du hast und gib es den Armen. So wirst du einen Schatz bei Gott haben. Dann komm und folge mir nach. Als der junge Mann das hörte, ging er traurig davon, denn er war sehr reich. Zu seinen Jüngern aber sprach Jesus: Das ist wahr: Ein Reicher wird schwer ins Himmelreich kommen! Es ist leichter, daß ein Kamel durch ein Nadelöhr, als daß ein Reicher ins Reich Gottes kommt. (Matthäus 19)

Die »zuletzt kommen«, sind die Verachteten, die keine religiöse Leistung aufzuweisen haben, aber an Jesus glauben.

Das Himmelreich gleicht einem Hausvater, der am Morgen ausging, um Tagelöhner für seinen Weinberg zu dingen. Er einigte sich mit ihnen über einen Denar als Taglohn und sandte sie in seinen Weinberg.

Um neun Uhr am Vormittag ging er noch einmal zum Markt, sah andere untätig stehen und forderte sie auf: Geht in meinen Weinberg! Ich will euch geben, was recht ist. Und sie gingen. Um die Mittagszeit und am Nachmittag holte er wiederum andere Tagelöhner. Um fünf Uhr des Nachmittags fand er immer noch Arbeiter und fragte: Was steht ihr den ganzen Tag müßig herum? Sie antworteten: Es hat uns niemand Arbeit gegeben. Da sprach er zu ihnen: Geht in meinen Weinberg. Am Abend sprach der Herr des Weinbergs zu seinem Verwalter: Rufe die Arbeiter und gib ihnen ihren Lohn. Fange bei den letzten an und gehe durch bis zu den ersten. Da kamen die, die zuletzt angefangen hatten zu arbeiten, und jeder empfing einen Denar. Als aber die kamen, die zuerst angefangen hatten, meinten sie, sie würden mehr bekommen, aber sie empfingen nur eben jeder seinen Denar. Da widersprachen sie: Diese letzten haben nur eine Stunde gearbeitet, und du behandelst sie wie uns, die wir die ganze Tagesarbeit in der vollen Hitze geleistet haben? Er antwortete aber und sprach zu einem von ihnen: Mein Freund, ich tue dir kein Unrecht. Hast du nicht mit mir einen Denar verabredet? Nimm, was dir zusteht, und geh. Ich will aber diesem letzten so viel geben wie dir. Kann ich nicht mit meinem Gelde tun, was ich will? Bist du darum neidisch, weil ich gütig bin? – So werden die Letzten die Ersten und die Ersten die Letzten sein.

148

Als Jesus und seine Jünger auf dem Wege nach Jerusalem durch Jericho zogen, drängte ihnen eine große Menschenmenge nach. Da saßen zwei Blinde am Weg, und als die hörten, Jesus ginge vorüber, schrien sie: Ach Herr! Du Sohn Davids! Nimm dich unser an! Jesus blieb stehen, rief sie zu sich und fragte: Was soll ich euch tun? Sie antworteten: Herr, wir möchten sehen! Und sie taten ihm leid, er berührte ihre Augen, und sie wurden sehend. Und sie folgten ihm auf dem Wege nach.
(Matthäus 20)

Hier, an dem Tag, an dem Jesus in Jerusalem einzieht, beginnt die »Passion«, die sogenannte Leidensgeschichte. Sie wird bei Matthäus, Markus und Lukas jeweils sehr ähnlich erzählt. Diese Bibelausgabe fügt darum an die drei Evangelien eine zusammengefaßte Leidensgeschichte an. Das Johannes-Evangelium berichtet über die Passionsgeschichte etwas anders. Diese Fassung folgt im Zusammenhang des Johannes-Evangeliums.

Jesus will, daß sie leben können, nicht, daß sie an eine Geschichte und eine Tradition gefesselt bleiben, die ihnen zu schwer und zu alt und zu fremd ist. Denn Gott lebt unmittelbar mit den Menschen, nicht durch Vermittlung von Institutionen, die die schweren Mauern der Überlieferung aufgeschichtet haben. Jesus will, daß sie frei sind und sich die Güte Gottes nicht erst verdienen müssen. Was sollen die beiden kleinen Jungen auch anfangen mit alldem, was in der Stadt, in der sie aufwachsen, in Jerusalem, schon einmal gebaut und geordnet und gesichert und festgelegt worden ist?

Im Markus-Evangelium steht Christus als der große Befreier im Vordergrund.

In den Erzählungen, die Markus gesammelt und zusammengestellt hat, geht es durchweg um die Frage, wer denn letztlich über den Menschen Macht habe. Hat das Schicksal über ihn Macht? Haben es die Menschen? Hat es der Tod? Oder hat all das Ungeschickte und Falsche die Macht, das er im Laufe seines Lebens getan hat und das ihn nun festlegt und nicht mehr freiläßt? Oder ist eine dunkle Macht in der Welt, die dieses Leben so aussichtslos, so schwer und so sinnlos macht? Markus antwortet: Wer Jesus kennengelernt hat, der weiß nun, daß es einen gibt, der dem allem eine große Freiheit entgegensetzt und die Menschen in den Raum dieser Freiheit einbezieht. Da ist einer, der löst den Zwang, den eine Krankheit über einen Menschen ausübt. Aber er löst auch die Macht, die der böse Wille im Menschen selbst hat, und die Macht, die seine eigene verdorbene Vergangenheit für ihn bedeutet. Der nimmt die Unfreiheit von ihm, in die er sich selbst eingeschlossen hat. Der nimmt sogar dem Tod das Schreckliche. Der zeigt einen Weg, auf dem der befreite Mensch heimfindet zu Gott, in das Reich des Vaters aller Menschen.

Markus würde sagen: Wer einmal die ausstrahlende Kraft Jesu erlebt hat, der hat neues Leben empfangen, neue Gesundheit Leibes und der Seele, und das heißt: einen irdischen Vorgeschmack des ewigen Heils.

Der Sturm auf dem Meer, vor dem sich die Menschen jener Zeit nicht der Wellen wegen fürchteten, sondern deshalb, weil sie glaubten, in einem solchen Sturm tobten sich dämonische Mächte aus, verwandelte sich für sie in der Gegenwart Jesu in ein schlichtes Naturereignis, über das Gott ganz ebenso die Macht hat wie über Leben und Tod von Menschen.

Dies ist der Anfang des Evangeliums von Jesus Christus. Jesaja, der Prophet, schreibt davon:
Siehe, ich sende meinen Boten vor dir her,
der deinen Weg bereiten soll.
Eine Stimme eines Predigers in der Wüste ruft:
Bereitet den Weg des Herrn,
macht eben seine Bahn!

So wirkte Johannes der Täufer in der Wüste und predigte: Laßt euch taufen! Laßt euch eure Schuld vergeben!
In jener Zeit kam auch Jesus von Nazareth und ließ sich von Johannes im Jordan taufen.
Danach trieb ihn der Geist Gottes in die Wüste. Vierzig Tage lebte er in der Wüste, wurde vom Teufel bedrängt, nur die Tiere waren bei ihm, und die Engel dienten ihm.
Nachdem Johannes ins Gefängnis eingeliefert war, ging Jesus nach Galiläa, brachte den Menschen die gute Nachricht von Gott und sprach: Die Zeit ist da! Das Reich Gottes ist nahe! Bekennt eure Sünde, kehrt um und glaubt, daß Gott euch nahe ist! (Markus 1)

Nach einigen Tagen kam er nach Kapernaum, und die Leute erfuhren, daß er im Hause war. Da kam eine große Menge zusammen, so daß kein Raum mehr war, auch nicht draußen vor der Tür, und er predigte ihnen das Evangelium. Da trugen vier einen Gichtkranken herbei. Und weil sie ihn nicht zu Jesus bringen konnten, so dicht stand das Volk, gruben sie das Dach des Hauses, in dem er war, auf und ließen das Bett mit dem Kranken hinab. Als nun Jesus sah, wie überzeugt sie waren, er könne ihnen helfen, sprach er zu dem Gichtkranken: Mein Sohn, deine Sünden sind dir vergeben! Indessen saßen einige Schriftgelehrten dabei, die dachten in ihrem Herzen: Wie kann der so reden? Er lästert Gott! Wer kann Sünden vergeben außer Gott? Jesus sah, daß sie so dachten, und fragte sie: Warum denkt ihr so? Was ist denn leichter, zu dem Gichtkranken zu sagen: »Dir sind deine Sünden vergeben« oder zu sagen: »Steh auf, nimm dein Bett und geh!« Ihr sollt aber erkennen, daß ich Vollmacht habe, auf der Erde die Sünden zu vergeben! Und so wandte er sich an den Kranken: Ich sage dir: Steh auf! Nimm dein Bett! Geh heim! Und er stand auf, nahm sein Bett und ging hinaus, während alle zusahen, so daß sie sich entsetzten, Gott priesen und sprachen: Nie haben wir derartiges gesehen! (Markus 2)

Eines Tages, als es Abend wurde, sprach Jesus zu seinen Jüngern: Laßt uns über den See fahren! Und sie entließen das Volk, das ihm zugehört hatte, und die Jünger nahmen Jesus ins Schiff. Als sie aber auf dem See fuhren – es waren auch noch andere Schiffe bei ihnen –, erhob sich ein Sturm, die Wellen schlugen in das Schiff, und die Schiffe liefen voll. Jesus aber war hinten im Schiff und schlief auf einem Kissen. Und sie weckten ihn auf: Meister, fragst du nichts danach, daß wir untergehen? Da stand er auf, bedrohte den Wind und sprach zum Meer: Schweig! Verstumme! Und der

Wind legte sich, und es entstand eine große Stille. Und Jesus fragte sie: Warum seid ihr so furchtsam? Habt ihr denn keinen Glauben? Da fürchteten sie sich sehr und fragten einander: Wer ist das? Selbst Wind und Meer gehorchen ihm! (Markus 4)

Die kugeligen Lehm- und Steindächer von Bani Naim geben eine Ahnung von der Arbeit, die nötig war, um von oben in das Haus zu gelangen.

Das Schicksal Johannes des Täufers beleuchtet schlaglichtartig die politische Bühne jener Zeit.

Die ganze Geschichte des Neuen Testaments ist von den politischen Ereignissen ständig überschattet. Dicht bei Bethlehem liegt die gewaltige Burg Herodes' des Großen, das Herodeion. Man sieht von seinen Mauern unmittelbar hinüber auf die kleine Stadt mit der Geburtskirche, und es ist kein Zufall, daß man später die Geschichte berichtete, Herodes habe mit dem Kindermord in der Geburtsstadt Jesu zu den unzähligen Zusammenstößen zwischen den Herrschenden jener Jahre und den Boten des Reiches Gottes den Anfang gesetzt.

Sein Sohn Herodes Antipas regierte vom Jahr 4 vor Christus bis zum Jahr 39 nach Christus im süd-östlichen Landesteil. In seinem Gebiet trat in den zwanziger Jahren Johannes auf, und da Herodes der offenen Worte des populären Propheten wegen einen Aufstand fürchten mußte, ließ er ihn einkerkern und etwa im Jahr 28 hinrichten.

Im Umkreis der Wirksamkeit des Johannes begegnen wir Jesus zum erstenmal öffentlich. In der Nähe der Jordanmündung östlich von Jericho trat Johannes auf, an einer Stelle, an der eine vielbegangene Karawanenstraße eine Furt überquerte, und rief, in seiner Kleidung und Lebensweise in der Art Elias auf die Anfänge Israels in der Wüste hinweisend, das bevorstehende Weltgericht aus und taufte die zur Umkehr Willigen, die nach dem Ende der endzeitlichen Auseinandersetzung zum neuen Israel gehören wollten, im Jordan.

Man hat Johannes den Täufer immer wieder mit den Essenern von Qumran in Verbindung gebracht, vielleicht nicht ohne Recht. Wie für diese stand für ihn das Ende aller Dinge vor der Tür. Wie diese hielt er das Volk für einen von Gott abgefallenen Haufen von Sündern, eine »Schlangenbrut«, wie er sich ausdrückte. Wie diese hielt er ein Zeichen der Reinigung, eine Taufe, für notwendig.

Freilich: Johannes forderte nicht dasselbe wie die Essener. Wer nach Meinung der Essener aus dem nur 10 km von der Taufstelle des Johannes entfernten Qumran dem Gericht entgehen wollte, mußte sich völlig aus der Welt lösen und dem Orden der Söhne des Lichts beitreten. Nach Johannes kam es auf ein neues, gottgefälliges Verhalten im Beruf und im allgemeinen zivilen Leben an. Für die Essener war die »Taufe« täglich nötig. Sie war ein Zeichen der ständigen Bereitschaft rituell reiner Leute, in den Endkampf zwischen Gut und Böse einzutreten. Für Johannes war sie ein Zeichen der Bußbereitschaft und des ernsten Willens, einen sittlichen Anfang zu machen.

Im Umkreis der Anhänger des Johannes tritt Jesus zum erstenmal in unser Blickfeld. Aber Jesus beteiligt sich nicht an der Arbeit des Johannes. Er kehrt nach Galiläa zurück, woher er kam, und fängt dort an zu predigen. Er fordert keine Taufe. Und vor allem: Er predigt den Leuten nicht den Untergang und nicht das Gericht, sondern das Heil und das Gottesreich, nicht den Zorn, sondern das Erbarmen Gottes, nicht den Abstand von den Sündern, sondern den liebenden Umgang mit ihnen. Es ist schwer, Johannes mit den Essenern zu identifizieren, aber noch weniger möglich scheint es, Jesus und später die christliche Taufe von Johannes und seiner Taufe her zu verstehen.

Was Jesus tat und redete, kam auch Herodes, dem König, zu Ohren. Man redete unter den Leuten: Johannes der Täufer ist von den Toten auferstanden, darum kann er das alles tun! Einige hingegen sprachen: Er ist Elia! Andere: Er ist irgendeiner von den alten Propheten. Als nun Herodes von ihm hörte, sagte er: Das ist Johannes, den ich enthauptet habe! Der ist auferstanden! Es war zuvor dies geschehen: Herodes hatte Johannes festnehmen und ins Gefängnis legen lassen, weil Johannes zu ihm gesagt hatte: Es ist nicht recht, daß du die Frau deines Bruders hast! Herodes hatte nämlich Herodias, die Frau seines Bruders Philippus, zur Frau genommen, und Herodias trug Johannes diese Äußerung nach. Sie konnte ihm aber nichts anhaben, denn Herodes fürchtete den Johannes. Er wußte, daß Johannes ein frommer und heiliger Mann war, und wenn er ihn, den Gefangenen, gehört hatte, schlug ihm das Gewissen, und doch hörte er ihn immer wieder gerne. Eines Tages gab Herodes seinen Würdenträgern, Offizieren und Fürsten ein Fest. Es war sein Geburtstag. Da trat die Tochter der Herodias in den Saal und tanzte, und sie gefiel dem Herodes und seinen Gästen sehr. Und Herodes sprach zu dem Mädchen: Bitte mich, um was du willst, ich will es dir geben! Und er schwur einen Eid: Was du bitten wirst, will ich dir geben bis zur Hälfte meines Königreiches! Das Mädchen ging hinaus und fragte seine Mutter: Was soll ich bitten? Sie sprach: das Haupt Johannes' des Täufers. Und sie ging rasch zum König hinein und bat: Ich will, daß du mir jetzt sofort auf einer Schüssel das Haupt Johannes' des Täufers gibst. Der König erschrak und war traurig, aber um seines Eides willen und wegen der Gäste wollte er sie nicht abweisen, schickte also den Henker und befahl, sein Haupt herzubringen. Der Henker ging, enthauptete Johannes im Gefängnis, trug sein Haupt auf einer Schüssel herbei und gab es dem Mädchen, und das Mädchen gab es seiner Mutter. Als die Jünger des Johannes das hörten, kamen sie und legten seinen Leib in ein Grab. (Markus 6)

Magische Praktiken haben keinen Sinn, wenn der Mensch mit Gott ins reine kommen soll.

Unter den Juden der Zeit Jesu herrschte eine strenge Pflicht, sich in jeder Hinsicht sauberzuhalten, zu pflegen und zu reinigen. In der Auseinandersetzung zwischen Jesus und den Pharisäern freilich geht es nicht darum, ob man sich waschen soll oder nicht, sondern ob mit einer äußeren Waschung die Reinheit des Gewissens, die Lauterkeit des Herzens zu erreichen sei. Es geht um eine magische Übertragung einer äußeren Handlung auf das Gottesverhältnis. Und dies lehnt Jesus ab.

Die Pharisäer und einige Schriftgelehrten aus Jerusalem sammelten sich eines Tages um Jesus. Dabei beobachteten sie, wie einige seiner Jünger mit ungeweihten Händen das Brot aßen, das heißt, ohne die vorgeschriebene Waschung vorgenommen zu haben. Denn die Pharisäer, die Juden überhaupt, essen nicht, ohne die Hände mit einer Handvoll Wasser zu waschen, und wenn sie vom Markt kommen, waschen sie sich, ehe sie essen, die Hände. Auch viele andere Gegenstände, Trinkgefäße, Krüge und Kessel waschen sie, wie ihre Tradition es ihnen vorschreibt. Da fragten die Pharisäer und Schriftgelehrten Jesus: Warum hal-

ten deine Jünger die Vorschriften der Ältesten nicht ein, sondern essen ihr Brot mit ungeweihten Händen? Jesus antwortete: Jesaja, der Prophet, hat euch genau durchschaut. Er schreibt über euch:

Dies Volk ehrt mich mit den Lippen,
aber sein Herz ist fern von mir.
Ohne Sinn ist es, daß sie mir dienen,
denn ihre Lehren sind nichts
als Vorschriften von Menschen.

Ihr verlaßt das Gebot Gottes und haltet Gesetze ein, die von Menschen erfunden sind. Zum Beispiel sagt Mose: Du sollst deinen Vater und deine Mutter ehren! Ihr aber sagt: Wer zu seinem Vater oder seiner Mutter sagt: »Was ich dir eigentlich schuldig wäre zu deinem Lebensunterhalt, das habe ich dem Tempel geopfert«, der tut recht! Ihr seht zu, wie er Vater und Mutter vernachlässigt und hebt Gottes Gebote auf durch eure Vorschriften, die ihr aufgestellt habt!

Und er rief das Volk zu sich und sprach: Hört mir alle zu und faßt es: Nichts, was von außen in den Menschen hineinkommt, macht ihn unrein! Was ihn unrein macht, kommt aus ihm selbst heraus! Was in ihn hineinkommt, das geht nicht in sein Herz, sondern in seinen Bauch und geht auf dem natürlichen Wege wieder von ihm. So sind alle Speisen rein. Was aber aus dem Menschen herauskommt, das macht ihn unrein. Denn von innen, aus dem Herzen, kommen die bösen Gedanken, Unzucht, Diebstahl, Mord, Ehebruch, Habsucht, Gemeinheit, Hinterlist und Schwelgerei, Neid und Gotteslästerung, Hochmut und Unvernunft. All das kommt von innen heraus und macht den Menschen unrein. (Markus 7)

Die Leidensgeschichte, die bei Matthäus, Markus und Lukas ähnlich erzählt wird, ist in dieser Bibelausgabe zusammenzusammengefaßt und folgt am Ende des Lukas-Evangeliums.

◀

Die beiden chassidischen Juden, die wie Außenseiter im Bild ihrer Stadt wirken, werden von uns allzu leicht mit dem Gesetzesjudentum der Zeit Jesu identifiziert. Aber gerade das chassidische Judentum hat inzwischen Gedanken von einer religiösen Tiefe und Schönheit gedacht, die uns zwingen sollten, alle Vorurteile beiseite zu legen, wenn wir ihren fremdartigen Gestalten begegnen. Die Unaufrichtigkeit und Hohlheit, die Jesus geißelt, kann niemand mehr, der das heutige gläubige Judentum kennt, »allen Juden« zur Last legen.

Lukas, dem Evangelisten, ist an Jesus besonders wichtig, daß er es mit den Verlassenen zu tun hat, und zwar mit den Verlassenen in der ganzen Welt.

Deshalb beginnt sein Evangelium mit der »Weihnachtsgeschichte«, die zeigen soll, wie Gott zu den Menschen kommt: arm und schutzlos zu den Armen und Schutzlosen in der Gestalt eines barmherzigen Menschen.

Wenn hier von einer Steuer die Rede ist, die die Römer erhoben hätten, dann steht dahinter die Erfahrung der Sklaverei. Wenn die Römer ein Land eroberten, dann gingen sie von dem Rechtsgrundsatz aus, daß aller Grundbesitz in dem besetzten Land in römischen Besitz übergehe und daß man ihn danach den Einheimischen wieder zur Nutzung überlasse, selbstverständlich gegen einen Zins. Diese Auffassung stieß hart mit der alten israelitischen Tradition zusammen, mit der schon Ahab zusammengestoßen war, daß Israel das Land von Gott übergeben sei und daß es niemand nehmen und niemand es abgeben könne. Die Verwaltung der römischen Steuerforderung übernahmen private Unternehmer, die den Römern gegenüber für die aufzubringende Summe verantwortlich waren und die die Freiheit hatten, dabei reichlich für sich selbst zu sorgen. Die Juden sahen klare Sklaverei in einer solchen Herrschaft, und es ist kein Zufall, daß der Aufstand gegen die Römer im Jahr 66 damit begann, daß landauf landab die Zoll- und Steuerpächter (die sogenannten Zöllner) erschlagen wurden.

Daß Joseph mit Maria nach Bethlehem geht, hängt damit zusammen, daß er der Familie Davids angehört und diese Familie dort ihren gemeinsamen Erbbesitz hat, den es nun gemeinsam zu versteuern gilt. Der Rahmen der Weihnachtsgeschichte ist alles andere als eine Idylle. Es dürfte sehr viel Haß in Bethlehem versammelt gewesen sein, viel ohnmächtiger Zorn, viel stumpfe Resignation. Was die Engel singen, war in jenen Tagen schwer zu fassen.

In jener Zeit geschah es, daß der Kaiser Augustus ein Gesetz erließ, nach dem im ganzen römischen Reich eine Steuer zu erheben sei. Zum erstenmal wurden die Menschen in allen Provinzen aufgeschrieben, und jeder ging in die Stadt, aus der seine Familie stammte, um sich dort in die Listen des Kaisers eintragen zu lassen. So wanderte auch Joseph aus Galiläa, aus Nazareth, nach Bethlehem, der Stadt Davids, in Juda, weil er aus dem Geschlecht Davids stammte, um sich mit Maria, seiner Verlobten, zusammen eintragen zu lassen.

Maria aber war schwanger. Als sie nun in Bethlehem waren, kam ihre Stunde, und sie gebar ihren ersten Sohn, wickelte ihn in Windeln und legte ihn in eine Krippe, denn sie hatten sonst keinen Raum in der Herberge.

Östlich Bethlehems in Richtung auf die Wüste ist von jeher Weideland. Dort, an einem Platz, wo die Hirten mit ihren Herden übernachteten, spielt die Offenbarung der Engel. Die Hirten blieben von April bis Ende November, bis nämlich der Winterregen begann, auch nachts im Freien. Lukas denkt also sicher an eine andere Jahreszeit als die unseres Weihnachtsfestes.

Eine alte Legende meint, Jesus sei nicht in einem Stall, sondern in einer Höhle zur Welt gekommen und habe dort in einem Futtertrog gelegen. In dieser Höhle, unweit von Bethlehem, hausen heute noch Menschen. Es ist durchaus vorstellbar, daß hier Joseph und Maria ihre notdürftige Herberge fanden und daß die Hirten hierherkamen, in dieses Schlupfloch, in dem nicht nur quartiersuchende Leute von der Landstraße unterkamen, sondern auch die Partisanen, die um ihre Freiheit gegen die römische Macht kämpften. »Euch ist heute der Retter geboren« – was sollten sich jene Männer in jener Lage unter einem Retter vorstellen? Die Mißverständnisse um Christus, die ihn bis ans Kreuz brachten, beginnen schon in der Weihnachtsgeschichte sich abzuzeichnen.

Und es waren Hirten in jener Gegend, die hüteten in der Nacht auf dem Felde ihre Herden. Denen erschien der Engel Gottes, Licht von Gott umstrahlte sie, und sie fürchteten sich sehr. Und der Engel sprach zu ihnen: Fürchtet euch nicht! Ich verkündige euch große Freude für euer ganzes Volk. Für euch ist heute der Retter geboren, Christus, der Herr, in der Stadt Davids. Das Zeichen, an dem ihr ihn erkennt, ist dies: Ihr werdet das Kind in Windeln gewickelt und in einer Krippe finden.

Plötzlich aber war bei dem Engel eine Menge himmlischer Wesen, die Gott lobten und riefen:

Ehre sei Gott in der Höhe
und auf Erden sei Frieden
und die Freundlichkeit Gottes
bei den Menschen.

Als die Engel von ihnen geschieden waren, sprachen die Hirten zueinander: Kommt, wir gehen nach Bethlehem! Wir wollen sehen, was da geschehen ist. Und sie kamen in aller Eile und fanden Maria und Joseph und das Kind in der Krippe. Als sie es betrachtet hatten, fingen sie an zu erzählen, was für ein Wort ihnen über dieses Kind gesagt worden war, und Maria behielt alle ihre Worte und bedachte sie in ihrem Herzen. Die Hirten aber kehrten wieder um, priesen und rühmten Gott wegen all dem, was sie gehört und gesehen hatten.

Das Kind wuchs und wurde stark an Kraft des Geistes, und Gottes Gnade war bei ihm. Alle Jahre aber wallfahrteten seine Eltern zum Passafest von Nazareth nach Jerusalem, und als Jesus zwölf Jahre alt war, reiste er mit seinen Eltern dorthin. Nach dem Ende der festlichen Tage, als sie wieder nach Hause aufbrachen, blieb das Kind Jesus in Jerusalem ohne Wissen seiner Eltern. Sie meinten, er sei bei den anderen Reisenden, und suchten ihn nach einer Tagesreise bei den Verwandten und Bekannten. Als sie ihn nicht fanden, kehrten sie nach Jerusalem um und trafen ihn dort nach drei Tagen im Tempel. Dort saß er mitten unter den Gesetzeslehrern, hörte ihnen zu und fragte sie, und jeder, der zuhörte, wunderte sich über seinen Verstand und seine Antworten. Als nun die Eltern ihn sahen, waren sie entsetzt, und Maria fragte ihn: Mein Sohn, warum hast du

uns das angetan? Dein Vater und ich haben dich mit Schmerzen gesucht! Er antwortete: Warum habt ihr mich gesucht? Wißt ihr nicht, daß ich im Hause meines Vaters sein muß? Sie verstanden das Wort aber nicht, und er ging mit ihnen nach Nazareth und war ihnen gehorsam. Seine Mutter behielt alles, was geschehen war, in ihrem Herzen, Jesus aber nahm zu an Weisheit und an Alter und war Gott und den Menschen eine Freude. (Lukas 2)

Nacheinander werden die Menschen sichtbar, zu denen Jesus sich gesandt weiß.

Nicht die Armen im sozialen Sinne allein oder vor allem waren es, die Jesus meinte, wenn er von den Armen sprach. Die »Armen« waren für ihn vielmehr zunächst die Leute, die kein Recht hatten, sich zum heiligen Volk zu zählen, und keinen Zugang zu Gottes Reich, das in Kürze kommen sollte. Daß sie vielfach zugleich arm im physischen Sinne waren, kommt hinzu, aber es war nicht die Bedingung. Zu den »Armen« gehörten auch Leute wie Zachäus, der ein reicher Mann war.

Der Bericht von der Berufung der Fischer besteht bei Matthäus und Markus nur darin, daß Jesus sie bei der Arbeit sieht und sie ruft und daß sie mitgehen. »Ich will euch zu Menschenfischern machen«, sagte Jesus. Lukas beschreibt diese Berufung mit einer Geschichte, deren Sinn der ist, den Ausdruck »Menschenfischer« anschaulich zu machen. Ist hier niemand, der geeignet ist als Streiter für das Reich Gottes? Ist hier niemand, der zum heiligen Volk Gottes gehört? Petrus antwortet: Nein. Niemand. Wir haben nichts im Netz. Als er aber »auf das Wort Jesu« sein Netz noch einmal auswirft, fängt er eine so große Menge Fische, daß die Netze zu reißen drohen. Die Fische, die man im See Genezareth fängt, sind nicht groß, und ein Schiff bedarf schon einer ungeheuren Zahl der kleinen »Petrusfische«, um voll zu werden. Aber eben dies meint Jesus: Du wirst Menschen fangen. Die kleinen, armseligen Menschen, von denen andere meinen, es lohne sich nicht um sie: die Kinder. Die Frauen. Die Armen. Die Dirnen. Die Zöllner. Und das ganze Volk, das nach Meinung der Schriftgelehrten ungeeignet war für das Gottesreich. Jesus sieht in ihnen nicht »Ungeeignete«, sondern Gefangene, Geschlagene, Verstoßene und gibt ihnen das Recht, als freie Menschen vor Gott zu treten und Hoffnung zu schöpfen.

Wenn Jesus von den »Armen« spricht, dann meint er die Schicht im Land, von der der sanfte Rabbi Hillel sagt: »Sie

haben kein Gewissen und sind weniger als Menschen.«
Man darf sicher sein, daß überall dort in der Welt von
heute, wo Menschen für »weniger als Menschen« gelten,
Jesus seine »Armen« hat.

Nachdem Jesus angefangen hatte, öffentlich aufzu-
treten, kam er auch nach Galiläa, und die Kun-
de, er sei da, verbreitete sich in der ganzen Gegend. Er lehrte in den Gemeindehäusern, und alle
seine Hörer stimmten ihm zu.
So kam er auch nach Nazareth, wo er aufgewachsen war, und ging, wie er gewohnt war, am Sabbat
in das Gemeindehaus. Dort erhob er sich, um vor-
zulesen. Man reichte ihm die Schrift des Propheten
Jesaja, und als er sie aufrollte, fand er die Stelle,
an der es heißt:

Gott spricht durch mich.
Er hat mir den Auftrag gegeben,
den Armen die Liebe Gottes zu verkündigen.
Er hat mich gesandt,
den Gefangenen die Freiheit zu bringen,
den Blinden das Augenlicht,
den Zerschlagenen die Erlösung
und zu sagen, dies sei Gottes Stunde.

Er schloß die Rolle, gab sie dem Diener und setzte
sich, und die Augen aller im ganzen Haus sahen
auf ihn. Und er fing an zu reden: Heute ist all
dies erfüllt, heute, da ich zu euch spreche.
Und sie redeten alle über ihn und wunderten
sich, daß sie so starke und gute Worte aus seinem
Munde hörten. Aber einige fragten: Ist das nicht
der Sohn des Joseph? Doch er fuhr fort: Ihr werdet mir vorhalten, wer ein Arzt sei, müsse sich
selbst helfen können! Wir haben gehört, daß du

Maria war sicher keine
»Madonna«.

Sie war eher eine Schwester aller derer, die sich mit Kummer
und Mühsal durchs Leben schlagen und froh sein müssen,
wenn irgendwo ein Stall ihnen Zuflucht gewährt.

in Kapernaum große, wunderbare Taten getan hast! Zeig, was du kannst, auch in deiner Vaterstadt. Wahr ist, daß zu Elias Zeiten in Israel viele Witwen lebten, als es drei Jahre und sechs Monate nicht regnete und eine schwere Hungersnot im Lande war, aber Elia wurde nur zu der einen gesandt, die im fremden Land lebte, in Sidon. Es gab zu den Zeiten des Propheten Elisa viele Aussätzige, aber nur ein Fremder, Naeman aus Syrien, wurde geheilt.

Da wurden sie zornig, als sie das hörten, standen alle auf, stießen ihn zur Stadt hinaus und führten ihn an einen Felsen an dem Berg, auf dem ihre Stadt lag, und wollten ihn hinabstürzen. Aber er ging mitten durch sie weg. (Lukas 4)

Eines Tages, als er am See Genezareth stand, drängte sich das Volk um ihn und wollte das Wort von Gott hören. Da sah er zwei Schiffe am See liegen; die Fischer waren ausgestiegen und wuschen am Ufer ihre Netze. Er trat in das Schiff eines Fischers mit Namen Simon und bat ihn, er möge es ein wenig vom Ufer wegfahren. Er setzte sich und lehrte die Menschen vom Schiff aus. Als

er geendet hatte, wandte er sich an Simon: Fahrt hinaus und werft eure Netze aus, und ihr werdet einen Fang tun! Simon antwortete: Rabbi, wir haben die ganze Nacht gearbeitet und nichts gefangen. Aber wenn du es sagst, will ich das Netz auswerfen. Sie taten es und fingen eine so große Menge Fische, daß die Netze zu reißen begannen. Sie winkten den anderen Fischern, die im anderen Boot waren, sie sollten kommen und ihnen ziehen helfen. Die kamen und füllten beide Schiffe voll, daß sie zu sinken drohten. Als das Simon Petrus sah, warf er sich Jesus zu Füßen und sprach: Herr, geh aus meinem Schiff! Ich bin ein Mensch voll Schuld! Denn ihn und alle seine Freunde hatte Schrecken erfaßt wegen dieses Fischzugs. Aber Jesus sprach zu ihm: Fürchte dich nicht! Von jetzt an wirst du Menschen fangen! Und sie brachten das Schiff ans Land, verließen alles und gingen mit ihm. (Lukas 5)

Aus unserem Leben muß etwas herauskommen an Liebe und Gerechtigkeit, wenn etwas von uns bleiben soll.

Nun bat ihn eines Tages einer aus der Gemeinschaft der Pharisäer namens Simon, bei einem Mahl sein Gast zu sein. Und er ging in das Haus des Pharisäers und legte sich zu Tisch. In der Stadt lebte aber auch eine Dirne. Die hörte, er sei im Hause des Pharisäers zu Gast, ging hin und brachte ein Glas mit Salbe, trat an seine Füße, weinte, netzte seine Füße mit ihren Tränen und trocknete sie mit dem Haar ihres Hauptes, küßte seine Füße und salbte sie mit der Salbe. Als das der Pharisäer, der Gastgeber, sah, dachte er: Wenn der ein Prophet wäre, dann wüßte er, wer diese Frau ist, die ihn berührt, und was für ein Gewerbe sie treibt! Denn sie ist eine Dirne. Jesus wandte sich an ihn und sprach: Simon, ich habe dir etwas zu sagen. Er entgegnete: Rabbi, sprich! Ein Gläubiger, begann Jesus, hatte zwei Schuldner. Einer war ihm tausend Mark schuldig, der andere hundert. Beide konnten nicht bezahlen, und so schenkte er beiden ihre Schuld. Was meinst du: Wer wird ihm mit mehr Liebe danken? Simon antwortete: Ich denke, der, dem er mehr geschenkt hat. Jesus fuhr fort: Du hast richtig geurteilt. Und er wies auf die Frau und fragte Simon: Siehst du diese Frau? Ich bin in dein Haus gekommen, und du hast mir kein Wasser für meine Füße gegeben. Sie aber hat meine Füße mit Tränen genetzt und mit ihrem Haar getrocknet. Du hast mir keinen Kuß gegeben, sie aber küßt, seit ich hereinkam, unaufhörlich meine Füße. Du hast mein Haupt nicht mit Öl gesalbt, sie aber salbte meine Füße mit Salbe. Daran zeigt sich, daß ihr viele Sünden erlassen sind, denn sie hat mit viel Liebe geantwortet. Ein Mensch dagegen, dem wenig vergeben wird, hat wenig Liebe zu geben. Und er wandte sich an die Frau: Dir ist deine Schuld vergeben. Da redeten die Tischgäste im stillen miteinander: Wer ist der, daß er Sünden vergibt? Jesus aber sprach zu der Frau: Dein Glaube hat dir geholfen. Geh in Frieden. (Lukas 7)

Nicht Feuer vom Himmel ist nötig, sondern Güte auf dieser Erde.

Als nun die Zeit kam, in der geschehen sollte, was Gott bestimmt hatte, daß er nämlich sterben sollte, wandte er sich entschlossen dem Weg nach Jerusalem zu. Unterwegs sandte er Boten vor sich her, die kamen in ein samaritisches Dorf und wollten für ihn ein Quartier suchen. Aber die Bewohner des Dorfs nahmen ihn nicht auf, weil er auf dem Wege nach Jerusalem war. Das sahen Jakobus und Johannes und sprachen: Herr, wenn du es willst, lassen wir Feuer vom Himmel fallen, das sie verzehrt! Jesus aber wandte sich ihnen zu, fuhr sie an und sprach: Wißt ihr nicht, welchem Geist ihr verpflichtet seid? Ich bin nicht gekommen, Menschen zu töten, sondern sie zu retten. Und sie gingen in ein anderes Dorf.

Nicht heroischer Wille ist nötig, sondern konsequente Treue.

Unterwegs sprach ihn einer an: Ich will dir folgen, wohin immer du gehst. Und Jesus antwortete: Die Füchse haben Gruben, und die Vögel haben Nester. Ich, der ich im Auftrag Gottes arbeite, habe keinen Platz, an dem ich mein Haupt zur Ruhe legen könnte.

Einem anderen rief er zu: Komm mit mir! Der sprach aber: Erlaube mir, daß ich vorher noch hingehe und meinem Vater, der eben gestorben ist, die letzte Ehre erweise! Aber Jesus fuhr fort: Laß die Toten ihren Toten Ehre erweisen! Geh du aber mit mir und verkündige das Reich Gottes! Ein Dritter sprach: Herr, ich will mit dir gehen, aber erlaube mir, daß ich noch Abschied feiere mit den Meinen. Jesus aber erwiderte: Wer seine Hand an den Pflug legt und zurücksieht, taugt nicht zur Arbeit für das Reich Gottes. (Lukas 9)

Nicht Heiligkeit ist nötig, sondern praktisches Erbarmen.

Einmal stellte ein Schriftgelehrter Jesus eine Falle und fragte: Rabbi, was muß ich tun, um das ewige Leben zu gewinnen? Jesus fragte: Was steht darüber im Gesetz Gottes? Er antwortete: Du sollst Gott, deinen Herrn, lieben von ganzem Herzen, von ganzer Seele und mit allen deinen Kräften und deinen Nächsten wie dich selbst. Jesus bestätigte: Das ist richtig. Tu das, so wirst du leben. Er aber wollte noch einmal rechtfertigen, was er mit seiner Frage meinte, und fragte weiter: Wer ist denn dieser »Nächste«? Da erzählte Jesus folgende Geschichte: Ein Mann ging von Jerusalem nach Jericho hinab und fiel den Räubern in die Hände. Die zogen ihn aus, schlugen ihn zusammen und ließen ihn halbtot liegen. Es traf sich, daß ein Priester denselben Weg ging, und als er ihn liegen sah, ging er vorüber. Auch ein Tempeldiener kam an die Stelle, sah ihn und ging vorüber. Ein Samariter aber reiste gleichfalls diese Straße, und als er ihn sah, kümmerte er sich um ihn, ging hin, goß Öl und Wein auf seine Wunden, verband sie ihm, hob ihn auf sein Tier und brachte ihn in eine Herberge, um ihn zu versorgen. Am anderen Tag zog er zwei Silbermünzen heraus, gab sie dem Wirt und sprach zu ihm: Pflege ihn; und wenn du mehr für ihn ausgeben mußt, dann bezahle ich es dir, wenn ich zurückkomme. Was meinst du? Wer von den dreien hat sich dem, der den Räubern in die Hände gefallen war, als ein »Nächster« erwiesen? Der Schriftgelehrte sprach: Der sich seiner angenommen hat.

Da antwortete Jesus: So geh hin und tue dasselbe. (Lukas 10)

Einer forderte Jesus auf, während die Menschen ihn umstanden: Rabbi, sage meinem Bruder, er solle mit mir das Erbe teilen! Er antwortete: Mensch, wer hat mich zum Richter oder Nachlaßverwalter eingesetzt? Und er wandte sich an alle und sprach: Nehmt euch in acht! Hütet euch vor der Besitzgier! Niemand lebt von seinem Besitz. Es war einmal ein reicher Mann, dessen Feld eben eine gute Ernte gebracht hatte. Der dachte: Was soll ich tun? Ich habe keinen Lagerraum für meine Ernte. Ja, das will ich tun: Ich will alle meine Scheunen abbrechen und größere bauen und will darin mein Korn und meine Vorräte lagern und zu mir selbst sagen: Liebe Seele, du hast einen großen Vorrat. Der wird dir viele Jahre reichen. Gönne dir Ruhe, iß, trink und sei guten Mutes. Aber Gott sprach zu ihm: Du Tor! Diese Nacht wird man dein Leben von dir fordern! Wem wird dein Vorrat danach gehören? So geht es dem, der Schätze häuft und den Reichtum nicht hat, der vor Gott gilt. (Lukas 12)

Damals erzählten ihm einige die Sache mit den Galiläern, die Pilatus beim Opfer im Tempel hatte niedermachen lassen. Jesus fragte: Meint ihr, diese Galiläer hätten größere Schuld auf sich geladen als andere Leute aus Galiläa, weil ihnen das geschehen ist? Nein, sage ich. Wenn ihr euch nicht ändert, werdet ihr alle so umkommen. Oder meint ihr, jene achtzehn, über denen der Turm in Siloah zusammenstürzte und sie begrub, seien schlechtere Menschen gewesen als die übrigen Bewohner von Jerusalem? Nein, sage ich. Wenn ihr euch nicht ändert, werdet ihr alle ebenso umkommen. Es hatte einer in seinem Weinberg einen Feigenbaum. Er ging hin und suchte Feigen darauf und fand keine. Da sprach er zu dem Weingärtner: Nun bin ich drei Jahre lang jedes Jahr gekommen und habe an diesem Feigenbaum Frucht gesucht und finde sie nicht. Haue ihn ab! Wozu saugt er das Land aus? Der Weingärtner gab zur Antwort: Herr, laß ihn noch dieses Jahr stehen. Ich will um ihn her aufgraben und ihn düngen. Vielleicht bringt er dann Frucht. Wenn nicht, dann haue ihn ab.

Die Passion zeichnet sich ab.

Einmal kamen Pharisäer zu ihm und sprachen: Geh fort! Verlaß dieses Land! Herodes will dich töten! Er antwortete: Geht und sagt diesem Fuchs: Ich mache die Seelen der Menschen frei und heile ihre Krankheiten heute und morgen. Am dritten Tag werde ich am Ziel sein. Aber heute und morgen muß ich noch unterwegs sein, denn es geht nicht an, daß ein Prophet außerhalb von Jerusalem umkommt. Jerusalem, Jerusalem, du tötest die Propheten und steinigst Gottes Boten! Wie oft wollte ich deine Kinder sammeln, wie eine Henne ihre Jungen unter ihre Flügel sammelt – und ihr habt nicht gewollt! (Lukas 13)

Als einmal eine große Menge Menschen mit ihm zog, wandte er sich um und sprach: Wenn jemand zu mir gehören will und sich nicht von Vater, Mutter, Frau, Kindern, Brüdern und Schwestern völlig trennt, kann er nicht mein Jünger sein. Wer nicht sein Kreuz trägt und hinter mir hergeht, kann nicht mein Jünger sein. Wer einen Turm bauen will, setzt sich zuvor und überschlägt, ob er die Mittel hat, den Plan auszuführen. Sonst legt er den Grund und muß den Bau liegen lassen, und alle, die es sehen, fangen an, ihn zu verspotten! Ein König, der einen Krieg führen will gegen einen anderen König, berät sich zuvor, ob er mit zehntausend Mann den Kampf gegen seinen Feind, der mit zwanzigtausend über ihn kommt, aufnehmen könne. Wer nun sich nicht von allem trennt, was er hat, kann nicht mein Jünger sein. (Lukas 14)

»Verloren« ist einer, den niemand findet oder finden will.

Zu Jesus kamen auch viele Zöllner und Gottlose, um ihn zu hören. Und die Pharisäer und Schriftgelehrten murrten: Dieser läßt sich mit den Gottlosen ein und hält Tischgemeinschaft mit ihnen. Da redete Jesus zu ihnen: Wer unter euch, der hundert Schafe besitzt und davon eines verliert, läßt nicht die 99 in der Steppe, um dem verlorenen nachzugehen, bis er es findet? Und wenn er es

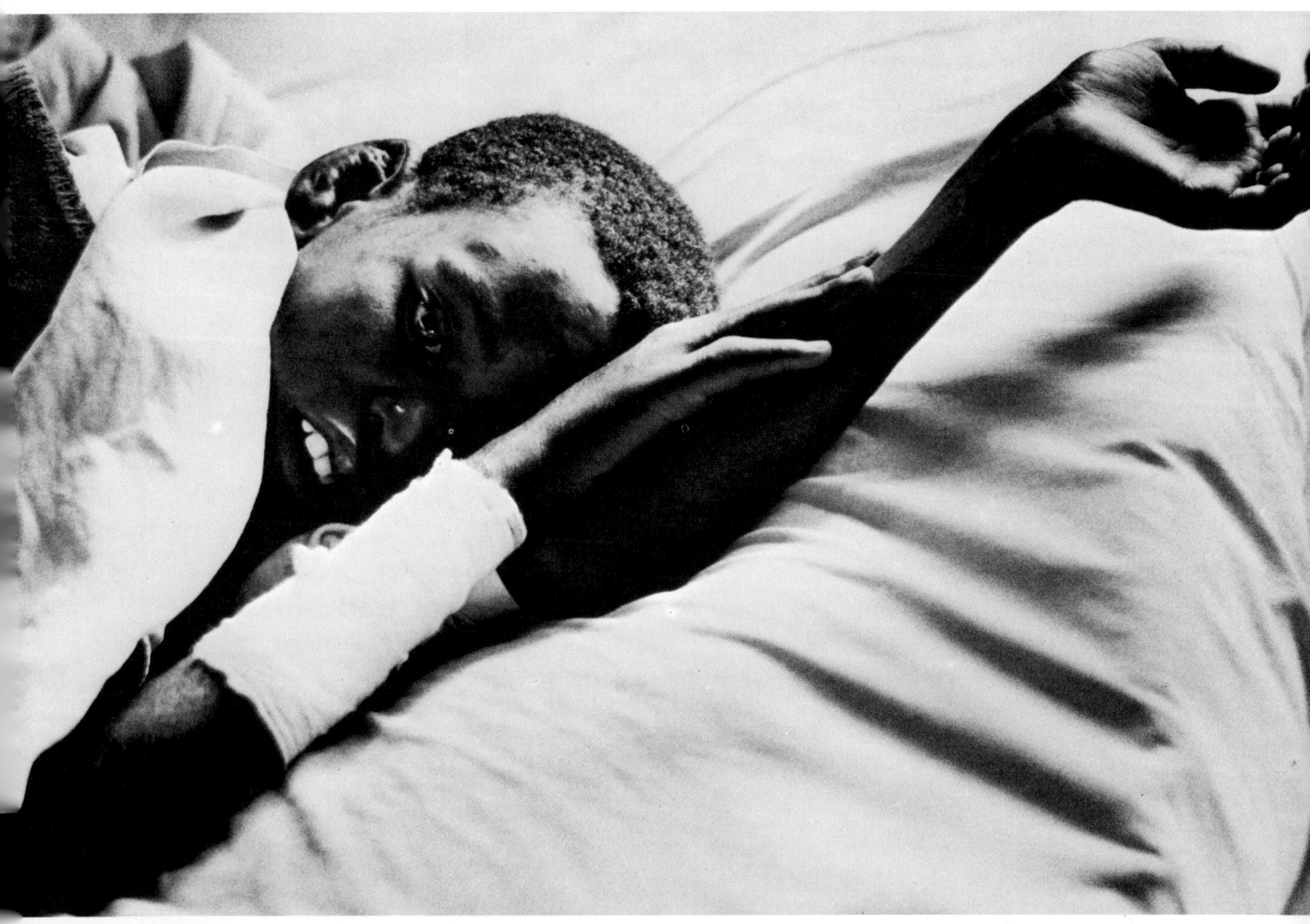

gefunden hat, nimmt er es mit Freuden auf die Schulter. Wenn er heimkommt, ruft er seine Freunde und Nachbarn und sagt: Freut euch mit mir! Ich habe mein verlorenes Schaf gefunden! So freut Gott im Himmel sich über einen Gottlosen, der sich zu ihm bekennt, mehr als über 99 Gerechte, die keiner Sinnesänderung bedürfen.

»Verloren« sind heute Millionen und aber Millionen Menschen. Sie hungern irgendwo in der Welt vor sich hin und haben keine Möglichkeit, zu schreien oder wie immer daran zu erinnern, daß sie noch da sind. Wenn ein Flugzeug abstürzt, geht die Meldung durch alle Nachrichtenkanäle der Welt. Daß alle Jahre 25 Millionen Hungers sterben, stört

niemanden, weil die einzelnen, die dieses Schicksal erleiden, »verloren« sind. Unauffindbar. Man weiß nicht, wie sie heißen und wo sie sind. Das Bild vom verlorenen Schaf hat für uns etwas Sentimental-Rührendes oder gar Abgeschmacktes. Für einen Hörer Jesu war es klar: Wenn ein Schaf nicht zu finden ist, stirbt es. Lieben heißt: den suchen, der in Gefahr ist umzukommen – an Leib oder Seele.
Man kann heute tun, was der Samariter getan hat, indem man Worte des Alten Testaments vollzieht. Etwa:
»Schaffe Recht dem Armen und der Waise und hilf dem Elenden und Bedürftigen zu seinem Recht. Errette den Geringen und Armen und erlöse ihn aus der Gewalt der Gottlosen.« Oder: »Tu deinen Mund auf für die Stummen und für das Recht der Schwachen. Gib der Gerechtigkeit deine Stimme und sprich für die Elenden und Armen.«

Jesus hat an diesem Punkt nichts Neues gebracht, sondern nur in einer Geschichte erzählt, was von jeher gegolten hat, seit man vom Willen Gottes etwas wußte.

Der »verlorene« Sohn ist nicht der unmoralische, sondern der, der in seine Verlassenheit hinausgelaufen ist und dort umkommt.

Ein Mann hatte zwei Söhne. Der Jüngere sprach zum Vater: Gib mir, Vater, was mir vom Erbe zusteht. Und der Vater teilte das Gut. Nicht lange danach raffte der Jüngere alles, was er besaß, zusammen und zog in ein fernes Land. Dort brachte er all seinen Besitz durch in einem leichtfertigen, üppigen Leben. Als er nun alles aufgezehrt hatte, kam über jenes Land eine Hungersnot, und er geriet ins Elend. Er suchte Arbeit bei einem Bürger des Landes, der schickte ihn auf seinen Acker, die Säue zu hüten. Und er hätte gern seinen Bauch mit dem Schweinefutter gefüllt, aber das war den Schweinen vorbehalten. Da ging er in sich und sagte zu sich selbst: Wieviel Tagelöhner hat doch mein Vater, die Brot in Fülle haben, und ich gehe im Hunger zugrunde! Ich will mich auf den Weg machen, zu meinem Vater gehen und sagen: Vater, ich habe Unrecht getan gegen Gott und gegen dich. Ich bin nicht mehr wert, dein Sohn zu heißen. Mach mich zu einem deiner Tagelöhner. Und er ging und kam zu seinem Vater. Dem tat sein Elend leid, er lief ihm entgegen, fiel ihm um den Hals und küßte ihn. Der Sohn aber sprach: Vater, ich habe Unrecht getan gegen Gott und gegen dich. Ich bin nicht mehr wert, dein Sohn zu heißen. Aber der Vater sprach zu den Knechten: Schnell! Bringt das beste Kleid, legt es ihm an, gebt ihm einen Fingerring an seine Hand und Schuhe für seine Füße! Und bringt das Kalb, das wir gemästet haben, und schlachtet es, und laßt uns essen und fröhlich sein. Denn dieser hier, mein Sohn, war tot und ist wieder lebendig geworden. Er war verloren, und wir haben ihn wiedergefunden. Und sie fingen an zu feiern.
Indessen war der ältere Sohn auf dem Feld. Als er nun ans Haus kam, hörte er das Singen und das Tanzen, rief einen der Knechte zu sich und fragte, was das zu bedeuten habe. Der sagte: Dein Bruder ist gekommen, und dein Vater hat das gemästete Kalb geschlachtet, weil er ihn gesund wiederhat.

Da wurde er zornig und wollte nicht hineingehen. Und sein Vater kam heraus und bat ihn. Er aber antwortete: Bedenke! Ich diene dir seit so vielen Jahren und habe deine Befehle noch nie übertreten, aber du hast mir noch nie auch nur einen Bock gegeben, so daß ich hätte mit meinen Freunden ein Fest feiern können. Jetzt aber, da dein Sohn gekommen ist, der dein Gut mit Dirnen durchgebracht hat, hast du für ihn das gemästete Kalb geschlachtet. Der Vater aber sprach: Mein Sohn, du bist immer bei mir, und alles, was mir gehört, gehört auch dir. Du solltest fröhlich und guten Mutes sein, denn dieser, dein Bruder, war tot und ist wieder lebendig geworden, er war verloren und ist wiedergefunden. (Lukas 15)

Wichtig ist nicht, wie der Reiche sich Himmel oder Hölle vorstellt. Wichtig ist, ob er den sieht, der vor seiner Tür sitzt.

Und Jesus sprach weiter und erzählte eine andere Geschichte:
Es war ein reicher Mann, der trug Gewänder aus kostbaren purpurnen Stoffen und lebte alle Tage herrlich und in Freuden. Vor der Tür seines Hauses aber lag ein Armer mit Namen Lazarus, mit Geschwüren bedeckt, der hätte sich gerne mit dem gesättigt, was von des Reichen Tisch weggeworfen wurde. Aber die einzigen, die zu ihm kamen, waren die Hunde, die ihm die Geschwüre leckten. Nun geschah es, daß der Arme starb und von den Engeln in Abrahams Schoß getragen wurde. Der Reiche starb auch und wurde begraben. Als er nun in der Hölle war und in der Qual, blickte er auf und sah von ferne Abraham und Lazarus in seinem Schoß. Und er rief: Vater Abraham! Sei barmherzig und sende Lazarus! Er soll seine Fingerspitze in Wasser tauchen und meine Zunge netzen, denn ich leide Schmerzen in diesem Feuer! Abraham sprach: Bedenke, Sohn, daß du in deinem Leben Glück empfangen hast, Lazarus dagegen Elend. Nun wird er getröstet, und du leidest die Schmerzen. Überdies ist aber zwischen uns und euch eine weite Kluft. Wer zu euch

hinübergehen wollte, könnte nicht, und ihr könnt nicht zu uns. Da rief er: Dann bitte ich dich, Vater, sende ihn in das Haus meines Vaters. Ich habe noch fünf Brüder! Er soll sie warnen, damit sie nicht auch an diesen Ort der Qual kommen. Abraham antwortete: Sie haben Mose und die Propheten, auf die sollen sie hören! Er fuhr fort: Nein, Vater Abraham! Wenn einer von den Toten zu ihnen käme, dann würden sie sich ändern! Abraham erwiderte: Hören sie Mose und die Propheten nicht, dann glauben sie auch nicht, wenn jemand von den Toten kommt. (Lukas 16)

»Frieden auf Erden«

Mit der Friedensbotschaft der Engel hatte es angefangen. Dann folgte eine Lebensgeschichte, in der von Frieden wenig, sehr viel aber von dem Krieg zu merken war, der unter den Menschen herrscht.
Die Geschichten, die Lukas erzählt, handeln fast durchweg von Menschen, deren Leben Krieg ist. Krieg aller gegen alle. Krieg der Starken gegen die Schwachen. Krieg der Moralischen gegen die Verkommenen. Krieg der Auserwählten gegen die Verdammten.
Ob etwas anderes möglich sei als Krieg, das war das Lebensthema Jesu. Ob es Vertrauen gebe und Verzeihen, Güte und Verzicht auf Gewalt. Ob der Friede, den Gott will, auf irgendeine Weise auf dieser Erde wirksam werden könne. Der Friede zwischen Gott und den Menschen, zwischen den Menschen und in den Menschen.

Jerusalem heißt die »Stadt des Friedens«. Wenige Städte haben im Lauf ihrer Geschichte so viel Krieg gesehen wie sie. Hier sind es die Israelis, die nach der Eroberung der Altstadt durch das Stephanstor treten, das Kidrontal vor sich und den Ölberg. Strahlende Sieger. Wir sind nicht die Leute, die zu beurteilen haben, wieviel Recht dieser Krieg hatte. Aber wir sehen, daß er seitdem anhält, in den Menschen und zwischen den Völkern, und daß keine Aussicht besteht, daß er dem Frieden Platz macht.
In unmittelbarer Nähe liegt der Garten Gethsemane, liegen der Hügel Golgatha und das Grab Christi, und dreißig Schritt von diesem Tor der Teich Bethesda, an dem Jesus jenen Kranken geheilt hat, weil er auch die Ärmsten, auch die zur Seite Gestoßenen, in das brüderliche Heilige Volk einfügen wollte, damit endlich Frieden wird. Aber die Antwort, die man ihm in der Stadt Jerusalem gab, war wieder Krieg: Der Tod für den, der den Frieden brachte.

165

Dankbarkeit ist gut. Aber sie ist kein Alibi für die Eitelkeit.

Jesus wandte sich an einige Leute, die meinten, sie seien fromm, und die die anderen verachteten, und erzählte ihnen diese Geschichte: Zwei Männer gingen hinauf in den Tempel, um zu beten, der eine ein Pharisäer, der andere ein Zöllner. Der Pharisäer stand da und betete vor sich hin: Ich danke dir, Gott, daß ich nicht bin wie die anderen Leute, die Räuber, die Betrüger, die Ehebrecher oder auch wie dieser Zöllner. Ich faste zweimal in der Woche und gebe den zehnten Teil meines Verdienstes als Opfer. Der Zöllner stand indessen weiter entfernt und getraute sich nicht, den Blick zum Himmel zu erheben, sondern sprach: Gott, sei mir verruchtem Menschen gnädig! Ich sage euch: Gott war ihm, als er in sein Haus hinabging, näher als jenem anderen. Denn wer sich selbst erhöht, wird erniedrigt, wer sich selbst erniedrigt, wird erhöht werden. (Lukas 18)

Auf seinem Wege nach Jerusalem kam Jesus durch Jericho. Dort lebte ein Mann mit Namen Zachäus. Der war ein reicher Unternehmer im Zollwesen, und er wollte Jesus sehen und ihn kennenlernen, aber er konnte nicht, weil die Volksmenge ihn hinderte und weil er klein war. Da lief er voraus und stieg auf einen Maulbeerbaum, um ihn zu sehen, denn er wußte, daß Jesus an dieser Stelle vorbeikommen würde. Als Jesus an die Stelle kam, sah er ihn im Baum und rief ihm zu: Zachäus! Schnell, komm herunter! Ich muß heute in deinem Hause einkehren. Und er kam herab, so rasch er konnte, und nahm ihn mit Freuden in sein Haus auf. Als das die anderen sahen, ging ein Murren durch die Menge: Bei einem Gottlosen, einem Betrüger, ist er eingekehrt! Zachäus aber trat zu Jesus und sprach: Herr, die Hälfte meines Besitzes gebe ich den Armen, und wenn ich jemanden betrogen habe, gebe ich es ihm vierfach wieder! Er antwortete: Heute ist für dieses Haus ein Tag der Freude, denn auch er gehört ja zu Gottes Volk! Denn ich bin gekommen, die zu suchen und zu retten, die verloren sind. (Lukas 19)

Am 2. April des Jahres 30 zieht Jesus in Jerusalem ein.

Der Anlaß war eine Pilgerreise, die, wie der zeitgenössische Schriftsteller Josephus erzählt, alljährlich drei Millionen Juden nach Jerusalem führte. Mag das ein wenig übertrieben sein, das können wir uns jedenfalls vorstellen: daß die Straßen voll waren von hochgestimmten Menschen, die in den Tempel drängten, die sich auf den Straßen stauten und die bei Nacht auf allen Hügeln der Umgebung und in den Gärten an den Hängen im Freien kampierten. Das Fest währte sieben Tage.

Wer Jesus war, wußte man in der Stadt, und sicher begrüßte ihn ein Teil der Festgäste mit Begeisterung. Ein anderer Teil, vielleicht der größere, hielt sich erwartungsvoll zurück, um zu sehen, wie die gefährliche Begegnung zwischen dem unbotmäßigen Rabbi aus Galiläa und den politischen und religiösen Autoritäten in der Stadt sich abspielen würde.

Das Datum »2. 4. 30« wurde von der Wissenschaft als das wahrscheinlichste und vermutlich zutreffende ermittelt. Wenn Jesus, das ist die andere Annahme, im Jahr 7 vor Christus geboren wurde, war er zum Zeitpunkt seines Todes 37 Jahre alt.

Als Jesus nach Jerusalem hinaufziehen wollte, nahm er die zwölf zu sich und sprach mit ihnen auf dem Weg: Wir ziehen nach Jerusalem hinauf, die Hohenpriester und Schriftgelehrten werden mich vor Gericht stellen, sie werden mich zum Tode verurteilen und den Römern ausliefern. Die werden mich verspotten, geißeln und hinrichten. Aber am dritten Tage werde ich auferstehen. (Matthäus 20)

Als sie kurz vor Jerusalem waren, auf dem Ölberg, vor dem Dorf Bethphage, sandte Jesus zwei seiner Begleiter voraus und befahl ihnen: Geht in das Dorf, das vor euch liegt. Dort werdet ihr eine Eselin finden, die mit ihrem Füllen zusammen angebunden steht. Bindet sie los und bringt sie zu mir. Wenn euch jemand deswegen zur Rede stellt, dann sprecht: Der Herr braucht sie. Dann wird er sie euch lassen. Das geschah aber, weil sich das Wort des Propheten erfüllen sollte:

**Die Passion Christi wird
von Christen aller Kirchen
in Jerusalem gefeiert.
Jahr für Jahr.**

Sagt der Stadt Jerusalem:
Sieh her! Dein König kommt zu dir!
Er kommt ohne Gewalt
und reitet auf einem Esel,
auf einem Füllen des Lasttiers!

Die beiden gingen und taten, was Jesus ihnen befohlen hatte, brachten die Eselin und das Füllen, legten ihre Kleider darauf, und Jesus setzte sich auf das Tier. Und viele breiteten ihre Kleider auf den Weg, andere hieben Zweige von den Bäumen und streuten sie auf den Weg. Und die Menge, die vorausging und nachströmte, schrie:

Hilf, Herr, dem Sohn Davids!
Gepriesen sei er, der von Gott kommt!
Hilf, Herr in der Höhe!

Und als er in Jerusalem einzog, geriet die ganze Stadt in Bewegung, und man fragte hin und her: Wer ist das? Die Menge, die mit ihm gekommen war, antwortete: Jesus, der Prophet aus Nazareth in Galiläa!

Und Jesus ging in den Tempel und trieb alle Händler und alle Käufer, die im Tempel waren, hinaus, stieß die Tische der Geldwechsler um und die Stände der Taubenverkäufer und rief: In der Schrift steht: Mein Haus ist für das Gebet bestimmt, ihr aber macht eine Räuberhöhle daraus! Danach kamen Blinde und Lahme zu ihm in den Tempel, und er heilte sie. (Matthäus 21)

Drei oder vier Tage lang redet Jesus im Tempel und diskutiert mit Vertretern der verschiedenen Parteien.

Die Meinungen, die über ihn umliefen, stehen an verschiedenen Stellen des Neuen Testaments. Die Pharisäer: »Er hat den Teufel.« Petrus: »Du bist Christus.« Seine Angehörigen: »Er ist von Sinnen.« Ein einfacher Mann: »Nie hat jemand so geredet wie dieser.« Das Volk, das einer Heilung zusah: »Niemals hat es so etwas in Israel gegeben.« Die Pharisäer: »Er ist ein Fresser und Weinsäufer, ein Kumpan von Sündern und Ausbeutern.« Jesus selbst: »Selig, wer an mir keinen Anstoß nimmt.« Der Hauptmann unter dem Kreuz: »Es ist wahr! Der war Gottes Sohn!« Erst im Lauf von Tagen setzte das Urteil des hohen Rats sich gegen die vielen Stimmen einheitlich durch: »Er ist ein Gotteslästerer!«

Alle Jahre wird in Jerusalem die Begrüßung Jesu durch das Volk mit Palmzweigen in einer Prozession nachvollzogen, damit deutlich bleibt: Wer Jesus als seinen Herrn und Meister begrüßt, geht, wenn er nicht doch noch »Kreuzige« ruft, einen gefährlichen Weg. Denn am Karfreitag tragen die Menschen, die am Palmsonntag vom Ölberg in die Stadt gehen, miteinander ein Holzkreuz an die Stelle von Golgatha. (s. Seite 181)

Von da an lehrte Jesus täglich im Tempel. Aber die Priester und die Schriftgelehrten und die führenden Männer im Volk suchten nach einem Weg, ihn umzubringen, aber sie wußten nicht, wie sie es anfangen sollten, denn das Volk stand auf seiner Seite und hörte ihm zu. (Lukas 19)
Und er sprach: Wie denkt ihr darüber? Ein Mann hatte zwei Söhne. Er wandte sich an den ersten und sprach: Mein Sohn, geh und arbeite heute im Weinberg! Der antwortete: Ja, Herr! und ging nicht hin. Und der Vater ging zum zweiten und sagte dasselbe. Der antwortete: Nein, ich tue

es nicht. Danach bereute er es und ging hin. Welcher von den beiden hat dem Willen des Vaters gehorcht? Sie antworteten: Der letzte. Jesus sprach: Es ist wahr, was ich sage. Die Zöllner und die Huren werden wohl eher ins Reich Gottes gelangen als ihr. Johannes kam zu euch und zeigte euch den rechten Weg. Ihr aber habt nicht geglaubt. Die Zöllner und Huren dagegen haben sich ihm anvertraut. Ihr habt das gesehen und habt euch doch nicht geändert und ihm nicht gehorcht.
Hört noch eine andere Geschichte: Es war ein Gutsbesitzer, der pflanzte einen Weinberg, umgab ihn mit einem Zaun, grub eine Kelter in ihm und baute einen Turm hinein. Dann gab er ihm an einige Weingärtner in Pacht und reiste außer Landes. Als nun die Erntezeit kam, sandte er seine Verwalter zu den Pächtern, die die Pacht abholen sollten. Die Pächter aber packten die Verwalter, schlugen den ersten zusammen, den zweiten

170

schlugen sie tot, den dritten bewarfen sie mit Steinen. Da sandte der Besitzer andere seiner Mitarbeiter, mehr als das erste Mal, aber die Pächter taten dasselbe mit ihnen. Zuletzt sandte er seinen Sohn, weil er sich sagte: Meinen Sohn werden sie nicht antasten! Als aber die Pächter den Sohn sahen, sprachen sie zueinander: Das ist der Erbe! Den töten wir. Dann gehört das Erbe uns! Und sie packten ihn, stießen ihn aus dem Weinberg und töteten ihn. Was meint ihr? Wenn der Herr des Weinbergs kommen wird, was wird er mit den Pächtern tun? Sie antworteten: Er wird die Verbrecher umbringen und wird den Weinberg anderen Pächtern geben, die ihm die Früchte zur rechten Zeit geben! Und Jesus fuhr fort: Ich sage euch: Die barmherzige Nähe Gottes wird euch genommen und einem Volk gegeben werden, das seine Früchte bringt.

In einem der Gärten am Westhang des heutigen Jerusalem steht, von einem israelischen Archäologen mit sechs Maurern in vierjähriger Arbeit aus Marmorsteinchen aufgebaut, das ganze Jerusalem zur Zeit Jesu. Hier geht der Blick von der Ostmauer in den äußeren Vorhof, in den sich das bunte Volk drängte und aus dem Jesus die Wechsler und Taubenhändler mit einer Geißel aus Stricken hinauswarf. Mitten auf dem Platz steht eine zweite Mauer, die man durch ein kleines Tor durchschreitet, um den Frauenvorhof zu betreten. Danach sieht man ein prächtiges bogiges Tor vor sich, das Nikanortor, durch man den Männervorhof betritt. Dort steht man unmittelbar vor dem Brandopferaltar und vor dem hohen Haupttor des Tempels. Daß der Tempel so verhältnismäßig klein erscheinen mag, hängt damit zusammen, daß die Gottesdienste nicht in ihm, sondern vor ihm gefeiert wurden und er nur den Sinn hatte, die Anwesenheit Gottes bei seinem Volk darzustellen. Im Hintergrund über dem Frauenvorhof erkennt man den Palast des Hohenpriesters und rechts vom Tempelgebäude den Palast des Herodes. In der Säulenhalle links fanden die Lehr- und Streitgespräche der Rabbinen statt.

Die Priester und Pharisäer hörten seine Geschichten und verstanden, daß er von ihnen sprach: Sie hätten ihn gern verhaften lassen, aber sie fürchteten sich vor dem Volk, denn das Volk hielt ihn für einen Propheten. (Matthäus 21)

Während der Gespräche stellt sich rasch heraus, daß Jesus keine Zustimmung und seine Gegner keine Nachsicht zu erwarten haben.

Da kamen die Pharisäer zu einer Beratung zusammen und überlegten, wie sie Jesus in einem Gespräch eine Falle stellen könnten, und sie sandten einige ihrer Schüler und einige Parteigänger des Herodes zu ihm, die sprachen zu ihm: Rabbi, wir wissen, daß du die Wahrheit liebst und den Weg Gottes klar zeigst. Du bist nicht befangen, denn dir liegt nicht am Beifall der Menschen. Sage uns, was du denkst: Ist es recht, daß man dem Kaiser Steuern zahlt, oder nicht? Als nun Jesus ihre Hinterlist erkannte, fragte er: Ihr Lügner! Wozu diese Falle? Gebt mir eine Steuermünze! Und sie gaben ihm eine Münze. Da fragte er: Wen stellt das Bild dar? Wessen Name steht drauf? Sie antworteten: Des Kaisers! Da sprach er: Dann gebt dem Kaiser, was dem Kaiser, und Gott, was Gott zusteht! Als sie das hörten, wunderten sie sich, ließen von ihm und gingen davon. (Matthäus 22)

Die Kopfsteuer, von der hier die Rede ist, mußte an die Römer gezahlt werden, und zwar in römischer Währung. Man gab also tatsächlich dem Kaiser, was ihm sowieso gehörte: sein Geld und seinen Kopf.

Da hielt Jesus an das Volk und an seine Jünger eine Rede: Auf dem Stuhl der Gesetzeslehrer, dem Stuhl Moses, sitzen heute die Schriftgelehrten und Pharisäer. Was sie euch sagen, das tut, danach richtet euch. Was sie aber selbst tun, das nehmt euch nicht zum Vorbild. Sie reden nur von der Erfüllung der Gebote, aber sie tun nicht, was sie fordern. Sie machen aus den Vorschriften des Gesetzes schwere Lasten und legen sie den Menschen auf den Hals, aber sie selbst rühren keinen Finger, sie mitzutragen. Was sie aber tun, das tun sie, um von den Leuten gesehen zu werden. Sie machen ihre Gebetsriemen breit und die Quasten an ihren Kleidern groß. Sie sitzen gerne obenan bei Tisch und in den Gemeindehäusern und lassen sich auf dem Markt gerne grüßen und als »Rabbi« anreden. Aber ihr sollt euch nicht Rabbi nennen lassen, denn einer allein ist euer Lehrer, ihr selbst aber seid alle Brüder. Ihr sollt niemanden auf der Erde »Vater« nennen, denn ihr habt nur einen Vater, den Vater im Himmel. Der Größte von euch soll euer Diener sein, denn wer sich selbst erhöht, der wird erniedrigt, wer sich selbst erniedrigt, wird erhöht.

Wehe euch, ihr Schriftgelehrten und Pharisäer, ihr Heuchler! Ihr verschließt das Himmelreich den Menschen! Ihr geht nicht hinein, und die es wollen, laßt ihr nicht hineingehen. Wehe euch, ihr freßt die Häuser der Witwen und verrichtet lange Gebete zum Vorwand!

Wehe euch, ihr Schriftgelehrten und Pharisäer, ihr Heuchler! Ihr gebt den Zehnten eurer Ernte an Minze, Dill und Kümmel als Opfer, aber das Wichtigste am Gesetz, nämlich das Recht, die Barmherzigkeit und den Glauben, laßt ihr dahinten! Das eine tun, das andere nicht lassen, darauf käme es an! Ihr blinden Führer! Ihr filtert Mücken und verschluckt Kamele!

Wehe euch, Schriftgelehrte und Pharisäer, ihr Heuchler! Ihr haltet Becher und Schüsseln außen rein, innen aber sind sie voll von Raub und Fraß. Wehe euch, Schriftgelehrte und Pharisäer, ihr Heuchler! Ihr seid wie die Grabhöhlen, die außen weiß getüncht sind, innen aber voller Totengebeine und Fäulnis. Äußerlich scheint ihr den Menschen fromm, innerlich aber seid ihr voll Lüge und Bosheit.

Wehe euch, Schriftgelehrte und Pharisäer, ihr Heuchler! Ihr baut den Propheten Denkmäler und schmückt die Gräber der Gerechten und sprecht: Hätten wir zu den Zeiten unserer Väter gelebt, wir wären an der Propheten Tod nicht mitschuldig geworden. Sagt ihr damit nicht, daß ihr Kinder von Prophetenmördern seid? Wohlan, tut, was eure Väter getan haben! Ihr Schlangen, ihr Otternbrut! Wie wollt ihr der höllischen Verdammnis entrinnen? (Matthäus 23)

Der Ölberg ist an seinem ganzen Westhang überzogen mit Gräbern. Darin liegt eine Hoffnung: Drüben am Tempel muß der erscheinen, der die Toten auferweckt, in Sichtweite sozusagen.

Jesus freilich kehrt den Gedanken um: An den Gräbern der Propheten wird deutlich, daß man den vielen – erschlagenen – Propheten nicht glauben wollte und sich also mit den Monumenten, die man für sie baute, selbst verurteilt.

Jesus bezeichnet sich als den Weltenrichter.

Damit sagt er: Er ist keiner der den Zeitgenossen vertrauten Götter oder Heilbringer, die freundlich sind, wenn man sie verehrt. Er ist verborgen in den Armen dieser Welt, und man findet Jesus nur so, daß man seinem Willen nachzuleben versucht. An ihm entscheidet sich, ob unser Leben Sinn hat oder scheitert.

Wenn aber der Herr der himmlischen Welt am Ende kommen wird mit allen seinen Engeln, wird er sich auf den Thron seiner göttlichen Majestät setzen und die Völker versammeln. Und er wird sie voneinander scheiden, wie ein Hirte die Schafe von den Böcken scheidet. Er wird die Schafe auf seine rechte Seite stellen und die Böcke zu seiner linken. Dann wird der König des Himmels zu denen sagen, die zu seiner Rechten versammelt sind: Kommt her! Gott hat euch gesegnet! Nehmt nun das Reich in Besitz, das von Anbeginn der Welt für euch bestimmt ist! Denn ich bin hungrig gewesen, und ihr habt mich gespeist. Ich bin durstig gewesen, und ihr habt mich getränkt. Ich bin ein Fremdling gewesen, und ihr habt mich beherbergt. Ich bin nackt gewesen, und ihr habt mich bekleidet. Ich bin krank gewesen, und ihr habt mich besucht. Ich bin gefangen gewesen, und ihr seid zu mir gekommen. Dann werden die Gerechten ihn fragen: Herr, wann haben wir dich hungrig gesehen und haben dir zu essen gegeben? Oder durstig und gaben dir zu trinken? Wann haben wir dich als Fremdling gesehen und dich aufgenommen? Oder nackt und haben dich bekleidet? Wann haben wir dich krank oder gefangen gesehen und sind zu dir gekommen? Und der König wird ihnen antworten: Dies ist wahr! Was ihr einem unter meinen ärmsten Brüdern getan habt, das habt ihr mir getan.
Dann wird der König sich an die zu seiner Linken wenden: Weg von mir, ihr Verfluchten! In das ewige Feuer, das für den Teufel und seine Diener vorbereitet ist! Ich bin hungrig gewesen, und ihr habt mich nicht gespeist. Ich bin durstig gewesen, und ihr habt mich nicht getränkt. Ich bin ein Fremdling gewesen, und ihr habt mich nicht aufgenommen. Ich bin nackt gewesen, und ihr habt mich nicht bekleidet! Ich bin krank und gefangen gewesen, und ihr habt mich nicht besucht. Dann werden auch sie fragen: Herr, wann haben wir dich hungrig oder durstig oder heimatlos oder nackt oder krank oder gefangen gesehen und haben dir nicht gedient? Und der König wird ihnen antworten: Das ist wahr: Was ihr einem unter meinen ärmsten Brüdern nicht getan habt, das habt ihr mir auch nicht getan. Und sie werden in die ewige Qual gehen, die Gerechten aber in das ewige Leben. (Matthäus 25)

Das Abendmahl wurde von Jesus als Passamahl gefeiert. Es begründet die Lebensgemeinschaft der Kirche mit dem zu Ostern auferstandenen Christus.

Am ersten Tag der ungesäuerten Brote kamen die Jünger und fragten: Wo sollen wir das Passamahl herrichten? Er antwortete: Geht in die Stadt zu dem und dem und sagt: Der Meister läßt dir sagen: Mein Ende ist nahe. Ich will mit meinen Jüngern zusammen bei dir das Passa feiern. Und die Jünger taten, was Jesus ihnen befohlen hatte, und richteten das Osterlamm her.
Am Abend legte er sich mit den Jüngern zu Tisch, und während des Essens sprach er: Das ist wahr! Einer von euch wird mich verraten! Und sie erschraken und fragten, einer nach dem anderen: Herr, bin ich's? Er antwortete: Der ist's, der die Hand mit mir in die Schüssel taucht! Ich gehe zwar in den Tod nach dem Ratschluß Gottes, den er den Propheten verkündet hat. Aber wehe dem Menschen, durch den es geschieht. Es wäre besser für ihn, er wäre nicht geboren. Da fragte Judas: Bin ich's, Rabbi? Er sprach: Du sagst es!
Als sie nun aßen, nahm Jesus das Brot, dankte, brach's, gab es seinen Jüngern und sprach: Nehmt und eßt, das ist mein Leib. Und er nahm den Kelch und dankte, gab ihn seinen Jüngern und sprach: Trinkt alle daraus, das ist mein Blut des Bundes, das vergossen wird für viele zur Vergebung der Sünden.

174

Danach sangen sie den Lobgesang und gingen aus der Stadt, hinüber an den Ölberg. Unterwegs sprach er zu ihnen: In dieser Nacht werdet ihr alle an mir irre werden. Wenn ich aber auferstehe, will ich euch in Galiläa wiederbegegnen.

Petrus antwortete: Wenn sie auch alle an dir irre würden, mir würde das niemals geschehen! Jesus sprach: Das ist wahr: In dieser Nacht, ehe der Hahn kräht, wirst du dreimal leugnen, mich zu kennen. Petrus beharrte: Und wenn ich auch mit dir sterben müßte, würde ich dich nicht verleugnen! Dasselbe wiederholten auch alle übrigen Jünger.

Eine vor kurzem in Israel eingewanderte jüdische Nomadenfamilie aus der arabischen Wüste feiert das Passa. Auf dem Tisch liegen die Brotfladen, die man »brach« und deren abgebrochene Stücke man verteilte. Viermal wurde der Becher mit Wein gefüllt und wurden dazu Lobgesänge gesprochen. Wenn das Lamm angerichtet war, trank man den ersten Becher und sprach einen Segen über den Wein, dann aß man bittere Kräuter mit ungesäuertem Brot. Danach belehrte der Hausvater die Familie über den Sinn des Festes und stimmte die Psalmen 114 und 115 an, in denen vom Auszug aus Ägypten die Rede ist. Zuletzt aß man das Lamm, zum vierten Becher stimmte man das Hallel an, den Hymnus von der Gnade Gottes: »Gelobt sei, der da kommt im Namen des Herrn!« Erlösung von aller Schuld und Freiheit für ein dankbares, glückliches Leben, das erhoffte der Jude vom Passa und das übertrug Christus auf den Dienst, den er an der Menschheit tat.

In der Mitte des Felsendomes, der »Omarmoschee«, liegt, das ganze Rund ausfüllend, der heilige Fels. Er wird vom Alten Testament als der Ort bezeichnet, an dem Abraham Isaak habe opfern wollen. In seiner Mitte ist ein großes, rundes Loch, und wer unter den Felsen tritt, sieht durch dieses Loch hindurch die Kuppel der Moschee. Vielleicht war dies eine Stätte, an der man Menschen opferte, bis Abraham die Erkenntnis kam, dies sei nicht der Wille Gottes, und das Tieropfer an die Stelle des Menschenopfers trat.

Es ist für uns heutige Menschen schwer vorstellbar, was ein Opfer überhaupt sei und wozu es helfe, und doch sprechen wir von einem »Opfer«, das ein Mensch bringen könne.

Das Geheimnis des Opfers durchzieht eben doch unser Leben. Und Christus, der sich als Sohn Gottes, des Vaters, verstand, wußte, daß der Vater ihn opfern würde, um die Welt zu retten. Die Geschichte von Abraham und Isaak ist seitdem ein Gleichnis für die Selbsthingabe des Sohnes, durch welche die Menschheit Gott finden sollte.

Der Kelch des Fests verwandelt sich für Christus in den Kelch des Leidens.

Da kam Jesus mit ihnen zu einem Hof mit Namen Gethsemane und sprach: Setzt euch hier! Ich will dort hinübergehen und beten! Nur Petrus und die Brüder Johannes und Jakobus nahm er mit. Und er wurde traurig und verzagt und sprach: Meine Seele ist todestraurig. Bleibt hier und wacht mit mir! Und er entfernte sich ein wenig, warf sich nieder auf sein Angesicht und betete: Mein Vater, ist's möglich, so bleibe mir dieser Kelch erspart. Doch nicht wie ich will, sondern wie du willst! Und er kam zu seinen Jüngern zurück, fand sie schlafend und sprach zu Petrus: Könnt ihr denn nicht eine Stunde mit mir wachen? Wacht und betet, damit euch die Angst nicht überwältigt! Der Geist ist willig, aber das Fleisch ist schwach. Und er ging noch einmal und betete: Mein Vater, ist's nicht möglich, daß mir dieser Kelch erspart bleibt, und muß ich ihn denn trinken, so geschehe dein Wille! Und er kam zurück und fand sie wieder schlafend, und sie konnten kaum die Augen öffnen. Er ließ sie und ging und betete zum drittenmal dieselben Worte. Zuletzt kehrte er zu seinen Jüngern zurück und redete sie an: Könnt ihr denn nichts als schlafen? Die Stunde ist da! Die Hände der Menschen greifen nach mir. Steht auf! Laßt uns gehen! Der Verräter kommt!

Nicht Befreiung ist der Sinn der Stunde, sondern Verzicht auf Freiheit.

Während er so sprach, kam Judas und führte eine große Schar an, die mit Schwertern und Spießen bewaffnet war, von den Priestern und Ältesten ausgesandt. Und der Verräter hatte mit ihnen verabredet: Der, den ich küssen werde, der ist's! Den nehmt fest. Und sofort trat er auf Jesus zu und sprach: Sei gegrüßt, Rabbi! und küßte ihn. Jesus fragte ihn: Mein Freund, warum bist du gekommen? Und sie umstellten ihn und nahmen ihn fest. Einer aus seiner Begleitung aber zog sein Schwert und schlug nach dem Diener des Hohenpriesters und hieb ihm ein Ohr ab. Da sprach Jesus: Stecke dein Schwert ein! Wer zum Schwert greift, kommt durchs Schwert um! Oder meinst du, ich könnte nicht meinen Vater bitten, mir mehr als zwölf Legionen Engel zu senden? Wie soll dann aber geschehen, was Gott bestimmt hat? Und Jesus sprach zu den Soldaten: Ihr seid ausgezogen mit Schwertern und Spießen, als gelte es, einen Mörder zu fangen! Saß ich nicht jeden Tag im Tempel und habe gelehrt, und ihr habt mich nicht festgenommen? Aber das geschieht alles so, wie es die Propheten angekündigt haben. Da verließen ihn alle seine Begleiter und flohen.

Der Hohe Rat, das »Synedrion«, bestand aus 71 Mitgliedern unter dem Vorsitz des Hohenpriesters.

»Die Hohenpriester« bestanden aus einem regierenden Ausschuß des Priesterstandes, die »Ältesten« waren die Vertreter der vornehmen Familien, und die »Schriftgelehrten« setzten sich aus Rabbinen der verschiedenen Parteien zusammen, vor allem aus Pharisäern.

Das Tempo der folgenden Ereignisse nimmt dem Leser den Atem: Verhaftung, Verhör, Verhandlung vor dem Synedrion, das erste Verhör vor Pilatus, die Zwischenverhandlung vor Herodes, zweites Verhör durch Pilatus, Verurteilung, Geißelung und Kreuzigung fanden innerhalb von etwa 12 Stunden statt. Kein Wunder, daß man angenommen hat, die Verhaftung habe schon am Dienstag stattgefunden und der Prozeß habe sich über 2–3 Tage erstreckt. Aber nichts deutet darauf hin, daß der Bericht der Evangelisten nicht zuträfe.

Denn der Hohe Rat hatte wenig Zeit. Am Freitag abend begann das Passafest. An Festtagen durfte niemand getötet werden, also mußte Pilatus in aller Eile zu seinem Urteil gedrängt werden. Bei ihm freilich galt Gotteslästerung nichts, also brachte man »Hochverrat« als Grund für die Anklage vor.

Die Soldaten aber führten ihn zum Hohenpriester Kaiphas, bei dem auch die Schriftgelehrten und die Pharisäer sich versammelt hatten, und nur Petrus ging ihm bis in den Palast nach und setzte sich zu den Soldaten, um zu sehen, wie die Sache ausginge. Die Priester und der ganze Hohe Rat suchten indessen falsche Aussagen, die ein Todesurteil möglich machen sollten; obwohl aber viele falsche Zeugen auftraten, fanden sie keine. Zuletzt kamen zwei und sagten: Er hat behauptet: Ich kann den Tempel Gottes abbrechen und in drei Tagen wieder aufbauen! Da stand der Hohepriester auf und fragte: Antwortest du nichts zu dem, was diese gegen dich aussagen? Aber Jesus schwieg. Und der Hohepriester fuhr fort: Ich stelle dich unter Eid und frage dich vor dem lebendigen Gott, ob du der Christus, der Sohn Gottes, bist. Jesus antwortete: Du sagst es. Und ich sage noch mehr: Ihr werdet mich sitzen sehen zur Rechten Gottes und kommen in den Wolken des Himmels! Da zerriß der Hohepriester seine Kleider und rief: Er hat Gott gelästert! Wozu brauchen wir weitere Zeugen? Ihr habt seine Gotteslästerung gehört. Wie urteilt ihr? Sie antworteten: Er hat den Tod verdient! Da spuckten sie ihm ins Angesicht und schlugen ihn mit Fäusten. Einige aber schlugen ihn ins Gesicht und sprachen: Weissage uns, du Christus! Wer ist das, der dich eben schlug?

Was Judas eigentlich wollte, weiß niemand.

Der Widerspruch, daß er ihnen Jesus auslieferte und, nachdem der Sinn seines Verrats sich erfüllt hatte, sich erhängte, ist nicht aufzulösen. Vielleicht gehörte er zu den Eiferern, den »Zeloten«, die darauf drängten, daß der Messias in Jerusalem gegen die Römer als König Israels auftrete, und vielleicht hielt er Jesus für diesen Messias. Vielleicht zögerte Jesus für seine Vorstellungen zu lange. Vielleicht wollte er ihn in eine Situation bringen, in der ihm nichts übrigblieb, als den Aufstand auszurufen. Und vielleicht war dies, daß Jesus sich zum Tod verurteilen ließ, ohne irgend etwas dagegen zu unternehmen, der Grund für seine Verzweiflung. Niemand weiß es.

Inzwischen saß Petrus draußen im Hof; da kam eine Magd und sprach: Du warst auch mit dem Jesus aus Galiläa! Er aber leugnete, so daß es alle hörten, und sprach: Ich verstehe dich nicht! Während er aber zur Tür hinausging, sah ihn eine andere und äußerte zu denen, die umherstanden: Der gehört auch zu den Begleitern des Jesus von Nazareth! Und Petrus leugnete noch einmal und schwur dazu: Ich kenne den Menschen nicht! Nach einer kleinen Weile kamen die Umstehenden zu Petrus und sagten: Ja, das ist wahr! Du bist auch einer von denen! Deine Sprache verrät dich! Und noch einmal leugnete er und verfluchte sich selbst: Ich kenne den Menschen nicht! Da krähte der Hahn. Und Petrus dachte an das Wort, das Jesus zu ihm gesagt hatte: »Ehe der Hahn kräht, wirst du mich dreimal verleugnen«, ging hinaus und weinte verzweifelt. (Matthäus 26)

Das geschah während eines Aufstandes in einem europäischen Land. Sie hatten einen erwischt. Einen von den Feinden. Von denen, die sie haßten. Und als sie ihn gründlich mißhandelt hatten, schleppten sie ihn an einem Seil mit zusammengebundenen Füßen durch die Straßen. Daß der Feind die Arme ausgestreckt hatte, als wäre er gekreuzigt, war Zufall.

Der Haß sucht sich sein Opfer. Und er weiß immer, daß das Opfer alles verdient hat, was man ihm antut.

Die Kreuzprozession in Jerusalem ist eine Übung. Man übt sich darin, sich um den zu sammeln, der das Opfer des Hasses ist, und man dankt dem, der sich aus Liebe zusammenschlagen ließ und aus Liebe starb.

Pilatus war zu korrupt, um dem Ansinnen des Hohen Rates ernsthaft Widerstand zu leisten.

Als es Tag wurde, berieten die Priester und Ältesten, wie man zu einem Todesurteil kommen könne, sie fesselten Jesus und führten ihn zu Pontius Pilatus, dem römischen Statthalter.

Als Judas, der ihn verraten hatte, sah, daß Jesus zum Tode verurteilt sei, bereute er seine Tat und brachte die dreißig Silberstücke den Priestern und Ältesten zurück: Ich habe unrecht getan, daß ich einen unschuldigen Menschen verraten habe! Sie antworteten: Was geht das uns an? Laß das deine Sache sein! Und Judas warf die Silberstücke in den Tempel, ging davon und erhängte sich.

Indessen wurde Jesus dem Statthalter vorgeführt. Und Pilatus fragte ihn: Bist du der König der Juden? Jesus antwortete: Du sagst es. Aber als die Priester und Ältesten ihre Anklage vorbrachten, antwortete er nichts. Da fragte Pilatus: Hörst du nicht, wie schwer diese Anklage ist? Aber er erwiderte kein Wort, so daß der Statthalter sich sehr wunderte. (Matthäus 27) Denn sie hatten vorgebracht, er verhetze das Volk und fordere, man dürfe dem Kaiser keine Steuer bezahlen; zudem behaupte er, er sei ein König.

Nun hatte Pilatus die Gewohnheit, am Fest einen Gefangenen freizugeben nach der Wahl des Volks. Damals hatte er gerade einen besonderen Gefangenen: Barabbas. Der lag eines Aufruhrs wegen, der in der Stadt geschehen war, und wegen eines Mordes gefangen. Und Pilatus fragte die Menge: Welchen soll ich freigeben, Barabbas oder Jesus, von dem gesagt wird, er sei der Christus? Denn er wußte wohl, daß sie ihn aus Haß angeklagt hatten.

Aber die Priester und Ältesten beredeten das Volk, man solle um Barabbas bitten und für Jesus den Tod fordern. Der Statthalter fragte also: Welchen von den beiden soll ich euch freigeben? Sie riefen: Barabbas! Pilatus fragte: Was soll ich denn mit Jesus machen, von dem man doch sagt, er sei der Christus? Sie schrien: Laß ihn kreuzigen! Er fragte: Was hat er denn Böses getan? Sie schrien aber noch lauter: Laß ihn kreuzigen! Als nun Pilatus sah, daß er sich nicht durchsetzte, sondern der Lärm immer größer wurde, ließ er eine Schüssel mit Wasser kommen und wusch die Hände vor aller Augen und sprach: Ich bin unschuldig an seinem Tode! Die Schuld trifft euch! Da antwortete das ganze Volk: Wenn der unschuldig ist, treffe uns und unsere Kinder die Strafe Gottes! Da gab er ihnen Barabbas frei, Jesus aber ließ er geißeln und zur Kreuzigung abführen.

Die Soldaten des Pilatus nahmen Jesus in das Gerichtsgebäude, holten die ganze Truppe zusammen, zogen ihn aus, hängten ihm einen Purpurmantel um, flochten eine Dornenkrone und setzten sie ihm auf das Haupt. In seine rechte Hand gaben sie ihm einen Rohrstock, beugten die Knie vor ihm und verspotteten ihn: Gegrüßt seist du, du Judenkönig! spien ihn an, nahmen das Rohr und schlugen ihn damit aufs Haupt.
Als sie ihn verspottet hatten, zogen sie ihm den Mantel wieder aus und führten ihn zur Kreuzigung ab. Unterwegs trafen sie auf einen Mann aus Kyrene, Simon, der eben vom Felde kam, dem legten sie den Balken auf und zwangen ihn, Jesus den nachzutragen. (Matthäus 27)
Mit ihm zusammen trieben sie noch zwei Verbrecher hinaus, die mit ihm umgebracht werden sollten. (Lukas 23)

Das Kreuz steht stellvertretend für alles Leid, alle Verzweiflung und alle Schuld dieser Welt.

Schließlich kamen sie an den Platz, den man Golgatha nannte, Totenkopfberg. Und sie gaben ihm Essig, vermischt mit Galle, zu trinken, aber als er es schmeckte, wollte er es nicht zu sich nehmen. (Matthäus 27) Dort kreuzigten sie ihn und die beiden Verbrecher, den einen zu seiner Rechten, den anderen zu seiner Linken. Und Jesus sprach: Vater, vergib ihnen! Sie wissen nicht, was sie tun! (Lukas 23) Sie aber teilten seine Kleider und setzten sich, um ihn zu bewachen. Oben über seinem Haupt befestigten sie eine Schrift, die die Ursache seines Todes angab: Das ist Jesus, der König der Juden! (Matthäus 27) Und es standen auch Frauen da, die von ferne zusahen. Unter ihnen waren Maria Magdalena, Maria, die Frau des Jakobus, und Salome, die in Galiläa um ihn gewesen waren und ihm gedient hatten, und viele andere, die mit ihm nach Jerusalem gezogen waren. (Markus 15)

Die Vorübergehenden aber verlachten ihn, schüttelten die Köpfe und riefen: Du wolltest doch den Tempel in drei Tagen bauen! Rette dich nun selber, wenn du Gottes Sohn bist, und steig vom Kreuz herab! Ähnlich spotteten auch die Priester, die Schriftgelehrten und die Ältesten: Anderen hat er geholfen, sich selber kann er nicht helfen! Ist er der König Israels, so steige er vom Kreuz! Dann wollen wir ihm glauben. Er hat sich doch auf Gott verlassen, der rette ihn, wenn er ihn liebt! Sagte er doch: Ich bin Gottes Sohn! (Matthäus 27)

Einer von den gehenkten Verbrechern schmähte ihn ebenfalls: Bist du nicht der Christus? Rette dich und uns! Der andere widersprach ihm: Du bist in derselben Lage und fürchtest dich nicht vor Gott? Wir leiden zu Recht. Wir bekommen, was wir verdient haben, aber der hat nichts Böses getan. Und er wandte sich an Jesus: Denke an mich, wenn du in dein Reich kommst! Jesus antwortete: Ich sage dir: Das ist wahr! Heute noch wirst du mit mir im Paradiese sein! (Lukas 23)

Um die Mittagszeit brach eine Finsternis herein, die währte drei Stunden. Um die dritte Stunde des Nachmittags schrie Jesus: Eli, Eli, lama sabachthani! Das heißt: Mein Gott, mein Gott, warum hast du mich verlassen? Einige der Umstehenden hörten es und meinten: Er ruft den Elia! Einer von ihnen lief, holte einen Schwamm, füllte ihn mit Essig, steckte ihn auf ein Rohr und tränkte ihn. Die übrigen sprachen: Halt! wir wollen sehen, ob Elia kommt und ihm hilft! (Matthäus 27)
Und Jesus rief laut und sprach: Vater, ich befehle meinen Geist in deine Hände! Und als er das gesagt hatte, verschied er. Als der Hauptmann sah, was geschah, gab er Gott die Ehre und sprach: Dieser Mensch ist in Wahrheit ein Gerechter gewesen! Auch die vielen Zuschauer erschraken, schlugen an ihre Brust und kehrten in die Stadt zurück. (Lukas 23)
Als es Abend war, kam ein reicher Mann aus Arimathia namens Joseph, der ein Anhänger Jesu war, ging zu Pilatus und bat ihn um den Leichnam, und Pilatus befahl, man solle ihm den geben. Und Joseph nahm den Leib, hüllte ihn in eine reine Leinwand und bestattete ihn in seinem eigenen neuen Grab, das er in einen Felsen hatte hauen lassen, wälzte einen großen Stein vor den Eingang und ging weg. Und Maria Magdalena und die andere Maria setzten sich, dem Grab gegenüber, nieder. (Matthäus 27)

Er klagt um sein totes Kind

Johannes erzählt von einer Stunde in den letzten Tagen vor dem Tod Jesu, in der sich Jesus die Schürze umband, die Rolle des Haussklaven übernahm und seinen vom Staub der Straße schmutzigen Jüngern die Füße wusch. Ein freier Mann tat so etwas nicht. Ein Gott nach Art der Religionen um Israel her hätte es auch nicht getan. Und nun beugt sich Christus nieder und tut den verachteten Dienst, um zu zeigen, wessen sich die Menschen von Gott zu versehen hätten: daß er sich zu ihnen niederbeuge und daß er sich auf ihre Mühsal, ihr Elend und ihre Schuld einlasse. Am Gründonnerstag wiederholen die orthodoxen Priester vor der Grabeskirche in Jerusalem diese Geschichte, weil sie über der Pracht ihrer Gewänder und ihrer Feiern nicht vergessen wollen, daß Christen einander nicht sozusagen »von oben« beherrschen, sondern von »unten«, durch Hingabe und Opfer, frei machen sollen.

Was die Männer mit ihren schönen Bärten miteinander tun, kann eine bloße Sitte und die Sitte kann eine Phrase sein. Es kann auch eine Erinnerung sein, die ihr gemeinsames Leben bestimmt. Denn Jesus sagte damals: »Ein Zeichen habe ich euch gegeben, damit ihr tut, was ich getan habe.«

Aber es ging Christus nicht darum, daß der Mensch durch ihn ein Sklave werden solle. Er war selbst alles andere als dies. Für Johannes war Jesus vielmehr der »Sohn Gottes«, der aus der Höhe kam und das Licht Gottes ausstrahlte, der Mächtige, der künftig in der Welt die eigentliche Macht ausüben werde. Und wer sich niederbeugt wie Christus, so versteht er die Geschichte von der Fußwaschung, empfängt dadurch erst die Würde und Hoheit, die Gott ihm als einem Menschen zugedacht hat.

s. Seite 192.

Der Tod ist nicht das Ende

Wenn die Freunde Jesu ihm nach seinem Tode als einem Lebendigen begegnet sind – auf welche leibliche oder geistige Weise immer –, dann bedeutete das für sie: Dieser Tod, dieser schreckliche Abgrund ist nicht das Ende der Macht und Liebe Gottes. Und: Dieser Tod ist nicht das Ende des Menschen. Gott und der Mensch haben miteinander noch eine Zukunft. Über den Tod soll man hinübersehen wie über ein dunkles Hindernis, hinter dem der Weg weitergeht, der Weg in die Freiheit und die Fülle.

Als der Sabbat vorüber war, am Abend, kauften Maria Magdalena und Maria, die Mutter des Jakobus, und Salome Salben, um den Leib Jesu zu balsamieren. Am ersten Tag der Woche kamen sie in aller Frühe, als die Sonne aufging. Und sie fragten einander: Wer wird uns den Stein vom Eingang wälzen? Als sie aber dort waren, sahen sie, daß der Stein abgewälzt war. Es war ein sehr großer Stein. Sie betraten das Grab und sahen an der rechten Seite einen jungen Mann sitzen in einem langen weißen Kleid und erschraken. Der sprach aber zu ihnen: Erschreckt nicht! Ihr sucht Jesus von Nazareth, den Gekreuzigten! Der ist auferstanden und nicht hier. Seht, hier hatte man ihn hingelegt. Geht und sagt seinen Jüngern und Petrus, er werde nach Galiläa gehen, dort werdet ihr ihn sehen! Und sie liefen aus dem Grab und flohen, denn sie zitterten vor Grauen. (Markus 16)

An demselben Tage gingen zwei der Jünger nach Emmaus, einem Ort, der von Jerusalem eine Stunde entfernt lag, und besprachen miteinander, was geschehen war. Während sie nun so miteinander redeten, kam Jesus und ging mit ihnen, aber sie erkannten ihn nicht. Und er fragte sie: Wovon sprecht ihr? Da blieben sie traurig stehen, und Kleophas antwortete: Bist du der einzige unter den Festgästen in Jerusalem, der nicht weiß, was dort in diesen Tagen geschehen ist? Er fragte: Was war das? Sie erwiderten: Das mit Jesus von Nazareth! Der war ein Prophet und hat große Taten getan und machtvoll geredet vor Gott und den Menschen. Den haben unsere Priester und Ratsleute zum Tod verdammt und gekreuzigt. Wir hatten aber gehofft, er sei der, der Israel befreien würde. Da antwortete Jesus: O ihr Toren! Warum sind eure Herzen so träge? Warum glaubt ihr denn all dem nicht, was die Propheten angekündigt haben? Mußte nicht der Christus dies erleiden und durch das Leiden zu seiner Herrlichkeit gelangen? Und er fing an und legte ihnen die heilige Schrift aus, in der von ihm die Rede war. Währenddessen kamen sie nahe an Emmaus, und er stellte sich so, als wolle er weitergehen. Sie baten ihn aber: Bleibe bei uns, denn es will Abend werden, der Tag geht zur Neige! Und er ging mit ihnen in ihr Haus. Als er nun mit ihnen zu Tisch lag, nahm er das Brot, dankte, brach es und gab's ihnen. Da gingen ihnen die Augen auf, und sie erkannten ihn. Er aber verschwand vor ihren Augen.

Da sprachen sie zueinander: Brannte nicht unser Herz in uns, als er mit uns ging und uns die Schrift erklärte? Und sie standen in derselben Stunde wieder auf, kehrten nach Jerusalem zurück und fanden die elf versammelt mit den anderen, die zu ihnen gehörten. Die riefen ihnen entgegen: Es ist wahr! Der Herr ist auferstanden und Simon erschienen! Und sie selbst erzählten, was ihnen unterwegs begegnet war und wie sie ihn am Brotbrechen erkannt hätten. (Lukas 24)

Auf einem Berg in Galiläa sahen die Jünger Jesus. Und Jesus sprach zu ihnen:
Mir ist alle Macht im Himmel und auf der Erde gegeben. Geht und nehmt alle Völker in eure Gemeinschaft auf. Tauft sie und macht sie zum Eigentum des Vaters und des Sohnes und des heiligen Geistes. Lehrt sie leben nach meinen Weisungen und seid gewiß: Ich bin bei euch alle Tage bis an das Ende der Welt. (Matthäus 28)

Der erhabene Gott kommt in der Gestalt eines Menschen auf uns zu. Er beugt sich zu uns herab. Das ist das Grundthema des Johannesevangeliums.

185

Gott kommt und spricht
ein Wort – und
wie in der Schöpfungsgeschichte
strahlt das Licht auf.

Im Anfang war das Wort,
das Wort war bei Gott,
und Gott war das Wort.
Am Anfang schon war es bei Gott.

Alle Dinge sind durch das Wort gemacht,
und ohne das Wort ist nichts gemacht
von allen Geschöpfen.
Im Wort war das Leben,
und das Leben war das Licht der Menschen.
Und das Licht scheint in der Finsternis,
aber die Finsternis hat's nicht begriffen.

Ein Mensch war, von Gott gesandt,
der hieß Johannes.
Der war beauftragt, auf das Licht hinzuzeigen,
damit sie alle durch ihn glaubten.
Er war nicht das Licht,
sondern sollte hinzeigen auf das Licht.

Denn es war das Licht der Wahrheit,
das allen Menschen leuchtet,
die in diese Welt kommen.
Der das Licht ist, war in der Welt,
die Welt ist durch ihn gemacht,
und die Welt erkannte ihn nicht.

Er kam in sein Eigentum,
und die Seinen nahmen ihn nicht auf.
Doch die ihn aufnahmen und ihm glaubten,
machte er zu Kindern Gottes,
die nicht aus menschlichem Wesen
und menschlichem Willen geboren sind,
sondern aus Gott.

Und das Wort wurde ein Mensch
und wohnte unter uns,
und wir sahen seine Herrlichkeit,
die Herrlichkeit des einen Sohnes,
der vom Vater kam,
voller Gnade und Wahrheit.

Und von seiner Fülle haben wir alle
Gnade um Gnade genommen.

Niemand hat Gott je gesehen.
Der eine Sohn, der beim Vater ist,
hat ihn uns verkündigt. (Johannes 1)

Dieser Hymnus und die Geschichte von der Fußwaschung sind darum charakteristische Stücke aus dem Buch des Johannes, weil ihre zwei wichtigsten Bilder oder Symbole das ganze Evangelium durchziehen und beherrschen.

Das Bild von Licht und Finsternis: Licht ist Erkenntnis, Klarheit, Sinn. Finsternis ist Lüge, Verwirrung, Sinnlosigkeit. Immer wieder kehrt es: Das Licht kam in die Welt. Oder: Ich bin das Licht.

Und das Bild vom Wasser: Wasser bedeutet für Johannes das Leben, das aus dem Leid und dem Tod hervorgeht. Aus Wasser wird Wein. Wasser und Geist sind nötig, sagt Jesus zu Nikodemus. An einem Brunnen redet er mit einer Frau über das »lebendige Wasser«. Am Teich Bethesda heilt er einen Kranken. Einen Blinden heilt er mit dem Wasser von Siloah, seinen Jüngern erscheint er nach seinem Tod am See Genezareth. Immer wieder kehrt das: Ich habe das lebendige Wasser. Ich bin das Leben.

Auf vielen Wegen suchen
die Menschen immer nur eins:
das Leben.

Unter den Pharisäern war ein Mann mit Namen Nikodemus, ein Ratsherr. Der kam bei Nacht zu Jesus und grüßte ihn: Meister, wir wissen, daß du ein Lehrer bist, der von Gott kommt. Denn niemand kann die wunderbaren Dinge tun, die du vollbringst, wenn nicht Gott mit ihm ist. Jesus gab zur Antwort: Das ist wahr, das sage ich dir: Wenn jemand nicht von neuem geboren wird, kann er das Reich Gottes nicht sehen! Nikodemus fragte: Wie kann ein Mensch noch einmal geboren werden, wenn er alt ist? Kann er denn in seiner Mutter Leib zurückkehren und von neuem geboren werden? Jesus sprach: Was ich dir sage, ist wahr: Wenn jemand nicht aus Wasser und Geist geboren wird, kann er nicht ins Reich Gottes kommen. Was von Menschen geboren wird, das ist menschlich. Was vom Geist geboren wird, das ist Geist.

186

Wundere dich nicht, daß ich sage, ihr müsset von neuem geboren werden! Der Wind bläst, wo er will, und du hörst sein Sausen wohl, aber du weißt nicht, woher er kommt und wohin er geht. So ist jeder, der aus dem Geist geboren ist. Nikodemus fragte: Wie kann das geschehen? Jesus antwortete: Du bist ein Lehrer in Israel und weißt das nicht? Was ich sage, ist wahr: Ich rede, was ich weiß, und bezeuge, was ich gesehen habe, und ihr nehmt mein Wort nicht an. Wenn ihr nicht glaubt, solange ich von irdischen Dingen rede, wie würdet ihr glauben, wenn ich von himmlischen Dingen spräche? Es fährt niemand zum Himmel außer dem, der vom Himmel gekommen ist: nämlich der Sohn des Menschen. Und wie Mose in der Wüste eine Schlange aufhängte, so muß des Menschen Sohn aufgehängt werden, damit alle das ewige Leben finden, die an ihn glauben. Denn so sehr hat Gott die Welt geliebt, daß er seinen einzigen Sohn gab, damit die nicht verlorengehen, die an ihn glauben, sondern ewiges Leben gewinnen. (Johannes 3)

Was »Sohn Gottes« bedeutet? Die Hoheit eines Menschen, der aus einer anderen Wirklichkeit kommt und den Vater, Gott selbst, auf dieser Erde bekannt macht und vertritt. Und außerdem: den gehorsamen Menschen, der sich nur am Willen Gottes orientiert, dem des »Vaters«.

Auf einer Reise kam Jesus in eine Stadt in Samaria namens Sichar. Die lag in der Nähe des Feldes, das der Erzvater Jakob seinem Sohn Joseph hinterlassen hatte und bei dem sich der »Brunnen Jakobs« befand. Da nun Jesus müde war von der Reise, setzte er sich auf den Brunnenrand. Es war eben Mittagszeit. Da kam eine samaritische Frau, um Wasser zu schöpfen. Jesus redete sie an: Gib mir zu trinken. Denn seine Jünger waren in die Stadt gegangen, Lebensmittel zu kaufen. Die Frau antwortete: Wie kommst du dazu, mich um Wasser zu bitten? Du bist doch Jude und ich Samaritanerin! Jesus sprach weiter: Wenn du verstündest, was Gott dir hier für ein Vorrecht gibt, und wenn du wüßtest, wer der ist, der zu dir sagt: Gib mir zu trinken, dann würdest du ihn bitten, und er gäbe dir frisches Quellwasser.
Da wunderte sich die Frau: Herr, du hast doch nichts bei dir, mit dem du schöpfen könntest, und der Brunnen ist tief! Woher willst du Quellwasser

nehmen? Bist du mehr als unser Vater Jakob, der uns diesen Brunnen geschenkt hat, aus dem auch er selbst trank und seine Kinder und das Vieh? Jesus gab zur Antwort: Wer von diesem Wasser trinkt, den wird wieder dürsten. Wer aber von dem Wasser trinken wird, das ich ihm gebe, den wird nie wieder dürsten. Denn das Wasser, das ich ihm geben werde, wird sich in ihm selbst in eine Quelle verwandeln, deren Wasser ihm ewiges Leben gibt.
Da fuhr die Frau fort: Herr, gib mir dieses Wasser, daß ich keinen Durst mehr leiden und nicht mehr hierherkommen muß, um zu schöpfen! Er antwor-

Wasser wird von den Quellen des Jordan bis in den Negeb geleitet, damit auch in dem heißen, trockenen Süden ein Garten entsteht. »Wasser« ist für Palästina kein harmloser Vergleich, sondern ein Hinweis auf Tod und Leben.

tete: Geh heim, rufe deinen Mann und komm her! Die Frau sprach: Ich habe keinen Mann. Da erwiderte Jesus: Ja, das ist wahr, was du sagst: »Ich habe keinen Mann«. Fünf Männer hast du gehabt, und den du jetzt hast, der ist nicht dein Mann. Das ist richtig. Darauf die Frau: Herr, ich sehe, daß du ein Prophet bist! Sage, was sollen wir glauben: Unsere Väter haben auf diesem Berge angebetet, und ihr sagt, in Jerusalem, im Tempel, müsse man anbeten?

Neben dem Tempel und der Antonia, der römischen Kaserne, lag der Teich Bethesda, der aus zwei von Hallen umgebenen Becken bestand.

Jesus antwortete: Glaube mir, Frau, es kommt eine Zeit, in der werdet ihr den Vater weder auf diesem Berge noch in Jerusalem anbeten. Ihr kennt den Vater nicht, den ihr verehrt. Wir kennen ihn, denn das Heil kommt von den Juden. Aber es kommt die Zeit, und sie ist schon angebrochen, da werden die wahrhaftigen Anbeter den Vater anbeten, neu geschaffen durch seinen Geist und in voller Erkenntnis der Wahrheit. Denn solche Anbeter sucht Gott unter den Menschen. Gott ist Geist, und wer ihn anbeten will, muß ihn im Geist und in der Wahrheit anbeten.

Ich weiß, sprach die Frau, daß der Messias kommt, den man den Christus nennt. Wenn der kommen wird, wird er es uns allen verkündigen. Jesus antwortete: Ich bin es, der mit dir spricht.

Währenddessen kamen seine Jünger und wunderten sich, daß er mit einer Frau redete. Doch keiner sprach ihn darauf an: »Warum redest du mit ihr?« Da ließ die Frau ihren Krug stehen, ging in die Stadt und rief die Leute: Kommt! Draußen ist ein Mann, der hat mir alles gesagt, was ich getan habe, ob nicht der Christus ist!

Indessen ermahnten ihn die Jünger: Rabbi, iß! Er antwortete aber: Ich habe eine Speise, von der ihr nicht wißt! Da fragten sie einander: Hat ihm jemand zu essen gebracht? Die Speise, fuhr Jesus fort, von der ich lebe, ist die, den Willen dessen zu erfüllen, der mich gesandt hat, und sein Werk zu vollenden. (Johannes 4)

Später, als die Juden ein Fest feierten, zog Jesus nach Jerusalem hinauf. Nun ist aber in Jerusalem in der Nähe des Schaftores ein Teich, der auf hebräisch Bethesda heißt (Haus der Barmherzigkeit). An dem standen fünf Hallen, in denen Kranke, Blinde, Lahme und Schwindsüchtige lagen. Die warteten darauf, daß sich das Wasser bewegte. Denn ein Engel kam von Zeit zu Zeit und bewegte das Wasser. Wer nun zuerst, nachdem sich das Wasser bewegt hatte, hineinstieg, der wurde gesund, an welcher Krankheit er auch litt. Dort lag auch ein Mann, der schon 38 Jahre lang krank war. Jesus sah ihn liegen und hörte, er habe schon so lange gelegen, und fragte ihn: Willst du gesund werden? Herr, klagte der Kranke, ich habe keinen Menschen, der mich in den Teich bringt, wenn das Wasser sich bewegt. Und wenn ich komme, steigt immer ein anderer vor mir hinein. Jesus sprach zu ihm: Steh auf, nimm dein Bett und geh! Im selben Augenblick war der Mann gesund, nahm sein Bett und ging heim. (Johannes 5)

In einem tiefen Abgrund unter den Resten von Kirchen der späteren Zeit liegen heute die alten Wasserbecken, hundert Meter lang und 65 Meter breit, bei denen das Krankenhaus »Bethesda« gebaut war.

**Der Mensch steht nicht
unter dem Urteil von Menschen,
sondern unter ihrem Schutz.
Und das Urteil Gottes schließt
nicht aus, daß Gott
den Schuldigen schützt, und zwar
mit der Sorgfalt eines Schafhüters.**

Eines Tages, als Jesus wieder in Jerusalem war, ging er in der Morgenfrühe in den Tempel. Die Menschen strömten zu ihm hinauf, und er setzte sich und lehrte sie. Da brachten die Schriftgelehrten und Pharisäer eine Frau zu ihm, die beim Ehebruch ertappt worden war, stellten sie zwischen sich und Jesus und sprachen: Rabbi, diese Frau hat man auf frischer Tat im Ehebruch ergriffen. Mose hat uns im Gesetz geboten, Frauen dieser Art seien zu steinigen. Was sagst du? Das sagten sie aber, um ihm eine Falle zu stellen und ihn wegen falscher Lehre verklagen zu können. Aber Jesus bückte sich nieder und schrieb mit dem Finger auf die Erde. Als sie nun fortfuhren, ihn zu

fragen, richtete er sich auf und sprach: Wer unter euch ohne Schuld ist, der werfe den ersten Stein auf sie! und bückte sich wieder nieder und schrieb auf die Erde. Als sie das aber hörten, gingen sie hinaus, einer nach dem anderen, und die Ältesten zuerst. Und Jesus blieb allein da und die Frau, die zwischen dem Volk und ihm stand. Da richtete sich Jesus auf und sprach zu ihr: Frau, wo sind sie? Hat dich niemand verurteilt? Sie antwortete: Herr, niemand! Und Jesus fuhr fort: So verdamme ich dich auch nicht. Geh und sündige von nun an nicht mehr! (Johannes 8)

Den ersten Stein mußte nach der Vorschrift des Gesetzes der werfen, der die Anklage vorgebracht hatte. Er galt als der Mörder, wenn der Angeklagte zu Unrecht hingerichtet wurde.

In einer Rede in Jerusalem sprach Jesus: Was ich sage, ist wahr:
Ich bin der gute Hirte. Der gute Hirte läßt sein Leben für die Schafe. Der Tagelöhner, der kein Hirte ist, dem die Schafe nicht gehören, sieht den Wolf kommen und verläßt die Schafe und flieht. Der Wolf aber fällt die Schafe an und treibt sie

auseinander. Ich bin der gute Hirte und kenne die Meinen und bin den Meinen bekannt, wie mich mein Vater kennt und ich den Vater kenne. Ich lasse mein Leben für die Schafe. Ich habe auch andere Schafe, die nicht aus diesem Stall kommen. Die muß ich herführen, und sie werden meine Stimme hören, und es wird eine Herde unter einem Hirten werden.

Während nun Jesus in der Halle Salomos umherging, umringten ihn die Leute und sprachen: Wie lange läßt du uns im Ungewissen? Bist du der Christus, so sage es frei heraus! Jesus antwortete: Ich habe es euch gesagt, und ihr glaubt nicht, denn ihr seid nicht von meinen Schafen. Meine Schafe hören meine Stimme. Ich kenne sie, und sie folgen mir, und ich gebe ihnen das ewige Leben. Sie werden nicht mehr umkommen, und niemand wird sie mir aus meiner Hand reißen. Der Vater, der sie mir gegeben hat, ist größer als alles, und niemand kann sie aus meines Vaters Hand reißen. Ich und der Vater sind eins. (Johannes 10)

Der Mensch steht nicht unter der Herrschaft des Todes. Das Leben, das Christus gibt, überdauert den Tod.

Ein Mann aus Bethanien, dem Dorf Marias und ihrer Schwester Martha, mit Namen Lazarus, der Bruder der beiden Schwestern, lag krank. Da ließen seine Schwestern Jesus sagen: Herr! Dein Freund, den du liebhast, liegt krank. Als Jesus das hörte, sprach er: Diese Krankheit führt nicht zum Tode, sie wird vielmehr zur Verherrlichung Gottes und zur Verherrlichung des Sohnes beitragen! Danach hielt er sich noch zwei Tage lang an dem Ort auf, an dem er gerade weilte. Erst dann sprach er zu seinen Jüngern: Wir wollen nach Judäa gehen! Lazarus, unser Freund, schläft! Ich will hingehen und ihn wecken! Seine Jünger meinten: Herr, wenn er schläft, wird es besser mit ihm! Jesus hatte von seinem Tode gesprochen, sie meinten aber, er spreche vom Schlaf. Da sagte ihnen Jesus offen heraus: Lazarus ist gestorben. Ich bin froh um euretwillen, daß ich nicht da war, denn an ihm sollt ihr glauben lernen. Laßt uns zu ihm ziehen!

Als Jesus zu ihm kam, fand er, daß Lazarus schon vier Tage im Grabe lag. Weil aber Bethanien nur etwa eine halbe Stunde von Jerusalem entfernt lag, waren viele Juden zu Martha und Maria gekommen, um sie wegen ihres Bruders zu trösten. Martha hörte, Jesus sei unterwegs, und ging ihm entgegen, während Maria zu Hause blieb. Und sie sprach zu ihm: Herr, wärest du hier gewesen, wäre mein Bruder nicht gestorben. Aber ich weiß auch jetzt noch, daß dir Gott geben wird, was du von ihm erbittest. Jesus antwortete: Dein Bruder wird auferstehen! Martha fuhr fort: Ja, ich weiß, am Jüngsten Tage wird er auferstehen! Aber Jesus sprach zu ihr: Ich bin die Auferstehung und das Leben. Wer an mich glaubt, der wird leben, auch wenn er stirbt. Und wer lebt und an mich glaubt, wird niemals mehr sterben. Glaubst du das? Sie antwortete: Ja, Herr, ich glaube, daß du der Christus bist, der Sohn Gottes, der in die Welt gekommen ist!

Danach ging sie nach Hause, rief ihre Schwester Maria heimlich und sprach: Der Meister ist da! Er ruft dich! Maria stand rasch auf und ging zu ihm – er war noch nicht in Bethanien, sondern noch an dem Ort, an dem ihm Martha entgegengekommen war. Die Juden aber, die bei ihr im Hause waren und sie trösteten, folgten ihr und dachten: Sie geht zum Grab, um zu weinen.

Als nun Maria zu Jesus kam, warf sie sich ihm zu Füßen und sprach: Herr, wärest du hier gewesen, mein Bruder wäre nicht gestorben. Und Jesus sah sie weinen und mit ihr die Trauergäste, er wurde zornig und betrübt und fragte: Wo habt ihr ihn hingelegt? Sie antworteten: Herr, komm! Sieh es! Und Jesus gingen die Augen über. Da sagten die Juden zueinander: Seht! Wie hat er ihn liebgehabt! Einige unter ihnen fragten auch: Konnte er, der dem Blinden die Augen geöffnet hat, nicht verhindern, daß Lazarus starb? Da faßte Jesus noch einmal der Zorn. Und er kam zum Grab, zu einer Höhle, vor der ein Stein lag. Jesus rief: Hebt den Stein ab! Da sprach Martha zu ihm: Herr, er stinkt schon! Denn er hat vier Tage gelegen! Jesus erwiderte: Habe ich dir nicht gesagt, du würdest die Herrlichkeit Gottes sehen, wenn du glaubtest? Da hoben sie den Stein ab. Und Jesus richtete die Augen zum Himmel und sprach: Vater, ich danke dir, daß du mich erhört hast. Ich wußte wohl, daß du mich alle Zeit erhört hast, aber ich danke dir um der Menschen willen, die hier stehen, denn sie sollen glauben, daß du mich gesandt hast! Danach rief er mit lauter Stimme: Lazarus, komm heraus! Und der Verstorbene kam heraus, mit Grabtüchern an Füßen und Händen umwickelt, und sein Gesicht war mit einem Schweißtuch verhüllt. Und Jesus befahl: Macht die Binden los und laßt ihn gehen! (Johannes 11)

Der Mensch steht nicht unter der Herrschaft von Menschen. Wer die höchste Würde sucht, trete für ihn ein dort, wo ein Helfer am nötigsten ist.

In den Tagen vor dem Osterfest erkannte Jesus, daß nun seine Stunde gekommen war, aus dieser Welt zum Vater zu gehen. Es war alles vollendet: Er hatte die Seinen geliebt, die in der Welt waren, und liebte sie bis ans Ende. Und beim Abendessen stand er auf, legte sein Obergewand ab und band sich eine Schürze um. Dann goß er Wasser in ein Becken und fing an, seinen Freunden die Füße zu waschen und sie mit dem Schurz zu trocknen. So kam er auch zu Simon Petrus, aber der sprach zu ihm: Herr, du willst mir die Füße waschen? Jesus antwortete: Was ich tue, verstehst du jetzt noch nicht, du wirst es später einsehen. Aber Petrus fuhr fort: Auf keinen Fall wirst du mir die Füße waschen! Jesus antwortete: Wenn ich dich nicht wasche, hast du keine Gemeinschaft mit mir. Da sprach Petrus: Herr, dann wasche mir nicht nur die Füße, sondern auch die Hände und das Haupt. Jesus erwiderte: Wer gewaschen ist, braucht nur noch das Zeichen des Dienstes an seinen Füßen, denn er ist ja rein.

Danach legte er wieder sein Obergewand an und legte sich zu Tisch. Wißt ihr, fragte er, was ich euch getan habe? Ihr nennt mich »Rabbi« und »Herr« und tut wohl daran. Ich bin es. Wie aber nun ich, euer Herr und Meister, euch die Füße gewaschen habe, so sollt ihr einander die Füße waschen. Ein Zeichen habe ich euch gegeben für das, was ihr tun sollt. Wahr ist: Der Knecht ist nicht größer als sein Herr und der Bote nicht grö-

ßer als der, der ihn sendet. Wenn ihr das wißt, selig seid ihr, wenn ihr danach lebt.

Ich gebe euch ein neues Gebot: Ihr sollt einander lieben, wie ich euch geliebt habe. Daran werden die Menschen erkennen, daß ihr meine Jünger seid, daß ihr einander liebt. (Johannes 13)

In den »Abschiedsreden« deutet Jesus den Sinn seines Werks und seines Leidens und zeichnet das Bild des Menschen, der ihm angehört.

Euer Herz erschrecke nicht! Glaubt an Gott, und glaubt an mich. Im Hause meines Vaters sind viele Wohnungen. Wenn es nicht so wäre, würde ich nicht zu euch sagen: Ich gehe hin und bereite euch eine Wohnung. Und wenn ich nun hingehe, euch einen Raum zum Bleiben bei Gott zu schaffen, will ich wiederkommen und euch zu mir nehmen, damit ihr seid, wo ich bin.

Ich bin der Weg und die Wahrheit und das Leben. Niemand kommt zum Vater, wenn nicht durch mich.

Den Frieden lasse ich euch zurück. Meinen Frieden gebe ich euch. Ich gebe nicht, wie die Welt gibt. Euer Herz erschrecke nicht und fürchte sich nicht. (Johannes 14)

Ich bin der wahre Weinstock. Mein Vater ist der Weingärtner. Reben, die keine Frucht bringen, wird er von mir wegnehmen, und andere, die Frucht bringen, wird er reinigen, damit sie mehr Frucht tragen. Ihr seid schon rein, weil ich zu euch gesprochen habe. Bleibt in mir und laßt mich in euch bleiben. Wie eine Rebe keine Frucht bringen kann aus eigener Kraft, sondern am Weinstock festgewachsen sein muß, so auch ihr nicht, wenn ihr nicht an mir bleibt. Ich bin der Weinstock, ihr seid die Reben. Wer in mir bleibt und in wem ich wirke, der bringt viel Frucht. Denn ohne mich könnt ihr nichts tun. Wer nicht in mir bleibt, der wird weggeworfen wie eine Rebe und verdorrt. Man sammelt das tote Holz, wirft es ins Feuer und verbrennt es.

Mein Gebot an euch ist dies, daß ihr einander

lieben sollt, so wie ich euch liebe. Niemand liebt mehr als der, der sein Leben für seine Freunde hingibt. Ihr seid meine Freunde, wenn ihr tut, was ich euch gebiete. Ich nenne euch künftig nicht mehr Knechte, denn ein Knecht weiß nicht, was sein Herr tut. Ich habe euch Freunde genannt, denn ich habe euch alles kundgetan, was ich von meinem Vater gehört habe.

Nicht ihr habt mich erwählt, sondern ich euch. Ich habe euch dazu bestimmt, zu den Menschen zu gehen und Frucht zu bringen, eine bleibende Frucht. Ich werde dafür eintreten, daß der Vater euch gibt, was ihr von ihm erbittet, solange ihr zu mir gehört. (Johannes 15)

Nach einem kleinen Augenblick werdet ihr mich nicht mehr sehen. Und wieder nach einem kleinen Augenblick werdet ihr mich wiedersehen. Es ist wahr, was ich euch sage: Ihr werdet verzweifelt sein und weinen, und die Welt wird sich freuen. Ihr werdet trauern, aber eure Trauer wird sich in Freude wandeln. Eine Frau, die gebiert, hat Schmerzen, denn ihre Stunde ist gekommen. Wenn sie aber das Kind geboren hat, denkt sie nicht mehr an ihre Angst, sondern freut sich über das Kind, das sie zur Welt gebracht hat. Ihr habt nun eine schwere Zeit vor euch, aber ich will euch wiedersehen, und euer Herz soll sich freuen, und eure Freude soll euch niemand nehmen.

Ich habe bisher alles, was ich euch sagte, in Bildern und Gleichnissen ausgesprochen. Es kommt aber eine Zeit, in der ich nicht mehr in Bildern mit euch reden, sondern euch frei und unmittelbar den Vater zeigen werde. Es kommt die Stunde, und sie ist schon da, in der ihr zerstreut werdet, jeder anderswohin, und mich allein läßt. Ich bin freilich nicht allein, denn der Vater ist bei mir. Das sage ich euch, damit ihr in mir Frieden findet. In der Welt habt ihr Angst, aber seid getrost: Ich habe die Welt überwunden. (Johannes 16)

Nach all diesen Worten hob Jesus seine Augen zum Himmel empor und sprach: Vater, die Stunde ist da. Wirke du nun durch deinen Sohn, daß dein Sohn deine Herrlichkeit offenbar mache. Du hast ihm alle Menschen anvertraut, und er soll das ewige Leben allen geben, die du ihm anvertraut hast. Und nun gib mir die Herrlichkeit wieder, Vater, die Herrschaft und Macht, die ich bei dir hatte, ehe die Welt bestand.

Junge Menschen zwischen alten Mauern mit dem Zeichen eines seit 1940 Jahren abgeschlossenen Prozesses.

Wo dieser Zug heute geht, standen seinerzeit die Kreuze, an denen man die Verbrecher vom Leben zum Tode brachte. Wo diese Häuser stehen, war der Platz, den man Golgatha nannte. Warum ziehen sie dort mit ihrem Kreuz umher? Weil Jesus mit dem Bewußtsein gestorben ist, stellvertretend für unendlich viele Schuldige zu sterben, damit zwischen Gott und den Menschen und auch zwischen den Menschen kein Tod mehr nötig sei, um irgendeine Schuld zu sühnen. Er starb, damit alle leben können, die sich auf ihn berufen. Wenn dies damals der Sinn seines Sterbens war, dann ist er es auch heute. Und wenn es wahr ist, daß er vom Tod auferstanden ist – und nichts braucht uns daran zu hindern, dies festzuhalten – dann liegt hier das Geheimnis des Lebens für Zeit und Ewigkeit.

Ich habe dich den Menschen offenbart, die du mir gegeben hast. Sie waren dein, und du hast sie mir gegeben, und sie haben dein Wort behalten. Nun wissen sie, daß alles, was du mir gegeben hast, Gabe von dir ist.

Ich bitte für sie. Ich bitte nicht für die Welt, sondern für die, die du mir gegeben hast, denn sie sind dein. Ich bin nicht mehr bei ihnen. Sie aber bleiben in der Welt, während ich zu dir gehe. Heiliger Vater, erhalte sie unter deinem Schutz, daß sie zu mir gehören und damit sie untereinander eins sind wie du und ich. Ich bitte dich nicht, sie von der Welt wegzunehmen, sondern sie vor dem Bösen zu bewahren. Laß sie in der Wahrheit leben. Dein Wort ist die Wahrheit. Denn wie du mich in die Welt gesandt hast, so sende auch ich

Der wirkliche Mensch wird zum Angeklagten, damit künftig jeder Angeklagte das Recht hat, sich auf ihn zu berufen und als Mensch zu gelten, und damit der Mensch, der unter der Anklage Gottes steht, die Freiheit wiederfindet.

Jean-Louis Barrault und André Gide haben den Roman »Der Prozeß« von Franz Kafka zu einem Bühnenstück gestaltet. Der Angeklagte, Herr K., geht in der Gestalt des Tänzers Barrault durch einen langen Gang, aus dem es für ihn keinen Ausweg gibt. Das Recht der Menschen schließt ihn ein. Der Roman beginnt mit dem Satz: »Jemand mußte Josef K. verleumdet haben, denn ohne daß er etwas Böses getan hatte, wurde er eines Morgens verhaftet.« Am Ende wird Herr K. umgebracht, ohne daß er je Gelegenheit gehabt hätte, sich vor einem Richter zu rechtfertigen, »wie ein Hund«. Nur die Scham, die er darüber empfand, schien ihn zu überleben. Zwischen Verleumdung und Mord breitet sich das Elend menschlicher Gerechtigkeit aus. Und doch spiegelt sich auf rätselhafte Weise, auch in der Geschichte des Herrn K., das göttliche Recht darin und wird im Elend des Unschuldigen seine Schuld offenbar, die ihn in den Tod führt. Seit dem Prozeß gegen Jesus im Jahr 30 ist es unmöglich geworden, sich auf menschliches Recht naiv zu berufen.

sie in die Welt. Ich opfere mich selbst für sie, damit auch sie sich der Wahrheit opfern und durch die Wahrheit bewahrt werden.

Ich bitte aber nicht für sie allein, sondern auch für alle, die durch sie von mir hören und an mich glauben. Denn sie sollen eins sein, wie du, Vater, in mir bist und ich in dir. Sie sollen in dir und mir eins sein, damit die Welt glaube, daß du mich gesandt hast.

Vater, ich will, daß, wo immer ich bin, die bei mir seien, die du mir gegeben hast, denn sie sollen die Herrlichkeit schauen, die du mir gabst. Ich bitte dich darum, denn du hast mich geliebt, ehe die Welt gegründet wurde. Gerechter Vater, die Welt kennt dich nicht, ich aber kenne dich. Diese haben verstanden, daß du mich gesandt hast. Ich habe ihnen dich verkündigt und will dich weiter offenbaren, damit die Liebe, mit der du mich liebst, in ihnen wirkt und ich in ihnen lebe.
(Johannes 17)

Als Jesus so gesprochen hatte, ging er mit seinen Jüngern über den Bach Kidron. Dort lag ein Garten, in den Jesus und seine Jünger zu gehen pflegten. Den Ort kannte auch Judas, der ihn verriet; der nahm die Soldaten und die Tempelwache und kam mit ihnen dorthin mit Fackeln, Lampen und Waffen. Da nun Jesus alles wußte, was ihm begegnen sollte, ging er vor den Garten hinaus, ihnen entgegen, und fragte: Wen sucht ihr? Sie antworteten: Jesus von Nazareth. Er sprach: Ich bin es!

Die Soldaten, ihr Anführer und die Tempelwache ergriffen Jesus, fesselten ihn und führten ihn zuerst zu Hannas, dem Schwiegervater des Hohenpriesters Kaiphas.

Der befragte Jesus über seine Anhänger und seine Lehre. Jesus antwortete: Ich habe öffentlich geredet vor aller Welt. Ich habe in der Synagoge und im Tempel gelehrt, wo alle Juden zusammenkommen. Ich habe nichts Geheimes gelehrt. Warum fragst du mich? Alle, die hier stehen, haben mich gehört! Als er das sagte, versetzte einer der Diener ihm einen Schlag ins Gesicht: Antwortest du so dem Hohenpriester? Jesus antwortete: Wenn ich ungehörig geredet habe, dann erkläre, was ungehörig war. Habe ich aber die

Wahrheit gesagt – was schlägst du mich? Hannas aber ließ Jesus in Fesseln zu dem Hohenpriester Kaiphas bringen.

Danach, früh am Morgen, führten sie Jesus von Kaiphas aus vor den Palast des römischen Statthalters. Sie betraten das Gericht aber nicht, weil sie ein heidnisches Haus nicht betreten durften, wenn sie an jenem Tag das Passa feiern wollten. So kam Pilatus zu ihnen heraus und fragte: Was habt ihr für eine Anklage gegen diesen Menschen vorzubringen? Sie antworteten: Er ist ein Verbrecher, darum bringen wir ihn zu dir! Da sprach Pilatus: Dann nehmt ihn mit und verurteilt ihn nach eurem Gesetz! Aber die Juden antworteten: Wir dürfen niemand töten!

Da ging Pilatus wieder in den Palast, ließ Jesus kommen und fragte ihn: Bist du der König der Juden? Jesus fragte dagegen: Hast du diese Frage von dir selbst, oder haben andere es über mich gesagt? Pilatus antwortete: Ich bin doch kein Jude! Dein Volk und die Priester haben dich mir ausgeliefert. Was hast du getan? Jesus sprach: Mein Reich ist nicht von dieser Welt. Wäre mein Reich von der Art anderer Reiche dieser Welt, würden meine Soldaten um meine Freiheit kämpfen. Aber mein Reich ist nicht von dieser Art. Pilatus fragte weiter: Aber ein König bist du doch? Ja, antwortete Jesus, ich bin ein König. Ich bin geboren und in die Welt gekommen, um für die Wahrheit zu zeugen. Wer von Gott ein Ohr für die Wahrheit bekommen hat, hört meine Stimme. Pilatus sprach: Was ist Wahrheit? Und er ging wieder hinaus zu den Juden: Ich finde keine Schuld an ihm! Ihr habt aber die Gewohnheit, von mir auf das Osterfest einen Gefangenen loszubitten. Wollt ihr, daß ich euch den König der Juden herausgebe? Da schrien sie aber und riefen: Nicht den, sondern Barabbas! Barabbas aber war ein Räuber.
(Johannes 18)

Da ließ Pilatus Jesus geißeln, und die Soldaten flochten eine Krone aus Dornen, setzten sie auf sein Haupt und legten ihm einen Purpurmantel um. So traten sie vor ihn hin und grüßten ihn: Heil dir, Judenkönig! und gaben ihm Backenstreiche. Und Pilatus trat wieder hinaus vor den Palast und sprach: Seht! Ich führe ihn zu euch heraus, damit ihr seht: Es ist keine Schuld an ihm.

Die Dornenkrone auf dem Haupt und mit dem Purpurkleid angetan, trat Jesus heraus. Und Pilatus sprach: Seht den Menschen!

Als ihn die Priester und die Soldaten sahen, schrien sie: Kreuzige! Kreuzige! Pilatus gab zur Antwort: Nehmt ihn und kreuzigt ihn! Ich finde keine Schuld an ihm! Die Juden schrien: Wir haben ein Gesetz, und nach dem Gesetz muß er sterben, denn er hat sich zu Gottes Sohn gemacht!

Als Pilatus dieses Wort hörte, fürchtete er sich noch mehr, ging wieder in das Gericht und fragte Jesus: Woher bist du? Aber Jesus gab ihm keine Antwort. Da fragte Pilatus weiter: Redest du nicht mit mir? Weißt du nicht, daß ich Macht habe, dich freizulassen, und Macht, dich zu kreuzigen? Jesus erwiderte: Du hättest keine Macht über mich, wäre sie dir nicht von oben gegeben. Darum liegt die größere Schuld bei denen, die mich dir übergeben haben! Von da an suchte Pilatus nach Wegen, Jesus freizulassen.

Die Juden aber schrien: Wenn du den losläßt, bist du kein Freund des Kaisers, denn wer sich zum König macht, ist gegen den Kaiser! Als Pilatus dies hörte, ließ er Jesus herausführen, setzte sich auf den Thron des Richters an der Marmorterrasse und sprach zu den Juden: Seht! Euer König! Sie schrien: Weg mit dem! Kreuzige ihn! Pilatus fragte: Soll ich euren König kreuzigen? Wir haben keinen König, antworteten die Priester, außer dem Kaiser. Da gab Pilatus Befehl, Jesus zu kreuzigen.

Sie ergriffen ihn, und er trug sein Kreuz hinaus nach Golgatha, an die Schädelstätte. Dort kreuzigten sie ihn, rechts und links von ihm aber zwei andere.

Beim Kreuz Jesu standen seine Mutter und die Schwester seiner Mutter, dazu Maria, die Frau des Kleophas, und Maria Magdalena. Als nun Jesus seine Mutter da stehen sah und den Jünger dabei, den er liebhatte, sprach er zu ihr: Frau, sieh! Das ist dein Sohn! Und zu dem Jünger: Das ist deine Mutter! Von der Stunde an nahm sie der Jünger zu sich.

Seht den Menschen, soll Pilatus gesagt haben. An der Stelle, an der er es gesagt haben soll, wölbt sich heute der »Ecce-homo-Bogen« über die Via dolorosa in Jerusalem.

Aber niemand weiß, was dieses Wort bedeutet hat. Sollte es Verachtung ausdrücken? Etwa: Und dieser ärmliche Mensch soll euer König sein? Oder sollte es eine heimliche Erkenntnis zum Ausdruck bringen? Etwa: Ist hier nicht ein Mensch, der mit Recht »Mensch« heißt?

Heute jedenfalls gehen wir unter dem Bogen hindurch, der so heißt: »Seht! Ein Mensch.« Heute sind wir, wenn Christus uns etwas bedeutet, auf der Suche nach dem Menschen, wie Gott auf der Suche nach uns in Christus zu uns kam. Denn das will Johannes sagen: In diesem Menschen Jesus kam Gott und suchte uns, damit wir ihn und den Menschen neben uns suchen.

196

Danach, als Jesus wußte, daß alles schon vollendet war, was die Schrift über ihn gesagt hatte, sprach er: Mich dürstet! Nun stand da ein Gefäß mit Essig, und die Soldaten füllten einen Schwamm damit und führten ihm den zum Mund. Als Jesus den Essig genommen hatte, sprach er: Es ist vollbracht! und neigte das Haupt und starb.

Staatsverbrecher durften nach der Hinrichtung nicht begraben werden.

Wenn Pilatus den Leichnam Jesu zur Bestattung freigab, dann hat er Jesus nicht wegen eines politischen, sondern wegen eines religiösen Delikts verurteilt, oder aber: er durchschaute, daß die Anklage auf Hochverrat ein Vorwand war.

Joseph von Arimathia aber, der ein heimlicher Anhänger Jesu war, bat Pilatus um die Erlaubnis, den Leib Jesu abzunehmen, und Pilatus erlaubte es. Da ging er hin und nahm den Leib ab. Auch Nikodemus kam, der lange zuvor bei Nacht zu Jesus gekommen war, und brachte Myrrhe und Aloe gemischt, etwa hundert Pfund. Da banden sie den Leichnam in leinene Tücher und balsamierten ihn mit der Salbe, wie man bei den Juden zu begraben pflegte. Nahe bei dem Ort der Kreuzigung lag ein Garten, in dem ein neu ausgehauenes Grab war; dorthinein betteten sie Jesus, weil der Vorabend des Fests schon begann und weil das Grab nahe war. (Johannes 19)

Die Erscheinungen des vom Tod Auferstandenen sind wirkliche Erfahrungen.

Es hat keinen Sinn, sie nachträglich psychologisch zu erklären oder zu literarischen Erfindungen umzustilisieren. Der Umschlag von der Verzweiflung der Jünger zu der Zuversicht, mit der sie eine nach diesem Hingerichteten benannte Kirche gründeten, ist nur erklärbar, wenn die Ostererscheinungen auf tatsächliche Erfahrungen an der Grenze zwischen sichtbarer und unsichtbarer Wirklichkeit zurückgehen.

Am ersten Tag der Woche, in der Frühe, stand Maria vor dem Grab und weinte. Während sie so weinte, schaute sie in das Grab und sah zwei Engel in weißen Kleidern, einen zu Häupten und einen zu Füßen der Grabstätte, in die sie den Leib Jesu gelegt hatten. Die sprachen zu ihr: Frau, warum weinst du? Sie antwortete – denn sie hatte gesehen, daß der Leib nicht da war –: Sie haben meinen Herrn weggenommen, und ich weiß nicht, wohin sie ihn gebracht haben. Indem sie so sprach, wandte sie sich um, sah Jesus stehen und wußte doch nicht, daß es Jesus war. Und Jesus fragte sie: Frau, warum weinst du? Wen suchst du? Sie meinte, es sei der Gärtner, und sprach: Herr, wenn du ihn weggetragen hast, dann sage mir doch, wohin. Dann will ich ihn holen. Da sprach Jesus sie

Gräber aus der Zeit Jesu bei Jerusalem.

an: Maria! Da fuhr sie herum, wandte sich ihm zu und rief: Mein Rabbi! Aber Jesus sprach weiter: Rühre mich nicht an, denn ich bin noch nicht zu meinem Vater aufgefahren! Geh aber zu meinen Brüdern und sage ihnen: Ich kehre zu meinem Vater heim und zu eurem Vater, zu meinem Gott und zu eurem Gott! Und Maria Magdalena lief zu den Jüngern und berichtete: Ich habe den Herrn gesehen! Und dies und dies hat er zu mir gesagt! (Johannes 20)

Später erschien Jesus den Jüngern am See Tiberias. Dort waren Petrus und sechs andere Jünger beieinander, und Petrus sprach zu ihnen: Ich will fischen gehen! Und sie antworteten: So gehen wir mit. Sie gingen und bestiegen das Schiff, aber sie fingen in jener Nacht nichts. Als der Morgen graute, stand Jesus am Ufer. Und er fragte sie: Kinder, habt ihr nichts zu essen? Nein! antworteten sie. Er fuhr fort: Werft das Netz zur Rechten des Schiffs, dann werdet ihr etwas finden. Da warfen sie es und konnten es nicht mehr einziehen, so groß war die Last der Fische. Und Jesus sprach: Bringt von den Fischen, die ihr gefangen habt, und haltet das Mahl! Aber niemand wagte zu fragen: Wer bist du? Sie wußten, es sei der Herr. Da kam Jesus, nahm das Brot und gab es ihnen, und ebenso auch die Fische.
Nach dem Mahl sprach Jesus zu Petrus: Simon, liebst du mich mehr als diese? Ja, Herr, antwortete Petrus, du weißt, daß ich dich liebhabe. Und Jesus fuhr fort: Weide meine Lämmer! Zum zweitenmal fragte Jesus Simon: Hast du mich lieb? Ja, Herr, erwiderte Petrus, du weißt, daß ich dich liebhabe. Und Jesus sprach: Weide meine Schafe! Zum drittenmal fragte Jesus ihn: Simon, hast du mich lieb? Da wurde Petrus traurig, daß Jesus zum drittenmal fragte, ob er ihn liebhabe, und antwortete: Herr, du weißt alle Dinge, du weißt, daß ich dich liebhabe! Und Jesus sprach: So weide meine Schafe! Was ich dir sage, ist wahr: Als du jung warst, gürtetest du dich selbst und gingst, wohin du wolltest! Wenn du alt wirst, wirst du deine Hände ausstrecken, und ein anderer wird dich gürten und dich führen, wohin du nicht willst. Das sagte er aber, um zu zeigen, welchen Tod er zur Ehre Gottes erleiden würde. Und er sprach: Folge mir nach! (Johannes 21)

Die Erfahrung, daß Christus lebt, ist der Anfang der Kirche. Die Apostelgeschichte des Lukas schildert, wie sich diese Erfahrung auswirkte.

In den Tagen nach dem Tod des Meisters war Grundstürzendes geschehen. Überwältigte Menschen berichteten, Jesus sei mehreren seiner Anhänger lebendig erschienen und habe zu ihnen gesprochen. Die Geschichtswissenschaft hat gerade in den letzten Jahren wieder den Mut gefunden, zu sagen: Das kann nicht psychologisch aus der Welt hinauserklärt werden. Daß hier etwas geschehen sein muß, ist zu deutlich.

Da waren zunächst alle Hoffnungen zerbrochen, vor allem deshalb, weil Jesus sich ohne Kampf ergeben und also selbst den Glauben an seine Mission »verloren hatte«. Und nun, plötzlich, treten seine Anhänger öffentlich auf und erklären: Dieser wegen Gotteslästerung Angeklagte und wegen Hochverrats Hingerichtete ist aus dem Tod auferstanden. Gott hat sich zu ihm bekannt. Die Schuld an seinem Tod aber tragen vor Gott und den Menschen die führenden Männer in Jerusalem. Das ist eine Kühnheit, die nur begreift, wer es wagt, die Ostererfahrung der ersten Christen so real zu nehmen, wie sie ihnen selbst widerfahren ist.

Es entstand ein begeisterter, schnell wachsender Kreis von überglücklichen Menschen, die nun die Stimme ihres Meisters nicht mehr nur aus der Erinnerung hörten, sondern sie auch in der Ekstase, im »heiligen Geist«, neu und nun für ewig gültig vernahmen. Alles, was zu Lebzeiten Jesu geschehen war, rückte nun in ein neues Licht und wurde zum Hinweis und zur Vorankündigung einer Erlösung und Befreiung über Grab und Tod hinaus.

Das bedeutete freilich gerade nicht, daß es dieser Kirche gegeben sei, auf der Erde wie im Himmel zu leben. Gerade das will Lukas zeigen: Was Jesus widerfahren ist, nämlich die Bedrohung durch die Menschen und durch hintergründige Mächte, das widerfährt nun der Kirche. Und doch, wie Christus zu seinen Lebzeiten seine Überlegenheit bewiesen hatte, so ist die Kirche mitten in aller Verfolgung gesichert und bewahrt durch den Christus, der dem Tod und der Hölle ihre Macht entrissen hat.

▶

In den Grundmauern der Stadtmauer von Jerusalem, an der Jesus auf seinem Weg nach Golgatha entlangging, ist eine alte Kirche. Das soll heißen: Obgleich die Kirche von der Gegenwart des unsichtbaren Christus erfüllt ist, ist ihr Platz in dieser Welt doch in der »Tiefe«. Sie bleibt bedrängt und verfolgt, solange sie auf ihrem, auf dem Weg ihres Meisters ist.

»Geist Gottes« – das ist seine schaffende, befreiende Kraft. Zu Pfingsten erlebte die Gemeinde, daß diese Kraft und Freiheit auf sie übersprang.

Pfingsten ist das jüdische »Wochenfest«, ein Dankfest nach Abschluß der Getreideernte. Es erinnert zugleich an die Gesetzgebung auf dem Sinai und will damit zeigen, daß das Gesetz Gottes Ausdruck derselben schaffenden göttlichen Kraft ist, von der der Mensch auch physisch lebt, daß man also die Gaben Gottes nicht verbrauchen kann, ohne Gottes Willen entsprechend zu leben. Das Fest, das den Anfang des jüdischen Volks feiert, feiert von nun an den Anfang der Kirche – aus dem Geist Gottes.

Als der Tag der Pfingsten anbrach, waren sie alle in einem Haus beieinander. Und plötzlich kam ein Brausen vom Himmel wie ein gewaltiger Wind und erfüllte das ganze Haus, in dem sie saßen. Sie sahen Flammen, wie einzelne Feuerzungen, sie wurden erfüllt mit heiligem Geist und fingen an, in fremden Worten zu reden, wie sie ihnen der Geist eingab.

Nun waren aber auch Juden in Jerusalem, die aus vielen verschiedenen Völkern gekommen waren. Als die das Reden und Rufen hörten, kamen sie zusammen und waren entsetzt, denn jeder hörte sie in seiner eigenen Sprache reden. Und sie fragten sich bestürzt: Sind die hier nicht Galiläer? Warum hören wir sie alle in unseren Muttersprachen? Wir Parther und Meder und Elamiter, wir Gäste aus Mesopotamien, Judäa, Kappadozien, Pontus und Asien, Phrygien und Pamphylien, Ägypten und Libyen und Kyrene und Rom, wir Juden und Judengenossen, Kreter und Araber: In unseren eigenen Sprachen hören wir sie von großen Tagen Gottes reden. Was soll das? Wo will das hinaus? Andere lachten und meinten: Sie sind voll süßen Weines!

Da trat Petrus inmitten der Jünger auf und fing an zu reden: Ihr Juden, Bürger von Jerusalem! Laßt euch sagen: Diese Versammlung ist nicht betrunken, wie ihr meint! Es ist zudem ja erst neun Uhr am Morgen. Hier geschieht, was Gott durch den Propheten Joel gesagt hat:

Am Ende der Zeit will ich auf alle Menschen Geist ausgießen von meinem Geist.

Eure Söhne und Töchter sollen weissagen,
eure jungen Männer Gesichte schauen,
eure Alten Träume haben von mir!

Ihr Männer von Israel, hört mir zu: Jesus von Nazareth hat Wunder und große Taten bei uns getan. Ihr wißt es. Den habt ihr den Römern ausgeliefert und habt ihn durch ihre Hand ans Kreuz geschlagen und getötet. Den hat Gott auferweckt und aus den Qualen des Todes befreit, denn es war ja unmöglich, daß der Tod ihn festhielt.

Von ihm spricht David:

Du wirst meine Seele nicht bei den Toten lassen und nicht zugeben, daß dein Heiliger verwese.
Du hast mir Wege zum Leben gezeigt
und wirst mich erfüllen mit Freude bei dir.

Ihr Männer, liebe Brüder! Laßt mich frei und offen über unseren Urvater David sprechen. Er ist gestorben und begraben, und jeder kennt sein Grab bis heute. Aber er war ein Prophet und wußte, daß Gott einen seiner Nachfahren dazu bestimmt habe, seinen Thron zu besteigen. Und so sprach er von der Auferstehung des Christus und sagte, Gott werde ihn nicht bei den Toten lassen und nicht zulassen, daß er verwese. Diesen Christus hat Gott auferweckt, das bezeugen wir alle. Nun ist er erhöht und thront bei Gott und hat den heiligen Geist vom Vater empfangen, und er hat, was hier geschieht, von oben bewirkt. So wisse nun das ganze Volk Israel, daß Gott diesen Jesus, den ihr gekreuzigt habt, zum Herrscher und Christus erhoben hat.
Als sie das hörten, ging es ihnen durchs Herz, und sie fragten Petrus und die anderen Apostel: Ihr Männer, liebe Brüder, was sollen wir tun? Petrus antwortete: Kehrt um von allem Bösen, das ihr tut! Laßt euch taufen, damit ihr zu Jesus Christus gehört und er euch eure Sünden vergibt! Dann werdet ihr das Geschenk des heiligen Geistes empfangen! Viele nahmen das Wort an und ließen sich taufen, und es kamen an diesem Tage dreitausend Menschen neu zur Gemeinde hinzu. Sie blieben aber bei dem, was die Apostel lehrten, hielten Gemeinschaft miteinander, feierten das Abendmahl und blieben im Gebet verbunden.

Auch die »ideale Urgemeinde« hat ihre Probleme.

Die Urgemeinde war kein Orden. Es war nicht Pflicht jedes Gemeindegliedes, besitzlos zu leben. Es gab einige, die ihr Hab und Gut der Gemeinschaft zur Verfügung stellten, und sicher wurde von jedem erwartet, daß er mit seinem Besitz einspringen würde, wenn es nötig sei. Aber die eigentlichen Merkmale waren: die Wiederholung dessen, was Jesus gelehrt hatte, das Liebesmahl, das alle, Arme und Reiche, an denselben Tisch führte, und das Gebet, das heißt das Gespräch mit dem unsichtbaren Christus.

Alle aber, die so zusammengehörten, lebten gemeinsam und hatten keinen persönlichen Besitz mehr. Sie verkauften ihr Hab und Gut und teilten es aus unter alle, die in Not waren. Täglich kamen sie im Tempel zusammen und feierten das Abendmahl von Haus zu Haus. Wenn sie gemeinsam aßen, taten sie es mit Freude und in schlichter Selbstverständlichkeit, priesen Gott und waren geachtet beim ganzen Volk. Der Herr aber fügte täglich neue Glieder zur Gemeinde hinzu.
(Apostelgeschichte 2)
In den Tagen, in denen die Gemeinde schnell wuchs, entstanden Spannungen zwischen den griechisch sprechenden Juden in der Gemeinde und den hebräisch sprechenden, denn die griechisch sprechenden warfen den anderen vor, ihre Witwen würden bei der täglichen Verteilung der Lebensmittel an die Bedürftigen vernachlässigt. Da riefen die zwölf die Gemeinde zusammen und sprachen: Es ist nicht gut, wenn wir Gottesdienst und Predigt versäumen und für die Ausgabe von Lebensmitteln sorgen. Seht euch um, liebe Brüder, nach sieben Männern, die einen guten Ruf haben, die voll heiligen Geistes und weise sind. Die wollen wir mit dieser Aufgabe betrauen. Wir aber wollen uns den Gottesdiensten und der Auslegung des Wortes Gottes widmen! Der Vorschlag fand die Zustimmung der ganzen Gemeinde, und sie wählten sieben Männer, unter ihnen Stephanus, und ließen sie vor die Apostel treten, die für sie beteten und ihnen die Hände auflegten.

Nach kurzer Zeit beginnt wieder die Auseinandersetzung über den Tempel und das Gesetz.

Die Schriftgelehrten waren keine Verbrecher.

Es ist eine Vereinfachung, in den Priestern und Schriftgelehrten einfach die »Bösen« zu sehen. Sie waren vielmehr derselben Überzeugung wie das ganze Alte Testament, daß Gott im Tempel gegenwärtig und also der Tempel unantastbar sei und daß das Gesetz keine Einengung bedeute, sondern die Quelle für Leben und Freiheit sei. Daß Gott nicht im Tempel, sondern in Christus nahe sei, konnten sie so wenig verstehen, wie daß es eine Freiheit gebe außerhalb des Gesetzes.

Gesetzesrollen in einer Synagoge. ▶

Stephanus aber, ein Mann, von dem Gottes Gnade und Kraft ausging, tat große Wunder unter den Leuten. Und einige Juden aus ausländischen Synagogen in Jerusalem versuchten, gegen ihn ein Streitgespräch zu führen, aber sie konnten sich gegen sein Wissen und seinen Geist nicht behaupten. Da stifteten sie einige Männer an, über ihn auszusagen: Wir haben gehört, wie er frevelhaft über Mose und über Gott redete! Sie wiegelten das Volk, die Ältesten und die Schriftgelehrten auf, nahmen ihn fest und schleppten ihn vor den Hohen Rat mit der Anklage: Dieser Mensch redet ohne Aufhören gegen diesen Tempel und gegen das Gesetz. Er hat gesagt: Jesus von Nazareth wird diesen Tempel zerstören und die Sitten, die Mose uns überliefert hat, ändern. Und alle, die im Hohen Rat saßen, sahen auf ihn und sahen sein Gesicht, leuchtend wie das Gesicht eines Engels. (Apostelgeschichte 6)

Da fragte ihn der Hohepriester: Ist das so? Er aber sprach: Denkt an unsere Väter! Sie hatten keinen Tempel! Sie trugen das Zelt mit sich durch die Wüste! Und Gott war so unter ihnen bis in die Tage Davids. Erst Salomo baute ein Haus! Doch der Höchste wohnt nicht in Tempeln, die Menschenhände erbauten! Der Prophet sagt: So spricht der Herr: Der Himmel ist mein Thron, die Erde der Schemel meiner Füße! Was wollt ihr mir denn für ein Haus bauen, in dem ich wohnen soll? An welcher Stätte soll ich ruhen? Hat nicht meine Hand all das gemacht?
Ihr Halsstarrigen und Gottesverächter, die ihm in ihrem Herzen fremd sind und taub für seine Worte! Ihr widerstrebt von jeher dem heiligen Geist, wie es auch eure Väter taten. Welchen Propheten haben eure Väter nicht verfolgt? Ja, alle, die von ihm sprachen, haben sie getötet, die ihn verkündigten, den Gerechten! Nun, da er kam, seid ihr seine Verräter und Mörder geworden! Ihr habt das Gesetz empfangen durch den Dienst von Engeln und habt es nicht eingehalten!
Als sie das hörten, wurden sie zornig und knirschten mit den Zähnen. Er aber sah auf und sprach: Ich sehe den Himmel offen und ihn, Christus, zur Rechten Gottes stehen!
Da schrien sie laut, hielten sich die Ohren zu, stürmten alle auf ihn ein, stießen ihn zur Stadt hinaus und steinigten ihn. Die Zeugen legten ihre Kleider zu Füßen eines jungen Mannes ab, der Saulus hieß, und steinigten Stephanus. Herr Jesu, nimm meinen Geist auf, betete Stephanus, kniete nieder und schrie: Herr, rechne ihnen dieses Verbrechen nicht an! Nach diesen Worten starb er.

Saulus aber erfüllte es mit Befriedigung, daß Stephanus tot war. (Apostelgeschichte 7)

Die Steinigung wurde so vollzogen, daß der Verurteilte zunächst über eine 3–4 m hohe Mauer oder einen Felsen gestürzt wurde. Wenn er unten lag, warf der erste Zeuge einen schweren Stein so, daß er aufs Herz fiel, danach die anderen Zeugen und der Ankläger.

Indessen drohte und kämpfte damals Saulus – (der mit seinem griechischen Namen Paulus hieß) – noch in wildem Haß gegen die Christen. Er ging zum Hohenpriester und bat ihn um Briefe an die Synagogen in Damaskus, die ihm das Recht gäben, dort nach Anhängern der neuen Lehre zu suchen und, wenn er solche fände, Männer oder Frauen, sie gebunden nach Jerusalem zu schaffen. Als er nun unterwegs war, kurz vor Damaskus, umblitzte ihn plötzlich ein helles Licht vom Himmel, er stürzte zur Erde und hörte eine Stimme sagen: Saul, Saul, warum verfolgst du mich? Er fragte: Herr, wer bist du? Der Herr sprach: Ich bin Jesus, den du verfolgst! Steh auf! Geh in die Stadt; dort wirst du erfahren, was du tun sollst! Die Männer, die ihn begleiteten, standen wie erstarrt, denn sie hörten wohl eine Stimme, sahen aber niemanden. Als Saulus sich von der Erde aufrichtete, öffnete er seine Augen, sah aber nichts. Da nahmen sie ihn an der Hand und führten ihn nach Damaskus. Noch drei Tage lang war er blind und nahm weder Speise noch Trank zu sich.

Ein Schriftgelehrter wechselt die Front und wird zum stärksten Verfechter der christlichen Botschaft.

In Damaskus lebte Ananias, ein Christ. Den rief der Herr: Ananias! Er antwortete: Hier bin ich, Herr! Der Herr sprach: Steh auf! Geh in die Gerade Gasse und frage in dem Hause des Judas nach einem Mann namens Saul von Tarsus. Der hat im Gebet ein Gesicht geschaut, wie ein Mann mit Namen Ananias zu ihm komme und ihm die Hand auflege, damit er das Augenlicht wiedererlange. Ananias antwortete: Herr, ich habe von vielen über diesen Mann gehört! Ich weiß, wieviel Böses er den Christen in Jerusalem angetan hat, und bei uns hat er nun Vollmacht vom Hohenpriester, alle festzunehmen, die sich zu dir halten.

Der Herr fuhr fort: Geh hin! Gerade er soll mir ein besonders tüchtiges Werkzeug sein. Er soll meinen Namen verkündigen vor fremden Völkern und Königen und auch vor den Juden. Ich will ihm zeigen, wieviel er leiden muß als mein Diener und mein Bote. Und Ananias ging hin, kam in das Haus und legte Saulus die Hände auf: Lieber Bruder Saul, der Herr hat mich zu dir gesandt, Jesus, der Herr, der dir auf dem Wege erschienen ist. Du sollst wieder sehen und sollst den heiligen Geist empfangen. Da fiel es Saulus von den Augen wie Schuppen, er sah wieder, stand auf, ließ sich taufen und nahm Speise zu sich, so daß er wieder zu Kräften kam. Und er lebte danach eine Zeitlang in der Gemeinde von Damaskus.

Nach kurzer Zeit fing er an, in den Synagogen von Jesus zu sprechen und zu bezeugen, daß dieser Jesus Gottes Sohn sei. Da entsetzten sich die Zuhörer und sprachen: Das ist doch der, der in Jerusalem die Christen umgebracht hat? Ist er nicht hierhergekommen, um die Christen dem Hohenpriester in Fesseln zuzuführen? Aber Saulus trat mit immer größerer Kraft auf und trieb die Juden von Damaskus in die Enge und bewies ihnen, daß dieser Jesus der Christus sei.

Nach einer längeren Zeit berieten die Juden unter sich, wie sie ihn töten könnten, und Saulus erfuhr davon. Weil sie aber Tag und Nacht die Tore bewachten, ließen die Christen Saulus in einer Nacht in einem Korb über die Mauer hinab.

In Jerusalem versuchte er, sich der Gemeinde anzuschließen, aber sie fürchteten sich alle vor ihm und glaubten ihm nicht, daß er ein Christ sei. Schließlich nahm sich Barnabas seiner an und brachte ihn mit den Aposteln zusammen. Er erzählte ihnen, wie Saulus unterwegs den Herrn geschaut und der Herr mit ihm gesprochen habe und wie Saulus in Damaskus unerschrocken für die Sache Jesu eingetreten sei. Und Saulus blieb bei den Aposteln und ging in Jerusalem aus und ein und predigte die Botschaft von Jesus mit allem Freimut. Als er aber mit den griechischen Juden disputierte, stellten sie ihm nach, um ihn zu töten, und die Brüder, die davon erfuhren, geleiteten ihn nach Caesarea und entließen ihn nach Tarsus.

203 | (Apostelgeschichte 9)

Seine Lebensgeschichte.

Würde man sie heute formulieren, so hörte sie sich etwa folgendermaßen an:
In Tarsus, in der heutigen südlichen Türkei geboren. Studierte in Jerusalem jüdische Theologie und Philosophie. Trat nach seinem Examen dem jüdischen Abwehrdienst bei und wurde besonders mit Untersuchungen über eine neu entstehende Sekte beauftragt. Hatte mitten in den Erhebungen, die ihn nach Damaskus, also nach Syrien, führten, ein übersinnliches Erlebnis, das ihn veranlaßte, sich jener Sekte anzuschließen, und war von da an 30 Jahre lang als reisender Prediger für sie tätig. Seine Wanderungen führten ihn nach Kleinasien, Griechenland und Italien. Starb vermutlich durch Hinrichtung in Rom.

Genauer:
Er studiert an der theologischen Schule in Jerusalem, wo die bedeutendsten Köpfe des damaligen Judentums lehren. Was er mitbringt, ist die Liebe zu den alten großen Traditionen des jüdischen Glaubens und die Weiträumigkeit des Römischen Reiches, das er aus der Perspektive einer Handelsstadt kennt und dessen Bürger er ist. Und was er noch mitbringt, das ist die Unbedingtheit, mit der junge Menschen da und dort nach Wahrheit fragen und die noch heute dem jungen, mit seinem Gesetzestext befaßten Juden anzumerken ist. Es ist der Wille, sich für die Wahrheit einzusetzen, die er in den alten Ordnungen seines Volks findet. (Fortsetzung Seite 206)

Es ist nur ein Ritus, was die orthodoxen Priester auf dem Ölberg am Osterfest tun: Sie weihen das Wasser und sprengen es aus in die vier Himmelsrichtungen. Damit geben sie das Thema an, um das es nach Ostern geht: Das Wort, in dem das Leben liegt, soll ausgebreitet werden in alle Länder der Erde.

Irgendein Dorf in Syrien wie die unzähligen Dörfer, durch die die Apostel auf ihren langen Wegen zogen. ▶

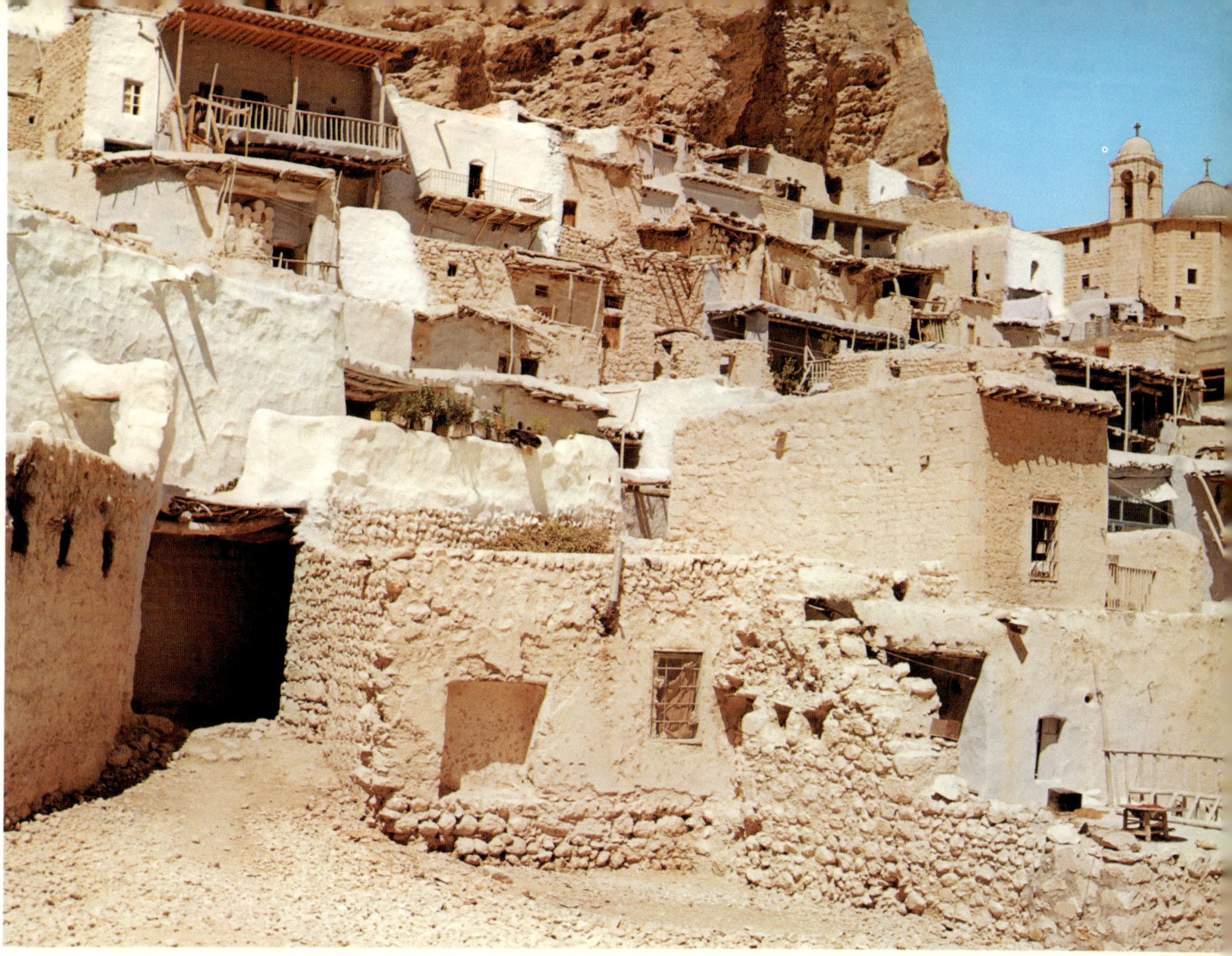

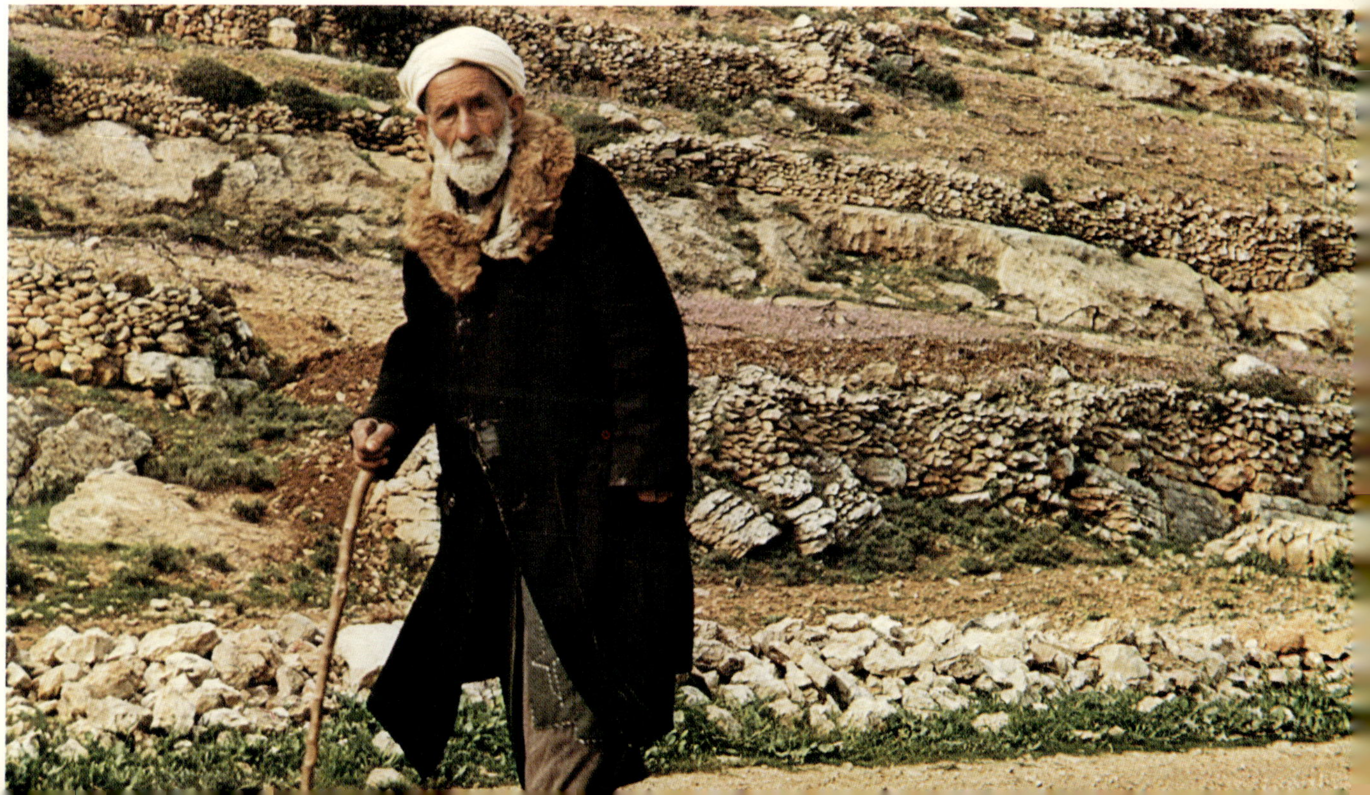

So stellt er sich an die Front, an der ihm dieses Gültige, dieses Kostbare bedroht scheint: an die Front gegen das eben aufgekommene Christentum. Da hatte man eben jenen gefährlichen Nazarener hingerichtet, jenen Jesus von Nazareth, da treten seine Anhänger öffentlich auf und werben für sein gemeingefährliches Programm. Er stellt sich – würden wir heute sagen – der Abwehr zur Verfügung, spürt die einzelnen Gruppen der Christen auf, nennt sie höheren Orts, sorgt für ihre Festnahme und ist beteiligt bis zur eventuellen Hinrichtung.

Auf einer jener Reisen, die ihn zum Teil über die Grenzen des Landes hinausführen, in diesem Falle nach Damaskus, geschieht etwas. Was geschieht? Eine Vision – eine überirdische Stimme. Eine Begegnung. Das Neue Testament sagt: Eine Begegnung mit Jesus Christus selbst, der ihm gesagt habe, mit dieser Aktion diene er nicht Gott, sondern er verfolge ihn. Er wende sich gegen Gott, wenn er sich gegen Christus wende.

Es hat wenig Sinn, solchen Erfahrungen nachzuspüren. Sie klären zu wollen. Etwa zu fragen: Wie soll man sich das vorstellen? Als ob Gott redete – wie ein Mensch womöglich? Wie soll man sich das vorstellen, daß ein Mensch Gott sieht, und womöglich in der Gestalt eines Menschen? Sinn hat es allenfalls, zu fragen, was aus dem seltsamen Ereignis geworden sei.

Ein Mensch, der die Befriedigung seines hochfliegenden Ehrgeizes in der Verfolgung von Feinden seines Glaubens gesucht hat, begibt sich freiwillig in die Reihen der Verachteten und Verfolgten und erlebt von da an durch über 30 Jahre das Schicksal eines Verfolgten. Von Stadt zu Stadt, von Haus zu Haus, von Land zu Land. Ein Mensch, der das Heil seines Volks und der Menschheit von der Bewahrung der Tradition erwartet hatte, geht hinüber in die Reihen derer, die – wie er selbst von sich sagt – alles Überkommene für Dreck halten.

Und dann sitzt er zwischen allen Stühlen. Er ist Jude, aber sein Volk hetzt ihn von Land zu Land. Er ist römischer Bürger, aber er wird von seinen eigenen Behörden wie ein Aufrührer und Landesfeind behandelt. Er ist Christ, aber die Angst vor ihm bleibt zwischen ihm und seinen Glaubensbrüdern stehen. Ob er wirklich Christ ist, bleibt vielen Christen über die Jahrzehnte hin fraglich. Heimatlos im äußeren wie im inneren Sinn zieht er als Wanderarbeiter, als Zeltmacher, von Stadt zu Stadt, ein Abbild des großen Meisters, der gesagt hatte: Ich habe – um mich vor denen zu verbergen, die mir nachstellen – noch nicht einmal einen Platz, um mich schlafen zu legen, wenn es Nacht wird.

Paulus erzählt später einmal selbst »Ich reise ständig, ich bin in Gefahr gewesen auf den Flüssen, in Gefahr durch die Mörder, in Gefahr in der Wüste, in Gefahr durch die Juden und in Gefahr durch falsche Brüder. Ich mühe mich und arbeite, ich durchwache die Nächte, leide Hunger, Durst und Kälte. Die Juden haben mich fünfmal geprügelt, und zwar mit der Höchststrafe, die erlaubt ist, dreimal bin ich gegeißelt worden, einmal gesteinigt. Dreimal habe ich Schiffbruch erlitten, Tag und Nacht trieb ich in den Wellen. Und das ist ja alles nur das Äußere. Täglich bringt man die Not und den Kummer, die Angst und die Schwierigkeiten aller Gemeinden zu mir und erwartet von mir, daß ich das alles durchtrage. Aber wenn ich sagen soll, was an mir erwähnenswert ist, dann ist es nicht mein Heldentum, sondern meine Schwäche.«

Dazu kommt, daß Paulus keine Natur war wie Franziskus, kein fröhlicher Bruder und Freund der Vögel und der Bäume, der Bettler und Räuber. Er war selbst eine dunkle, schwerblütige Gestalt, alles andere als ein harmonischer, freundlicher und von Hause aus liebevoller Mensch, der in einem kranken Körper und einer zerklüfteten Seele einen glühenden, brennenden, bohrenden Geist herumtrug, der auf den Grund der Dinge ging und vor dessen unbestechlicher Klarheit nichts standhielt. Nur eins:

Die Tatsache, daß Christus an einem Holzkreuz gestorben war. Nichts sonst? Nein. Nichts. Was man über den Menschen wissen konnte: Hier war der Zugang. Hier war das Geheimnis. Nur dieses rätselhafte Zeichen eines Todes, eines überwundenen Todes, blieb stehen. Und weiter wollte er nichts mehr wissen, nichts mehr kennen, nichts mehr sagen und verbreiten als dieses eine Zeichen: das Kreuz.

Und er selbst? Er sagt, der Tod am Kreuz sei sein eigenes Schicksal. In einem übertragenen Sinn. In dem Sinn, daß er das Leben vor sich habe und es durch den Tod betrete, in dem Sinn, daß er sein ganzes Leben lang sterbe, um das Leben zu finden.

Er sagt einmal, Gott habe ihm einen Pfahl zugemutet. Man hat das oft so gedeutet, als meine er: in meinem Körper ist ein Leiden, eine Krankheit, die in mir steckt wie ein Pfahl. In Wirklichkeit meint er an jener Stelle: Gott hat meinem Leib einen Pfahl zugemutet. Dieser Ausdruck wird sonst von dem Pfahl gebraucht, an dem man Menschen hinrichtet. Auch gerade das Kreuz wird häufig als Pfahl bezeichnet.

Er meint: Ich hänge an einem Pfahl angeheftet. Wehrlos. Und der Teufel, sagt er, steht vor mir und schlägt mir ins Gesicht. Du willst Gott gehören? Du gehörst mir! Du willst ein Kind Gottes sein? Du bist ein ärmlicher Mensch! Du willst ein Diener Christi sein? Die sehen anders aus als du!

Aber ich will weiter nichts, fügt Paulus hinzu. Ich will weiter nichts, als daß der Pfahl, an dem ich sterben soll, neben dem Kreuz meines Herrn steht. Im Schatten des Kreuzes. Unter demselben Zeltdach, sagt er einmal. Dort ist er geborgen. Dort ist Christus bei ihm.

Mehr braucht er nicht. Was liegt noch an seiner übrigen Lebensgeschichte? Was liegt noch an seiner Persönlichkeit oder an den Scherben seiner Persönlichkeit? Was liegt an seinen Charaktereigenschaften? Christus ist bei ihm. Damit ist er bei Gott. Und damit ist – durch Christus – alles erreicht, was der Schriftgelehrte in ihm am Anfang seines Lebens im Gesetz der Väter gesucht hatte: nämlich das Leben, das bleibt.

Die erste größere Reise führte Paulus nach Kleinasien.

Nun wirkten damals in der Gemeinde in Antiochien Barnabas und Simon Niger als Lehrer, ferner Lucius von Kyrene, Menachem und Saulus. Während sie nun ihre Gottesdienste in strenger Enthaltsamkeit feierten, empfingen sie einen Auftrag vom heiligen Geist: Sondert Barnabas und Saulus zu dem Werk aus, zu dem ich sie berufen habe. Da fasteten sie, legten ihnen mit Gebet die Hände auf und ließen sie gehen.

So reisten Barnabas und Saulus nach Seleucia und von da zu Schiff nach Cypern. In Salamis verkündigten sie das Wort Gottes in den Synagogen, und Johannes Markus begleitete sie als Hilfe. Auf ihrem weiteren Weg über die Insel kamen sie nach Paphos und fuhren von dort aus weiter nach Perge im Lande Pamphylien. Dort trennte sich Markus von ihnen und reiste nach Jerusalem zurück. Indessen kamen sie von Perge aus nach Antiochia in Pisidien und gingen am Sabbat in die Synagoge. Als man dort aus dem Gesetz und den Propheten gelesen hatte, baten die Vorsteher der Synagoge sie: Liebe Brüder, wenn ihr etwas reden und das Volk ermahnen wollt, dann sagt es! Da erhob sich Paulus, bat um Ruhe durch ein Zeichen mit der Hand und fing an zu reden:

Ihr Männer von Israel und ihr Gottesfürchtigen, hört zu! Der Gott des Volkes Israel hat unsere Väter erwählt und das Volk groß gemacht, als es im Lande Ägypten gefangen war. Er befreite es mit starkem Arm. Vierzig Jahre ernährte es in der Wüste. Sieben Völker machte er in Kanaan zunichte und gab diesem Volk ihr Land. Dann gab er ihm Richter bis hin zu Samuel. Als unsere Väter ihn um einen König baten, gab Gott ihnen Saul. Nach seinem Untergang gab er ihnen David zum König, von dem er sprach: David, der Sohn Isais, ist ein Mann nach meinem Herzen. Er wird alles nach meinem Willen tun. Aus dessen Nachkommen hat Gott, wie er versprochen hat, dem Volk Israel nunmehr den Retter erstehen lassen. Ihm war Johannes vorangegangen, der dem ganzen Volk Israel Buße gepredigt und der es getauft hatte, ehe Jesus auftrat, als aber Johannes am Ende seiner Wirksamkeit angekommen war, sprach er: Ich bin nicht der, für den ihr mich haltet. Gebt acht! Einer kommt nach mir! Und ich bin nicht wert, ihm die Schuhe von den Füßen abzunehmen!

Seit dem dritten Jahrhundert entstehen an vielen Orten des Vorderen Orients von Ägypten bis nach Rom und Babylon, überall, wo Juden in der Zerstreuung, der »Diaspora«, leben, Versammlungshäuser, »Synagogen«. Man hat keine Gelegenheit, im Tempel Gottesdienste zu feiern, so treten Schriftauslegung und Gebet an ihre Stelle.

**Paulus war Zeltweber.
Diesen Beruf übte er
auch auf seinen Reisen aus,
um sich seine Unabhängigkeit
zu bewahren.**

Der Apollotempel in Korinth ▶

Weber in Damaskus ▼

Ihr Männer, liebe Brüder, diese Botschaft gilt uns! Denn das Volk von Jerusalem und die Regierenden haben ihn nicht erkannt, und sie verstanden auch das Wort der Propheten nicht, das sie doch jeden Sabbat hören, und brachten es mit ihrem Urteil über Jesus zur Erfüllung. Obwohl sie nichts an ihm fanden, das ein Todesurteil gefordert hätte, baten sie doch Pilatus, er möge ihn hinrichten. Als sie aber alles getan hatten, was über ihn vorhergesagt ist, nahmen sie ihn vom Holz herab und legten ihn in ein Grab. Aber Gott hat ihn erweckt von den Toten, und viele Tage lang sahen ihn seine Freunde, die jetzt seine Jünger sind. So sei euch nun verkündigt, liebe Brüder, daß ihr durch ihn die Befreiung von eurer Schuld empfangt. Denn wer sich auf ihn verläßt und ihm glaubt, ist los von seiner Sünde.

Als sie danach die Synagoge verließen, baten die Leute sie, sie möchten am nächsten Sabbat von diesen Dingen weitersprechen. Und während die Gemeinde auseinanderging, schlossen sich dem Barnabas und Paulus viele Juden und auch viele zur Gemeinde gehörende Nichtjuden an. Die beiden sprachen weiter mit ihnen und ermahnten sie, sie sollten die Gnade Gottes, die sie empfangen hätten, bewahren.

Am nächsten Sabbat kam fast die ganze Stadt zusammen, um das Wort Gottes zu hören. Als die Juden aber die Menschen sahen, die zusammenkamen, wurden sie neidisch und widersprachen dem, was Paulus sagte, und redeten abfällig über Christus. Da traten ihnen Paulus und Barnabas freimütig entgegen und sprachen:

Euch, den Juden, mußten wir das Wort von Gott zuerst berichten. Da ihr es aber ablehnt und meint, das ewige Leben sei für Würdigere bestimmt, wenden wir uns an die Nichtjuden. Denn der Herr hat uns geboten:

Ich habe dich eingesetzt,
daß du ein Licht seist für die Völker
und das Heil bringst allen Menschen
bis an das Ende der Erde.

Als das die Nichtjuden hörten, freuten sie sich und lobten Gott für alles, was er getan hatte. Die Gott für das ewige Leben bestimmt hatte, schlossen sich der Gemeinde an, und die Botschaft von Christus breitete sich über das ganze Land aus. Nun reizten aber die Juden die vornehmen Frauen unter den nichtjüdischen Gemeindegliedern und die Ratsleute der Stadt auf, so daß ein Volksauflauf gegen Paulus und Barnabas entstand, und stießen sie aus ihrem Stadtgebiet aus. Sie schüttelten aber den Staub von ihren Füßen zum Zeichen, daß die Bewohner das Wort von Christus nicht haben wollten, wanderten weiter nach Ikonion und waren voll Freude, und Gottes Geist erfüllte sie. (Apostelgeschichte 13)

In Ikonion gingen sie in derselben Weise wiederum in die Synagoge und predigten mit solchem Erfolg, daß eine große Menge Juden und Griechen sich dem Glauben anschloß. Diejenigen Juden hingegen, die den Glauben nicht annahmen, erregten die übrige Bevölkerung gegen die Christen. Als aber zuletzt Juden und Griechen mit den Oberhäuptern der Stadt zusammen vorhatten, sie zu mißhandeln und zu steinigen, und sie davon hörten, flohen sie nach Lykaonien, in die Städte Lystra und Derbe, hielten sich dort auf und predigten. Nun kamen aber Juden aus Antiochien und Ikonion dorthin und redeten dem Volk ein, Paulus und Barnabas seien Betrüger und Gotteslästerer, steinigten Paulus und schleiften ihn zur Stadt hinaus in der Meinung, er sei gestorben. Als sich aber draußen die Christen um ihn versammelten, stand er auf und ging in die Stadt zurück.

Am anderen Tag wanderten sie weiter nach Derbe. Dort predigten sie den Leuten wiederum das Evangelium und machten viele zu Christen und zogen wieder zurück nach Lystra, Ikonion und Antiochien, um die Gemeinden in diesen Städten zu stärken. In jeder Gemeinde setzten sie Leiter ein, indem sie sie unter Beten und Fasten dem Herrn anbefahlen. Durch Pisidien zogen sie nach Pamphylien, predigten in Perge und kamen bis nach Attalien hinab. Von dort fuhren sie nach Antiochien, wo sie ausgesandt worden waren, versammelten die Gemeinde und berichteten, wieviel Gott durch sie getan hatte und daß er den fremden Völkern die Tür zum Glauben aufgetan habe. Und sie verweilten längere Zeit in der Gemeinde. (Apostelgeschichte 14)

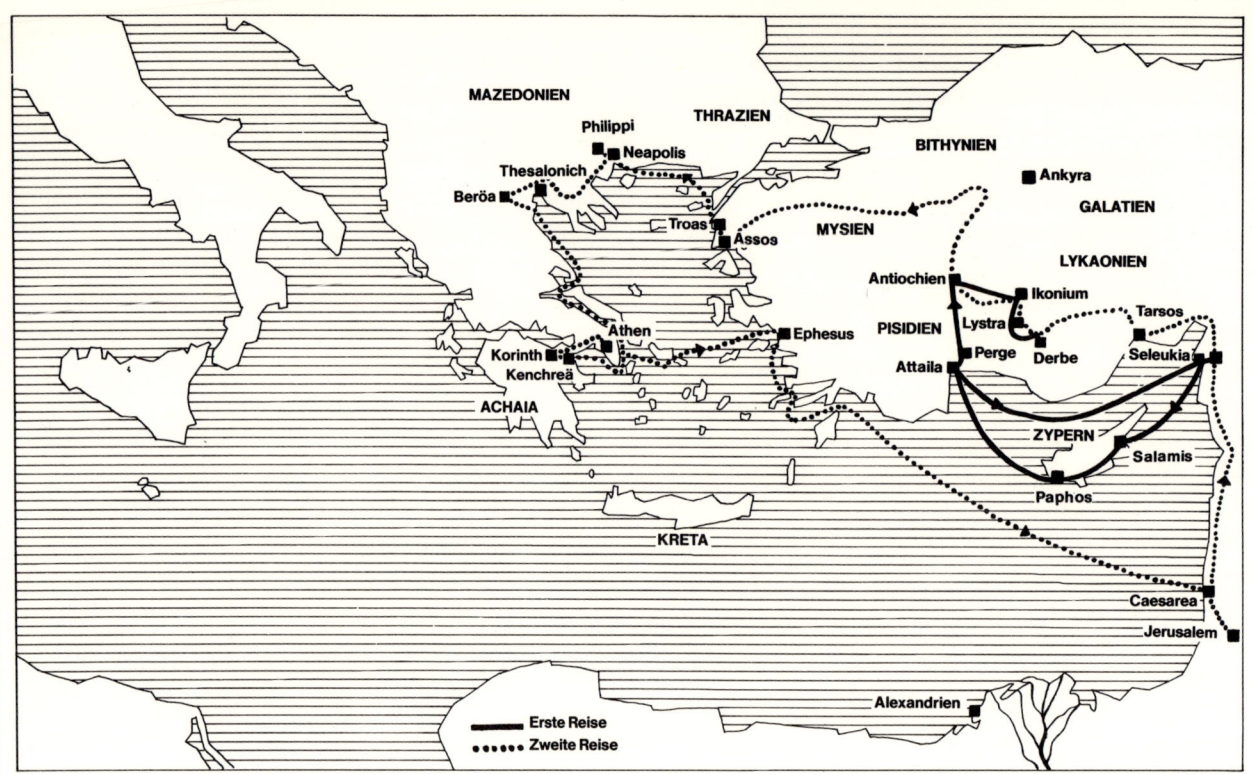

MAZEDONIEN
THRAZIEN
BITHYNIEN
Philippi
Neapolis
Thesalonich
Beröa
Ankyra
GALATIEN
Troas
MYSIEN
Assos
LYKAONIEN
Antiochien
Ikonium
PISIDIEN
Lystra
Tarsos
Athen
Ephesus
Perge
Derbe
Seleukia
Korinth
Attaila
Kenchreä
ACHAIA
ZYPERN
Salamis
Paphos
KRETA
Caesarea
Jerusalem
Alexandrien

Erste Reise
Zweite Reise

Im Jahr 48 fand in Jerusalem das erste Konzil statt, das sogenannte Apostelkonzil.

Eines Tages kamen christliche Prediger von Judäa nach Antiochien und lehrten die Gemeinde so: Wenn ihr selig werden wollt, müßt ihr euch beschneiden lassen! Darüber erhob sich ein Streit, und Paulus und Barnabas widersprachen ihnen leidenschaftlich. Am Ende beschloß man, Paulus, Barnabas und einige andere sollten zu den Aposteln und Ältesten nach Jerusalem reisen und diese Sache mit ihnen klären. Sie wurden also von der Gemeinde verabschiedet und reisten durch Phönizien und Samarien, berichteten, wohin sie kamen, davon, auch Menschen fremder Völker hätten den Glauben angenommen, und machten allen Brüdern große Freude damit. In Jerusalem wurden sie von der Gemeinde, den Aposteln und den Ältesten empfangen, und sie verkündigten auch dort, wieviel Gott durch sie getan hatte. Da aber erhoben sich einige zum christlichen Glauben übergetretene Pharisäer und forderten, man

solle die Christen aus fremden Völkern beschneiden und sie verpflichten, sich an das Gesetz Moses zu halten. Schließlich kamen die Apostel und die Ältesten zusammen, um sich über diese Sache zu beraten. Als man sich lange gestritten hatte, erhob sich Paulus und sprach:
Ihr Männer, liebe Brüder, ihr wißt, daß Gott es schon vor langer Zeit so gefügt hat, daß durch meinen Mund Menschen aus fremden Völkern das Wort des Evangeliums hörten und aufnahmen. Warum arbeitet ihr nun gegen Gott und legt auf die Hälse der Christen das alte Joch, das weder unsere Väter noch wir haben tragen können? Wir glauben doch, daß wir durch die Liebe unseres Herrn, Jesus Christus, selig werden und daß das für alle Menschen gilt.
Da schwieg die ganze Menge still und hörte Paulus und Barnabas zu, während sie erzählten. Nach ihnen redete Jakobus:
Ihr Männer, liebe Brüder, hört mir zu! Petrus hat erzählt, wie Gott zum erstenmal Menschen aus fremden Völkern auserwählt hat, daß sie zu seinem Volk gehören sollten. Damit stimmen die Worte der Propheten überein:

210

Danach will ich mich ihnen zuwenden
und will das zerfallene Haus Davids
wieder aufrichten,
seine Trümmer will ich wieder aufbauen,
damit die übrigen Menschen den Herrn suchen
und alle Völker, die doch mir gehören.

Da beschlossen die Apostel und Ältesten mit der ganzen Gemeinde zusammen, Männer zu wählen, die mit Paulus und Barnabas nach Antiochien reisen sollten, und zwar Judas Barsabas und Silas, angesehene Männer der Gemeinde. Und sie gaben ihnen folgenden Brief mit:
Wir, die Apostel und Ältesten der Gemeinde, wünschen den nichtjüdischen Brüdern aus Antiochien, Syrien und Kilikien Heil. Wir haben gehört, daß einige Glieder unserer Gemeinde, denen wir nichts aufgetragen hatten, euch in Unruhe versetzt und verwirrt haben. Nun haben wir einmütig beschlossen, Judas und Silas zu euch zu senden, die unseren Beschluß auch mündlich verkündigen werden. Denn wir haben unter Leitung des heiligen Geistes beschlossen, daß euch keine Vorschriften aufzuerlegen sind außer diesen: daß ihr euch von den heidnischen Gottesdiensten fernhaltet, vom Blut und vom Fleisch von Tieren, die nicht nach unserer Sitte geschlachtet sind, und von der Ehe unter Verwandten. Wenn ihr das einhaltet, ist es recht, was ihr tut. Lebt wohl!
So ließ man sie ziehen, und sie übergaben der Gemeinde in Antiochien den Brief. Als sie den lasen, waren sie froh über den guten Bescheid.

Wie Bienenkörbe stehen die Häuser in einem Dorf in der syrischen Hochsteppe um die freien Plätze herum, auf denen man sich abends versammelt. In diesen Dörfern spielte die Auseinandersetzung zwischen der jungen christlichen Mission und dem in Synagogen organisierten Judentum. Das Problem war: Muß man ein Jude werden, wenn man ein Christ wird? Die Frage wird beim »Apostelkonzil« negativ entschieden, und Paulus gewinnt die Freiheit, den Radius seiner Arbeit bis nach Europa auszudehnen.

Die zweite Reise führt Paulus in den Jahren 49–52 bis Griechenland.

Einige Zeit später sprach Paulus zu Barnabas: Laß uns doch wieder nach unseren Brüdern sehen in all den Städten, in denen wir mit dem Wort des Herrn Gemeinden gegründet haben, wie es um sie steht. Barnabas war einverstanden, aber er wollte, daß sie auch Johannes Markus mitnähmen. Paulus hingegen weigerte sich, einen Mann mitzunehmen, der sich in Pamphylien von ihnen getrennt und die Aufgabe im Stich gelassen habe. Und sie gerieten scharf aneinander und trennten sich schließlich. Barnabas nahm Markus mit sich und fuhr nach Cypern. Paulus wählte Silas aus und brach auf, von den Brüdern der Gnade Gottes anbefohlen, reiste durch Syrien und Kilikien und stärkte die Brüder. (Apostelgeschichte 15)

So kam er auch nach Derbe und Lystra und fand dort einen Christen mit Namen Timotheus, den Sohn einer jüdischen Frau und eines griechischen Vaters. Den nahm er auf seine Reise mit. Und sie zogen weiter durch Phrygien und Galatien und kamen nach Troas.
Dort hatte Paulus in der Nacht eine Erscheinung: Ein Mazedonier stand da und rief: Komm herüber nach Mazedonien und hilf uns! Auf diesen Traum hin entschlossen wir uns, nach Mazedonien hinüberzufahren, denn wir waren sicher, daß Gott es war, der uns berufen hatte, den Menschen drüben das Evangelium zu predigen.

So kamen wir von Troas nach Philippi, der Hauptstadt der ersten Provinz von Mazedonien, und blieben dort einige Tage. Am Sabbat gingen wir vor die Stadt hinaus an einen Fluß, an dem wir eine Gebetsstätte zu finden hofften, setzten uns und sprachen zu den Frauen, die dort zusammenkamen.
Dabei hörte auch eine Frau mit Namen Lydia zu, eine Purpurhändlerin, die zur jüdischen Gemeinde gehörte, aber eine Griechin war. Ihr tat der Herr das Herz auf, so daß sie auf das Wort des Paulus achtgab. Als sie selbst und ihre Hausgemeinschaft getauft war, bat sie uns: Wenn ihr meint, daß ich wirklich eine Christin geworden bin, dann kommt in mein Haus und seid meine Gäste. Und sie nötigte uns, zu kommen. Als Paulus aber eine in Philippi lebende Magd, die für ihre Herren weissagte, von ihrer Besessenheit geheilt hatte, wurde er von den um ihre Einnahmen geschädigten Männern vor die Behörden geschleppt: Diese Menschen bringen unsere Stadt in Aufruhr! Sie sind Juden und versuchen uns eine Religion aufzunötigen, die sie unter Römern nicht ausbreiten dürfen. Die Menge lärmte, und die Stadtrichter ließen ihnen die Kleider abreißen und sie auspeitschen.
Danach warf man sie ins Gefängnis, und der Gefängniswärter legte sie in die innerste Zelle und schloß ihre Füße in den Block. Um Mitternacht aber beteten Paulus und Silas und sangen einen Hymnus zum Lob Gottes, und die Gefangenen hörten zu. Plötzlich aber bebte die Erde, so daß die Grundmauern des Gefängnisses rissen, die Türen sprangen auf, und die Fesseln der Gefangenen lösten sich aus den Wänden und sprangen auf. Als nun der Gefängniswärter aus dem Schlaf fuhr und sah, daß die Türen offenstanden, zog er das Schwert und wollte sich töten, denn er meinte, die Gefangenen seien entflohen. Paulus aber rief ihm zu: Tu dir nichts an! Wir sind alle hier! Da ließ er sich eine Fackel geben, sprang in die Zelle hinab und warf sich Paulus und Silas zitternd zu Füßen. Er führte sie hinaus und fragte sie: Ihr Herren, was muß ich tun, damit ich gerettet werde? Sie antworteten: Glaube an Jesus, den Herrn, so wirst du mit deinem ganzen Haus das Heil finden. Er nahm sie zu sich in jener Nacht, wusch ihnen die Striemen ab und ließ sich mit allen seinen Angehörigen taufen. Er führte sie in sein Haus, deckte ihnen den Tisch und freute sich mit den Seinen, daß er nun zum Glauben an Gott gefunden hatte.
Am Morgen ließen die Stadtrichter sagen: Laßt die Männer frei. Und sie kamen aus dem Gefängnis und verabschiedeten sich von Lydia und den Brüdern. (Apostelgeschichte 16)

Danach reisten sie durch Amphipolis und Apollonia nach Thessalonich und Beröa und gründeten in beiden Städten eine Gemeinde. Als Paulus aber

nach Athen kam, ergriff ihn ein heiliger Zorn, als er sah, wie voll von Götzenbildern diese Stadt war. Da redete er zu den Juden in der Synagoge und jeden Tag zu den Bürgern der Stadt auf dem Markt, und einige Philosophen der epikuräischen und stoischen Schule stritten mit ihm. Einige fragten: Was will dieser Schwätzer überhaupt? Die anderen meinten: Es sieht so aus, als wolle er fremde Götter verkündigen. Sie baten ihn also, auf den Aeropag zu kommen, und fragten: Können wir erfahren, was für eine neue Lehre du bringst? Und Paulus begann in der Mitte des Aeropags zu reden:

Ihr Männer von Athen! Ich sehe, daß ihr sehr eifrig darin seid, die Götter zu ehren! Ich bin hier umhergegangen und habe die Heiligtümer betrachtet und fand dabei einen Altar mit der Inschrift: Dem unbekannten Gott! Nun will ich euch den verkündigen, den ihr ehrt, ohne ihn zu kennen. Der Gott, der die Welt geschaffen hat und alles, was ist, er, der ein Herr ist über Himmel und Erde, wohnt nicht in Tempeln, die Menschenhände erbauten. Er läßt sich auch nicht von Menschen versorgen, als ob er der Sorge von Menschen bedürftig wäre. Er selbst ist es ja, der allen Wesen das Leben und den Atem gibt und alles, was sie brauchen. Denn in ihm leben wir, von ihm kommt unser Geschick und unser Wesen! Einige eurer Dichter haben es gesagt: Wir sind göttlichen Wesens! Wenn wir nun göttlicher Herkunft sind, sollen wir nicht meinen, was göttlich sei, könne man in Gold oder Silber oder Stein fassen, in Gebilde menschlicher Kunst und Erfindung. Die Zeit der Unwissenheit hat zwar Gott in Geduld übersehen, aber nun gebietet er allen Menschen in allen Ländern, zu ihm umzukehren. Er hat einen Tag festgesetzt, an dem er die Welt mit Gerechtigkeit richten wird, und zwar durch einen Mann, den er dazu bestimmt hat. Und er hat jedermann die Möglichkeit gegeben, zu glauben, indem er ihn vom Tode auferweckt hat.

Als sie hörten, es gehe um die Auferstehung der Toten, da spotteten die einen, die anderen meinten: Wir wollen dich ein anderes Mal wieder hören. Und Paulus ging seiner Wege. Einige Männer freilich schlossen sich ihm an und wurden gläubig; unter anderen gehörte der Ratsherr Dionysios zu ihnen. (Apostelgeschichte 17)

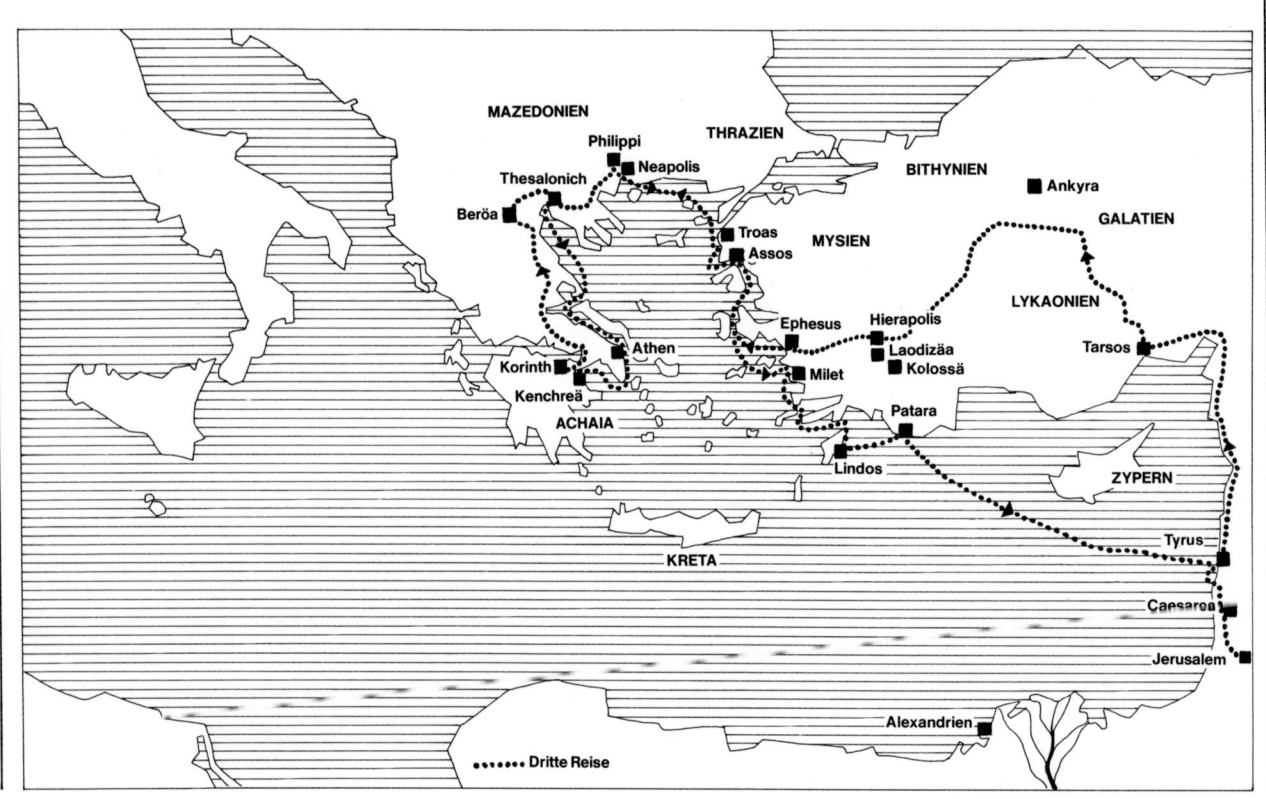

Danach reiste Paulus von Athen nach Korinth und fand dort einen Juden namens Aquila, der mit seiner Frau Priscilla kurz zuvor aus Italien eingewandert war, weil damals der Kaiser Klaudius alle Juden aus Rom ausgewiesen hatte. Zu denen ging Paulus, und weil er dasselbe Handwerk ausübte, wohnte er bei ihnen und arbeitete in ihrer Werkstatt. Sie waren Zeltmacher. Und er sprach jeden Sabbat in der Synagoge und gewann Juden und Griechen.

In einem nächtlichen Traum sprach der Herr zu Paulus: Fürchte dich nicht! Rede, und schweige nicht! Ich bin mit dir. Niemand soll es wagen, dich anzutasten. Denn ich habe ein großes Volk in dieser Stadt! Und Paulus blieb ein Jahr und sechs Monate dort.

Einige Zeit später nahm Paulus Abschied, um mit Priscilla und Aquila nach Syrien zu fahren. Und er fuhr über Ephesus nach Caesarea, reiste weiter nach Jerusalem und stattete der Gemeinde einen kurzen Besuch ab. Von dort aus kehrte er nach Antiochien zurück.

Die dritte Reise führt fast denselben Weg wie die zweite. Sie dauert von 53–58 und endet mit der Gefangennahme des Paulus in Jerusalem.

Eine gewisse Zeit blieb er in Antiochien, danach brach er wieder auf und reiste durch Galatien und Phrygien und besuchte die Gemeinden und kam schließlich nach Ephesus. (Apostelgeschichte 18)
Als er einige Monate in Ephesus gewesen war, kam es dort zu schweren Unruhen wegen des christlichen Glaubens. Ein Silberschmied namens Demetrius nämlich, der silberne Tempelchen der Artemis herstellte und den Handwerkern seines Fachs damit den Lebensunterhalt sicherte, versammelte die Handwerker und die Arbeiter und sprach: Ihr Männer, ihr wißt, daß wir von diesem Handwerk leben. Ihr seht und hört aber auch, daß dieser Paulus nicht allein hier in Ephesus, sondern auch in der ganzen Landschaft Asien unzählige Menschen irremacht und sagt: Was mit Händen gemacht wird, das sind keine Götter. Aber nicht nur unser Gewerbe wird dadurch verächtlich gemacht, sondern auch der Tempel der großen Göttin Artemis und sie selbst, die von dem ganzen Land Asien, ja, von der ganzen Welt verehrt wird!

Als sie das hörten, gerieten sie außer sich und schrien: Groß ist die Artemis von Ephesus! Die ganze Stadt wurde mitgerissen, die Masse stürmte ins Theater und schleppte Gaius und Aristarch mit, die Mitarbeiter des Paulus. Als aber Paulus selbst vor die Masse treten wollte, ließen die Freunde es nicht zu. Auch einige der leitenden Beamten der Provinz, die ihm wohlgesonnen waren, ließen ihm sagen, er möge nicht zum Theater gehen. Dort schrien einige dies, andere etwas anderes, die Versammlung war völlig verwirrt, und die meisten wußten nicht, weshalb sie zusammengekommen waren. Die Juden schickten Alexander nach vorn, der winkte mit der Hand, um zu zeigen, daß er reden wollte. Als sie aber merkten, daß er ein Jude war, schrien sie alle miteinander zwei Stunden lang: Groß ist die Artemis von Ephesus! Da gebot der Stadtschreiber Ruhe und redete zum Volk:
Ihr Männer von Ephesus! Wo sollte ein Mensch sein, der nicht wüßte, daß die Stadt Ephesus die Hüterin des Tempels der großen Göttin Artemis ist und ihres Bildes, das vom Himmel stammt? Weil das nun niemand bestreitet, solltet ihr still sein und nichts Unbedachtes tun. Ihr habt diese Männer hierhergeschleppt, aber sie sind weder Tempelräuber, noch haben sie unsere Göttin angegriffen. Wir sind in Gefahr, daß man uns wegen Aufruhrs anklagt nach alldem, was heute geschehen ist, und wir könnten es mit nichts entschuldigen. Damit löste er die Versammlung auf. (Apostelgeschichte 19)

Nach dem Ende der Unruhen rief Paulus die Gemeinde noch einmal zusammen und nahm Abschied von ihr, um nach Mazedonien zu reisen. Von dort kam er nach Griechenland, wo er sich drei Monate aufhielt. Als er nun nach Syrien fahren wollte und erfuhr, die Juden planten (auf dem Schiff) einen Anschlag gegen ihn, änderte er seinen Plan und reiste durch Mazedonien zurück. (Apostelgeschichte 20)

Seine Gefangennahme durch die Römer verstand Paulus als Fortsetzung der Passion Christi.

Danach gelangten wir nach Jerusalem, wo uns die Gemeinde mit Freuden aufnahm. Sieben Tage später sahen Juden aus der Provinz Asien Paulus im Tempel beim Gottesdienst, wiegelten das ganze Volk auf, hielten ihn fest und schrien: Männer von Israel, helft! Das ist der Mensch, der in allen Ländern alle Menschen gegen unser Volk aufbringt und das Gesetz und diesen Tempel beleidigt! Nun hat er gar noch Griechen in den Tempel geführt und diese heilige Stätte entweiht! Denn sie hatten Trophimus, den Epheser, mit ihm in der Stadt gesehen und meinten, ihn habe Paulus in den Tempel geführt. Die ganze Stadt geriet in Aufruhr, die Menschen strömten zusammen, ergriffen Paulus und stießen ihn aus dem Tempel hinaus. Und man verschloß die Türen. Während sie sich nun anschickten, ihn umzubringen, wurde dem Kommandanten der römischen Besatzungstruppe gemeldet: Ganz Jerusalem ist im Aufruhr! Der rief sofort Truppen zusammen und eilte an die Stelle. Als die Juden den Kommandanten und die Soldaten sahen, hörten sie auf, Paulus zu schlagen. Der Kommandant ließ ihn festnehmen und mit zwei Ketten fesseln und fragte, wer das sei und was er getan habe. Aber das Volk schrie durcheinander, der eine dies, der andere das. Als er nun nichts Rechtes erfahren konnte, weil der Lärm so groß war, befahl er, man solle ihn in die Burg führen. An den Stufen aber mußten die Soldaten ihn tragen wegen des Gedränges, denn die Masse wälzte sich nach und schrie: Bringt ihn um! (Apostelgeschichte 21)

Während sie so schrien, ihre Kleider abrissen und Staub in die Luft warfen, befahl der Kommandant, man solle ihn in die Burg führen, geißeln und verhören, damit er erfahre, warum man so über ihn schreie. Als sie ihn aber zur Geißelung anbanden, fragte Paulus den Hauptmann, der dabeistand: Habt ihr ein Recht, einen römischen Bürger ohne Urteil zu geißeln? Als das der Hauptmann hörte, ging er zum Kommandanten: Was willst du tun? Dieser Mensch ist römischer Bürger!

Und der Kommandant fürchtete sich, als er erfuhr, daß er römischer Bürger war und er ihn hatte festbinden lassen.
Am anderen Tag wollte er den wirklichen Grund für die Angriffe der Juden erfahren, löste ihn aus der Haft, ordnete eine Versammlung der Priester und des Hohen Rates an und stellte ihr Paulus gegenüber. (Apostelgeschichte 22)

Paulus blickte über die Versammlung hin und sprach: Ihr Männer, liebe Brüder, ich habe bis auf diesen Tag mit reinem Gewissen vor Gott gelebt. Ich werde angeklagt, weil ich an das kommende Reich Gottes und an die Auferstehung der Toten glaube. Da entstand ein Streit zwischen den Parteien, und die Versammlung spaltete sich. Denn die Sadduzäer sagen, es gebe weder Auferstehung noch Engel noch einen göttlichen Geist. Die Pharisäer glauben an all das. Es entstand ein großes Geschrei, und einige Schriftgelehrte von der Partei der Pharisäer standen auf und sprachen: Wir finden nichts Böses an diesem Menschen. Es könnte doch ein Geist mit ihm geredet haben oder ein Engel? Als der Aufruhr immer gefährlichere Formen annahm, fürchtete der Kommandant, sie würden Paulus noch zerreißen, und befahl, die Soldaten sollten ihn herausholen und in die Burg bringen. In der folgenden Nacht aber erschien ihm der Herr und sprach: Sei unverzagt! Wie du in Jerusalem dich zu mir bekannt und von mir gesprochen hast, so sollst du es auch in Rom tun.

Am anderen Morgen schlossen mehr als vierzig Männer einen Bund und verschworen sich, weder zu essen noch zu trinken, bis sie Paulus umgebracht hätten. Sie gingen zu den Priestern und Ältesten: Wir haben geschworen, Paulus zu töten. Erwirkt nun ihr beim Kommandanten, daß er Paulus hinüberführt, damit ihr ihn besser verhören könnt; wir aber halten uns bereit, ihn zu töten, ehe er zu euch kommt. Über den Neffen des Paulus erfuhr der Kommandant aber von dem Anschlag und ließ Paulus mit einem Geleit von siebzig Reitern und zweihundert Schützen mitten in der Nacht nach Caesarea, an den Dienstsitz des Gouverneurs Felix, bringen. Dort wurde er im Palast des Herodes in Schutzhaft festgehalten.

217 (Apostelgeschichte 23)

Die »Burg«, die »Antonia« genannte, mit vier Ecktürmen schwer befestigte Kaserne, war der Standort der römischen Besatzungstruppen. Von dort überwachte man das Leben und Treiben auf dem Tempelplatz. Von dort konnte man durch geheime Gänge jederzeit plötzlich irgendwo in der Stadt mit der Truppe eingreifen, wenn dort Unruhe entstand. Die 30 cm dicken Steinplatten hält man für den Belag eines Hofs, in dem Jesus gestanden haben soll, als Pilatus ihn in der Antonia verhörte. Die eingeritzten Linien sind Spielfelder der römischen Soldaten.

Felix zog aber nach der Verhandlung den Prozeß in die Länge, ließ Paulus in leichtem Gewahrsam halten und hinderte die Seinen nicht, ihm zu dienen. Nach zwei Jahren gab er sein Amt an Porcius Festus ab, und weil er den Juden eine Gunst erzeigen wollte, ließ er Paulus gefangen zurück. (Apostelgeschichte 24)

Als Festus ins Land gekommen war und in Jerusalem die Priester und die Vornehmen vor ihm erschienen, drängten sie ihn, er solle Paulus nach Jerusalem bringen; denn sie wollten einen Hinterhalt legen und ihn umbringen. Aber Festus erklärte, der Sitz seines Gerichts sei Caesarea. So verhandelte man zunächst wieder in Caesarea, bis Festus, der den Juden einen Gefallen tun wollte, Paulus fragte: Willst du nach Jerusalem hinaufziehen und dort dich meinem Gericht stellen? Paulus antwortete aber: Ich stehe hier vor dem Gericht des Kaisers. Dort allein kann meine Sache verhandelt werden. Den Juden habe ich kein Unrecht getan, das weißt du wohl. Wenn ich etwas getan habe, auf das die Todesstrafe steht, so bin ich bereit, zu sterben. Wenn aber von allem, was sie gegen mich vorbringen, nichts wahr ist, darf mich auch niemand ihnen preisgeben. Ich berufe mich auf den Kaiser! Da besprach Festus sich mit seinen Ratgebern und antwortete: Auf den Kaiser hast du dich berufen. Zum Kaiser sollst du ziehen. (Apostelgeschichte 25)

Nach seiner Berufung auf das kaiserliche Gericht wird Paulus als Gefangener nach Rom gebracht.

Als es nun beschlossen war, daß wir nach Italien fahren sollten, übergab man Paulus und einige andere Gefangene einem Hauptmann Julius von der Kohorte »Augusta«. Wir bestiegen ein Schiff aus Adramyttium, das die Küstenstädte von Kleinasien anlaufen sollte, und fuhren ab, begleitet von Aristarchus aus Thessalonich. Am anderen Tag kamen wir in Sidon an, wo Julius, der sich zu Paulus freundlich verhielt, ihm erlaubte, zu seinen

Freunden zu gehen und sich versorgen zu lassen. Von dort aus fuhren wir an der Küste von Cypern entlang, weil die Winde uns entgegenstanden, fuhren durch das offene Meer an Kilikien und Pamphylien entlang und kamen nach Myra in Lykien. Viele Tage aber fuhren wir sehr langsam und kamen nur mit Mühe bis Knidos, denn der Wind stand ungünstig; so umfuhren wir Kreta bei Salmone und kämpften uns mühsam daran vorbei. Zuletzt erreichten wir den »Schönen Hafen« in der Nähe der Stadt Lasäa.

Inzwischen war nun viel Zeit vergangen, und es wurde gefährlich, zur See zu fahren. Die Fastenzeit war schon vorüber, und Paulus warnte die Soldaten: Liebe Männer, ich sehe voraus, daß die Fahrt Gefahr und Schaden bringen wird nicht nur für die Ladung und das Schiff, sondern auch für unser aller Leben! Aber der Hauptmann glaubte dem Steuermann und dem Schiffsherrn mehr als dem Paulus, und weil der Hafen ungünstig lag und sich für das Überwintern nicht eignete, bestand die Mehrzahl darauf, weiterzufahren, um vielleicht in Phönix zu überwintern, einem Hafen auf Kreta, dessen Seeseite gegen Westen liegt.

Als nun ein leichter Südwind einsetzte, meinten sie, sie könnten ihr Vorhaben ausführen, lichteten die Anker und fuhren dicht unter der Küste Kretas entlang. Nach kurzer Zeit aber brach von der Insel her ein Sturm über sie herein. Das Schiff wurde mitgerissen, und da sie es nicht mehr gegen den Wind halten konnten, überließen sie es dem Sturm, und so jagten wir dahin. Im Schutz einer kleinen Insel mit Namen Klauda gelang es uns mit Mühe, das Beiboot an Bord zu nehmen. Weil sie aber fürchteten, wir könnten in die Syrte geraten, holten sie die Segel ein und ließen das Schiff treiben. Am nächsten Tag warfen sie, weil der Sturm uns schwer zusetzte, die Ladung ins Meer und am dritten Tag mit eigener Hand das Schiffsgerät. Viele Tage sahen wir weder die Sonne noch die Sterne, das Unwetter tobte, ohne nachzulassen, und schließlich war alle Hoffnung auf Rettung geschwunden.

In der 14. Nacht, die wir in der Adria trieben, merkten die Seeleute um die Mitternacht, daß sie

So fuhr man auf dem Mittelmeer.

Die Ägypter um 2200

die Phönizier um 700 vor Christus

und die Römer in der Zeit des Paulus.

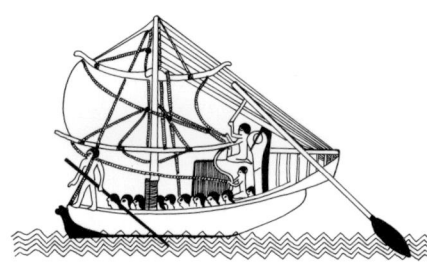

sich einem Ufer näherten. Sie warfen das Senkblei aus und loteten 36 Meter Tiefe, nach einer kurzen Strecke 27 Meter. Sie fürchteten, sie könnten an Klippen stoßen, warfen vier Anker vom Heck aus und warteten sehnlich, bis es Tag würde.

Im ersten Tageslicht erblickten sie Land, sie wußten aber nicht, wie es hieß. Sie sahen nur eine Bucht und einen flachen Strand. Auf den wollten sie das Schiff zutreiben lassen, wenn es möglich wäre. Sie hieben die Anker ab und ließen sie ins Meer fallen, lösten die Taue der Steuerruder, hißten das Vorsegel und hielten auf das Ufer zu. Dabei gerieten wir an eine Sandbank und liefen auf. Das Vorderschiff saß fest, während das Hinterschiff unter der Gewalt der Wellen zerbrach. Nun wollten die Soldaten die Gefangenen töten, damit nicht jemand schwimmend entfliehen könne. Der Hauptmann aber wollte Paulus retten und hinderte sie an ihrem Vorhaben. Er befahl, zuerst sollten sich die ins Meer werfen und ans Land retten, die schwimmen könnten, danach sollten es die anderen mit Brettern oder Schiffstrümmern versuchen. So kam es, daß alle lebendig das Land erreichten. (Apostelgeschichte 27)

Als wir alle am Ufer waren, hörten wir, die Insel heiße Malta.

Nach drei Monaten bestiegen wir ein Schiff aus Alexandrien, das auf der Insel überwintert hatte und das die Zwillinge als Zeichen führte, und fuhren weiter. In Syrakus blieben wir drei Tage und segelten über Rhegium und kamen unter günstigem Südwind nach zwei Tagen nach Puteoli. Dort fanden wir eine christliche Gemeinde, die uns bat, doch sieben Tage bei ihnen zu bleiben, und kamen schließlich nach Rom. Die Christen aus Rom hörten, wir seien angekommen, und gingen uns bis zum Forum Appii und bis nach »Drei Schenken« entgegen. Als Paulus sie sah, dankte er Gott und gewann neue Zuversicht. In Rom erlaubte man ihm, eine Wohnung nach seiner eigenen Wahl zu beziehen und dort mit einem Soldaten, der ihn bewachte, zu wohnen.

Dort blieb Paulus zwei volle Jahre und nahm alle auf, die zu ihm kamen. Er verkündigte das Reich Gottes und lehrte über Jesus Christus mit allem Freimut ungehindert. (Apostelgeschichte 28)

Was nach diesen zwei Jahren geschehen ist, wissen wir nicht. Die Meinungen gehen auseinander. Die einen sagen, er sei nach dieser Zeit vor Gericht gestellt und im Zusammenhang der neronischen Christenverfolgung umgebracht worden. Die anderen, er sei noch einmal freigelassen worden und habe seine Reisetätigkeit neu aufgenommen. Für Lukas ist das Ziel seiner Erzählung damit erreicht, daß Paulus in die Hauptstadt der damaligen Welt gelangt und also das Evangelium dort Fuß faßt.

In den fünfziger Jahren entstanden die wichtigsten Briefe, die Paulus an seine Gemeinden schrieb.

Nach der Zerstörung Jerusalems im Jahr 70 trugen römische Soldaten im Triumph den siebenarmigen Leuchter aus dem Tempel Jerusalems durch Rom. Das Zentrum des jüdischen Glaubens war zerstört. Vorher schon hatte das Judentum sich in vielen Städten der alten Welt seine Stützpunkte geschaffen, so auch in Rom, wo seit langem eine vitale jüdische Gemeinde bestand. Das Christentum fand früh denselben Weg über die Grenzen hinaus. Der Tempel war ihm nie ein Hemmnis gewesen. Draußen begegnete es demselben Judentum wie in Palästina, einem freieren, weltläufigeren freilich, und in der Regel wuchsen die christlichen Gemeinden nicht ohne Zusammenhang mit den Synagogen der Juden. Das bedeutet auch, daß sie sich im Dialog mit den Synagogen darauf besinnen mußten, was denn das Eigene, das eigentlich Christliche sei. Der Römerbrief ist unter anderem ein Beitrag zu diesem Dialog.

Im Römerbrief geht es um die Freiheit. Freiheit entsteht, wo Gott uns bejaht. Die Antwort ist der Glaube.

Es ist das Jahr 40 nach unserer Zeitrechnung. Der rege Reiseverkehr zwischen den Juden in Rom und in Palästina bringt auch die Nachricht nach Rom, ein kleiner Teil des jüdischen Volks beharre darauf, daß Jesus von Nazareth der ersehnte und erwartete, von Gott gesandte Herrscher des heiligen Volks und der Welt sei. Römische Juden, die aus irgendeinem Grunde nach Jerusalem kommen, lassen sich von den Christen überzeugen und gründen nach ihrer Rückkehr in Rom eine Gemeinde. Sie bleiben zunächst Juden wie alle anderen und fühlen sich nach wie vor der Synagoge zugehörig; aber es scheint, als habe ihre Wendung zum christlichen Glauben in der Judenschaft Roms Unruhe, Streit, vielleicht sogar öffentliche Auseinandersetzungen provoziert, denn Kaiser Claudius erläßt im Jahre 49 ein Edikt, wonach alle Juden Rom zu verlassen hätten, weil sie »auf Anstiften eines gewissen Chrestus ständig Unruhe stifteten«. Der Kaiser ist mangelhaft informiert. Nicht ein gewisser Chrestus stiftet Unruhe, vielmehr bietet das Für und Wider um Christus den Anlaß zum Streit.

Im Jahre 50 dürfte die Gemeinde in Rom – nach der Auflösung der Synagogengemeinde – aus einem Rest von Christen bestanden haben, die nichtjüdischer Herkunft waren, aber dem Judentum nahegestanden hatten, aus Menschen vieler Rassen und Völkerschaften, wie sie eben in der damaligen Welthauptstadt zusammen lebten.

Im Jahre 54 wird das Edikt des Claudius aufgehoben. Die Juden strömen allmählich nach Rom zurück und bemühen sich, verlorenen Boden wiederzugewinnen. Das heißt: Jüdische Kräfte versuchen, in der Gemeinde die Einhaltung des jüdischen Gesetzes zu erzwingen, während nicht-jüdische Gegenkräfte, denen das Gesetz der Juden fremd ist, um ihre Freiheit kämpfen.

Im Jahre 58, als Paulus sich drei Monate lang in Korinth aufhält, schreibt er an die Gemeinde in Rom einen Brief. Er hatte im Lauf von mehr als zehn Jahren die Länder um das östliche Mittelmeer durchreist und, wohin er kam, christliche Zellen und Hausgemeinschaften gebildet, aus denen sich Gemeinden, schließlich Kirchen entwickelten. Diese Arbeit scheint ihm nunmehr abgeschlossen. Er strebt nach Italien. Rom ist der entscheidende Punkt im westlichen Mittelmeer. Kann er sich auf Rom stützen, so hat er Aussicht, in Gallien und Spanien Fuß zu fassen. Und er schreibt, in langen Gedankenreihen die Zusammenhänge ausmalend, was ihm das Neue, das Große und Entscheidende am christlichen Glauben sei. Er grenzt ihn ab gegen den Glauben der Juden einerseits, menschliche Religiosität sonst andererseits und schildert die Klarheit, die Freiheit und Standfestigkeit, die den Christen auszeichnet. Er schickt gleichsam seinen Glauben nach Rom voraus, um seinen Besuch vorzubereiten. Wir bringen hier einige Sätze daraus.

Im Jahre 61, also drei Jahre später, kommt Paulus tatsächlich nach Rom, freilich nicht als freier Mann, sondern als Häftling. Die Reise nach Spanien bleibt ein Traum. Aber sein Brief ist erhalten. Er ist, wie wir ohne Vorbehalt behaupten dürfen, der wichtigste Brief geworden, der jemals in der Geschichte der Menschheit geschrieben worden ist.

Paulus, ein Bote von Jesus Christus, an die von Gott geliebten und berufenen Christen in Rom! Gnade sei mit euch und Frieden von Gott, unserem Vater, und von Jesus Christus, der unser Herr ist!
Er hat mich zum Apostel berufen. Er hat mich ausgewählt, die gute Nachricht von Gott weiterzugeben, die er schon angekündigt hat durch seine Propheten – in der Heiligen Schrift ist es zu lesen –: die Nachricht von seinem Sohn Jesus Christus, der ein Mensch war, ein Nachkomme Davids, und der zum Sohn Gottes erhoben ist durch den Geist des heiligen Gottes und göttliche Macht empfing durch die Auferstehung von den Toten. Er gab mir den Auftrag, er schenkte mir das hohe Amt, in seinem Namen alle Völker zu bewegen, daß sie sich seiner Herrschaft beugen, und auch ihr gehört zu diesen Völkern.
Denn ich verlasse mich auf die Nachricht von Jesus Christus und bekenne mich zu ihr. Sie ist eine Kraft Gottes und rettet alle, die ihr vertrauen, die Juden zunächst, aber auch die Griechen. Denn sie zeigt, wer Gott ist, was er fordert und wie wir unter seiner Herrschaft leben sollen: So, daß wir ihm glauben und daß er uns immer neuen Glauben schenkt. (Römer 1)
Denn niemand bringt sein Leben in Einklang mit Gott dadurch, daß er Regeln, Gesetze und Vorschriften einhält. Damit bleibt er immer noch die Liebe schuldig, durch die allein er ihm gerecht würde. Diese Liebe aber findet er, indem er an Jesus Christus glaubt. Ohne daß er Leistungen aufzuweisen braucht, wird er in den Augen Gottes gerecht, indem er sich durch Jesus Christus befreien und erlösen läßt. (Römer 3) Denn Jesus Christus hat den Tod erlitten, weil wir ihn verdient haben mit unserem Unglauben, und er ist vom Tode auferweckt worden, damit wir neues Leben finden im Einklang mit Gott. (Römer 4)

Der Grundgedanke, dem wir im Römerbrief immer wieder begegnen, ist der, daß Gott den Menschen bejaht, ohne daß der Mensch durch Leistungen seinen Wert zu beweisen braucht. Paulus meint, erst wenn der Mensch frei sei von dem Zwang, sich immer wieder seinen Wert zu beweisen, könne es zu einem wirklich sinnvollen Leben kommen. Wenn der Sinn dieses Lebens in der Liebe Gottes zu uns und in unserer Liebe untereinander liegt, dann hat das Leistungsprinzip mit dem Sinn des Lebens nichts zu tun. Liebe, die man verdienen muß, ist keine Liebe. Alles moralische Handeln ist dann Antwort auf Liebe und Dankbarkeit für sie. Und das wieder bedeutet: Die Liebe Gottes, an die wir glauben, ist der Quellort unserer Freiheit.

Wenn wir aber nun Menschen sind, wie Gott sie haben will, indem wir ihm glauben, so ist Frieden zwischen Gott und uns, und der den Frieden gestiftet hat, ist Jesus Christus. Gibt uns der Glaube aber freien Zutritt zu Gottes Freundlichkeit und Wohlgefallen, dann freuen wir uns auch auf die herrliche Zukunft, die Gott uns schenken wird. Aber nicht nur das, sondern wir weisen voll Stolz auch auf unsere Bedrängnis hin. Denn wir wissen, daß in der Bedrängnis Geduld wächst und daß die Geduld Kräfte gibt, die sich bewähren. Wir wissen, daß, wo von Gott geschenkte Kräfte sich bewähren, Hoffnung entsteht und daß diese Hoffnung nicht enttäuscht; denn wir haben eine Gewähr für die Liebe Gottes: daß wir nämlich, erfüllt von seinem heiligen Geist, ihn wiederum lieben können. (Römer 5)

Wenn wir nun uns selbst ansehen: Sollen wir, weil doch die Gnade Gottes ohnedies alles Gute an uns wirkt, so böse und ichsüchtig weiterleben wie bisher? Auf keinen Fall! Wir sind für alles böse Tun ja gar nicht mehr vorhanden. Wir sind all dem, was Menschen in dieser Welt tun und treiben, gestorben. Oder wißt ihr nicht, daß an uns allen der Tod Christi mitvollzogen ist dadurch, daß wir getauft sind? Indem wir getauft wurden, hat man uns begraben, wie Christus begraben wurde, und wie Christus aus dem Tode auferweckt worden ist durch die Macht des Vaters, so sollen wir ein neues Leben führen. Denn wer der Sünde dient, empfängt ihren Lohn: nämlich den Tod. Wer Gott dient, empfängt von ihm, was Jesus Christus zu geben hat: ewiges Leben. (Römer 6)

Wer in Jesus Christus lebt, kann und wird nicht mehr verdammt werden. Bisher war das Gesetz in Kraft, daß, wer Böses tat, den Tod dafür empfing. Jetzt gilt das Gesetz, daß, wer den Geist Gottes empfängt, in und mit Christus leben wird. Denn die sich von Gottes Geist führen lassen, sind Gottes Kinder. Daß aber jemand den Geist Gottes hat, das zeigt sich daran, daß er Gott anrufen kann mit den Worten: Lieber Vater! Sind wir aber Kinder, dann sind wir auch Erben und werden von Gott empfangen, was auch Christus empfing: daß wir aus all unserem Leiden in die Herrlichkeit erhoben werden. Ich glaube nämlich, daß alles Leiden in diesem Leben der Rede nicht wert ist im Vergleich mit der Herrlichkeit, die sich an uns zeigen wird.

Was wollen wir hierzu sagen? Ist Gott für uns, wer kann wider uns sein? Hat er nicht seinen Sohn, statt ihn zu schonen, für uns alle in den Tod gesandt? Wie sollte er uns mit ihm nicht alles schenken? Wer will die anklagen, die Gott zu sei-

nen Kindern erwählt hat? Gott selbst spricht sie gerecht. Wer will sie verdammen? Christus selbst, der gestorben und auferweckt ist, übt Gottes Macht aus und tritt für uns ein. Wer will uns von der Liebe Gottes scheiden? Drangsal oder Angst, Verfolgung oder Hunger, Kälte oder Gefahr oder Schwert? Denn ich bin gewiß, daß weder Tod noch Leben, weder dämonische Mächte noch teuflische Gewalten, weder Gegenwärtiges noch Zukünftiges, weder Schicksalsmächte in den Sternen noch Kräfte in der Tiefe noch irgendein anderes Wesen uns von der Liebe Gottes scheiden kann, die uns in Christus erschien, unserem Herrn. (Römer 8)

Im ersten Korintherbrief geht es um den Geist Gottes. Der hält die Christen zusammen. Der befähigt sie, zu lieben. Der schafft in ihnen das Leben, das den Tod überdauert.

Paulus wohnte und wirkte in der Zeit, in der er seine Briefe nach Korinth schrieb, zwischen den Jahren 54 und 57, in Ephesus. Die römischen Handelsschiffe trugen seine Briefe und die Antworten der Korinther hin und her über das Wasser des Ägäischen Meeres. Dieser Briefwechsel, von dem immer nur der Anteil des Paulus erhalten ist, soll klären, woran man Christen erkennt und was sie eigentlich zu Christen macht.

Man hatte in Korinth sehr hohe Vorstellungen davon. Man dachte, ein Christ müsse daran kenntlich sein, daß er sich in Erkenntnis höherer Welten ergehe, und an dem seligen Gesichtsausdruck, der beweist, daß man eigentlich schon zu den himmlischen Wesen gehöre. Und so übte man sich in Visionen und Offenbarungen. Man nahm in ekstatischem Rausch das himmlische Leben vorweg. Man hörte im Gottesdienst die Sprache der Engel und lallte sie nach in verworrenen, begeisterten Reden. Was fing man mit den einfachen Geschichten von Jesus noch an? Was interessierte man sich noch für den armen Menschen, der in seiner Totengestalt am Kreuz hing? Man hatte doch mehr. Man lebte doch mit Gott selbst. Was ging einen noch die irdische menschliche Moral an, da man doch die Freiheit höherer Wesen genoß? Und so ergab sich das Bild einer wirren, zügellosen Gemeinschaft, die sich weder leiblich noch geistig mehr irgendeinen Verzicht, irgendeine Zucht auferlegte.

Nun schreibt Paulus an diese Gemeinde. Sie solle nüchtern werden, meint er. Sie solle lernen, daß die Kirche keine Schar von Engeln ist, sondern aus Menschen besteht. Daß

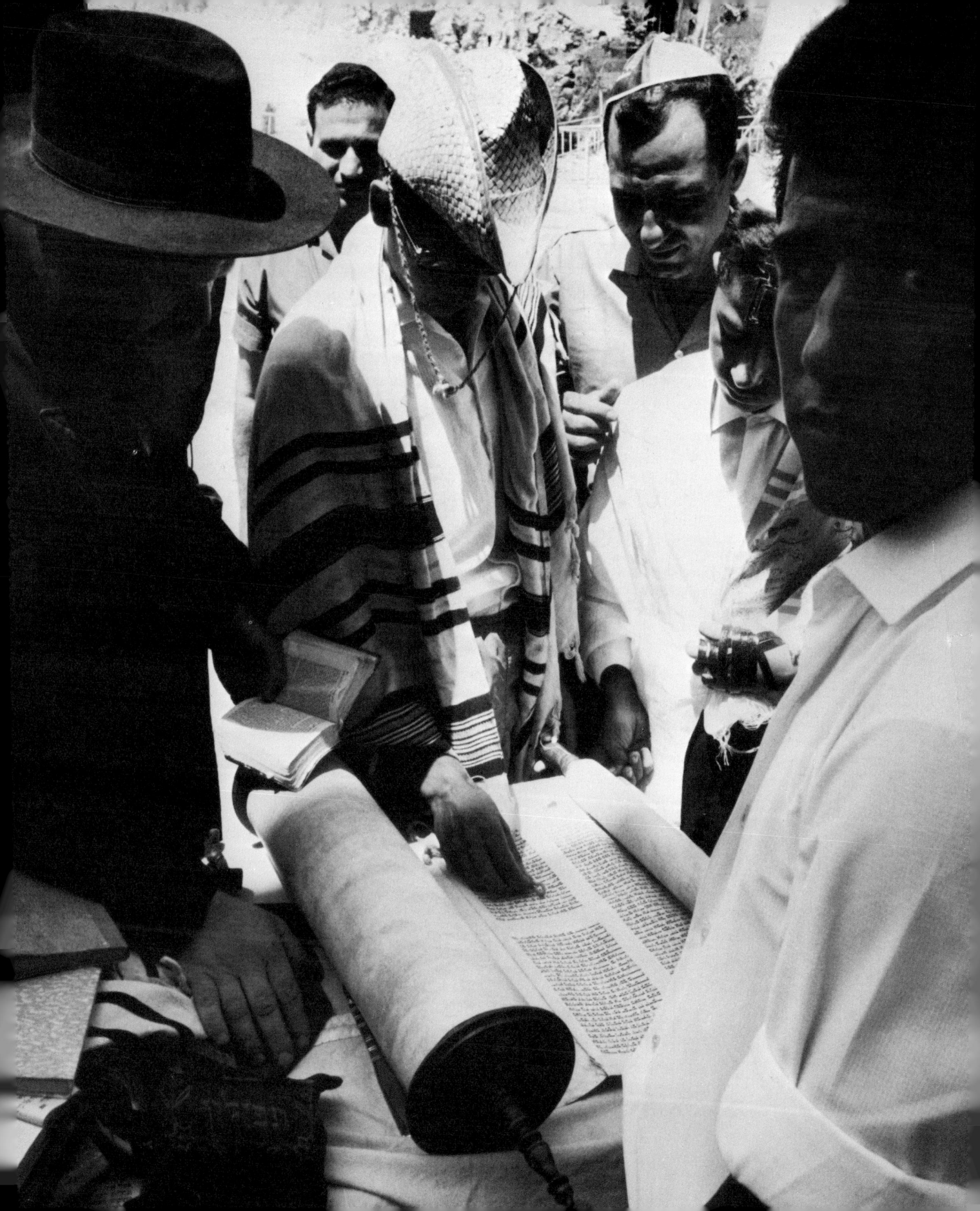

diese Kirche nicht frei in der Luft hängt, sondern in diese arme, harte, karge Erde gegründet ist. Sie soll verstehen, daß wir Menschen sind mit Fleisch und Blut, mit Fehlern, Mängeln, Schwächen und Grenzen aller Art. Daß das Höchste an Erkenntnis Gottes der Glaube ist und das Wichtigste an unserem Leben die Liebe.

Damit begann die Auseinandersetzung. Wer redet hier eigentlich? so fragte man in Korinth. Mit welchem Recht tritt dieser Paulus als Schulmeister auf? Wer hat ihn eigentlich zum Apostel gemacht? Zum Kreis der zwölf Jünger Jesu hat er nicht gehört. Niemand hat ihm dieses Amt übergeben. Wenn Prediger aus anderen Gemeinden kamen, brachten sie Empfehlungsbriefe mit. Wann aber ist Paulus je von irgendeiner Gemeinde empfohlen worden?

Nun schreibt Paulus seinen nächsten Brief und antwortet auf diese Fragen. Mir liegt nichts, schreibt er, daran, wer mich anerkennt. Wichtig ist nur, daß ihr in Korinth den wirklichen Christus anerkennt und euch nicht versteigt auf euren selbsterfundenen Wegen in den Himmel. Wichtig ist, daß der leidende Christus euch vor Augen steht und ihr euch prägen laßt von dieser Gestalt, daß ihr ihm nahekommt, ihm ähnlich werdet und so anfangt wirkliche, irdische Menschen zu sein, liebende und sich opfernde, wie Christus sie sucht.

Und er schreibt das, um die Gemeinde in Korinth zu trösten. Denn ist ihre Überspanntheit nicht ein Zeichen, daß sie an ihrer Armut leidet, an Niedrigkeit und Unansehnlichkeit, an ihrem eigenen unfestlichen Zustand? Aus welchem anderen Grund soll sie in die Träumereien und Phantasien ihrer neuen Heilbringer ausgewichen sein? Was anders suchte sie in den Reichen der Engel als den Trost einer Illusion? Und er tröstet die Leute in Korinth damit, daß er ihnen sagt: daß wir arm sind und ärmlich, daß wir uns mühen und plagen müssen auch in geistlichen Dingen, daß wir um unseren Glauben kämpfen müssen und immer wieder unsere Niederlagen einstecken, das eben verbindet uns mit Christus, der sein Leben lang in der Auseinandersetzung stand und auf ärgerliche, schreckliche Weise zugrunde ging.

Aber wenn der Geist Gottes die schaffende Kraft ist, dann wirkt er eben in den Leidenden, den Schwachen, den Zweifelnden und befähigt sie, zu glauben, zu vertrauen, zu lieben, sich Gott zur Verfügung zu stellen und ihr Leben für ihn hinzugeben. Er wirkt auch nach ihrem Tode, wie er in diesem Leben wirkt: als die Kraft, die aus einem Nichts etwas schafft, den neuen Menschen.

Paulus, ein Botschafter Jesu Christi, berufen von Gott selbst, und Bruder Sosthenes an die Gemeinde Gottes in Korinth. Gnade sei mit euch und Frieden von Gott, unserem Vater, und von Jesus Christus, unserem Herrn.
Ich danke Gott täglich, wenn ich an euch denke.

Ihr habt die Gnade Gottes empfangen. Ihr seid reich an den Gaben des Christus: an Glauben und Erkenntnis. Ihr bekennt euch klar und eindeutig zu Christus und habt keinen Mangel an irgendeiner Gabe des Geistes. Nur daß Christus sich offenbart, das liegt noch vor euch.
Eine Bitte aber habe ich an euch, liebe Brüder: Redet nicht gegeneinander und hütet euch vor Spaltungen. Haltet fest zusammen in einem Sinn und einer Meinung. Es soll da Leute unter euch geben, die sagen: Ich bin paulisch! Andere, die sagen: Ich bin apollisch! Dritte: Ich bin petrisch! Vierte: Ich bin christisch! Wie soll ich das verstehen? Ist Christus nun zertrennt? Ist Paulus für euch gekreuzigt? Seid ihr auf den Namen des Paulus getauft? Geht es denn um etwas anderes als um das Kreuz Christi allein?
Freilich – das Wort vom Kreuz ist eine Torheit für die, die nicht wissen, wie verloren sie sind, für uns aber, die wir uns auf Christus verlassen, ist es eine Kraft von Gott. Denn es steht geschrieben: Ich will die Weisheit der Weisen zunichte machen und den Verstand der Verständigen verwerfen! Wo sind denn die Klugen? Wo sind die Schriftgelehrten? Wo sind die Gebildeten? Hat nicht Gott die Weisheit dieser Welt zur Torheit gemacht? Die Juden wollen Wunder sehen, die Griechen tiefe Gedanken hören, wir aber zeigen den gekreuzigten Christus, für die Juden eine Gotteslästerung, für die Griechen eine Torheit; für die aber, die Gott berufen hat, ist Christus göttliche Kraft und göttliche Weisheit. Denn die göttliche Torheit ist weiser als die Menschen und die göttliche Schwachheit stärker als sie.
(1. Korinther 1)

Wenn es aber nun bei euch Streit über Christus gibt, seid ihr nicht dem Glauben so fern wie alle Gottlosen? Wenn da einer sagt: Ich bin paulisch! der andere: Ich bin apollisch! – ist das nicht menschliches Gerede? Wer ist denn Paulus? Wer ist Apollos? Diener sind sie, durch die ihr den Glauben gefunden habt. Ich habe gepflanzt, Apollos hat begossen. Gott aber hat das Gedeihen gegeben. Wer pflanzt oder begießt, ist nichts, Gott allein ist es, der das Gedeihen gibt. Wir sind Gottes Mitarbeiter, ihr seid Gottes Ackerfeld oder Gottes Bau. Ich habe den Grund gelegt wie ein Baumeister, der andere baut darauf. Jeder sehe zu, wie er weiterbaut.

Einen anderen Grund aber kann niemand legen als den, der schon gelegt ist: Jesus Christus. Darum halte sich niemand an einem Menschen fest! Es gehört euch doch alles: Paulus ebenso wie Apollos oder Petrus oder die Welt, das Leben wie der Tod, das Gegenwärtige wie das Zukünftige. Alles gehört euch, ihr selbst gehört Christus, Christus aber Gott. (1. Korinther 3)

Nun möchte ich noch etwas über die Gaben des Geistes sagen, liebe Brüder. Es sind ja verschiedenartige Gaben von Gott, die ihr empfangen habt, aber es gibt nur einen Geist. Es gibt vielerlei Ämter, aber nur einen Herrn. Es gibt vielerlei Kräfte, aber nur einen Gott, der sie bewirkt. Dem einen ist die Gabe verliehen, der Gemeinde durch den Geist Weisungen zu geben. Dem anderen ist gegeben, das Geheimnis Gottes zu deuten. Der dritte hat als seine Gabe seinen Glauben empfangen, der vierte die Fähigkeit, Menschen durch den Geist Gottes gesund zu machen. Einer hat die Gabe, Wunder zu tun, einer die Gabe, in der Ekstase zu reden. Das alles aber bewirkt der eine und selbe Geist, der seine Gaben austeilt, wie er will. Nicht jeder hat dieselben Fähigkeiten und dasselbe Amt. Strebt aber nach den Gaben, mit denen ihr einander am meisten helfen könnt. Und ich will euch noch einen Weg zeigen, der herrlicher ist als alle anderen. (1. Korinther 12)

Wenn ich mit Menschen-
und mit Engelzungen redete
und hätte keine Liebe,
so wäre ich ein tönendes Erz
oder eine klingende Schelle.
Wenn ich weissagen könnte
und alle Geheimnisse wüßte
und mein Glaube Macht hätte,
Berge zu versetzen,
und hätte keine Liebe, so wäre ich nichts.
Wenn ich all mein Gut den Armen gäbe
und ließe meinen Leib brennen
und hätte keine Liebe, es nützte mir nichts.

Die Liebe ist langmütig und freundlich.
Sie kennt keine Eifersucht,
sie prahlt nicht und bläht sich nicht auf.

Sie achtet auf das, was sich schickt.
Sie sieht nicht auf ihren Vorteil
und läßt sich nicht erbittern.
Sie rechnet das Böse nicht zu,
sie freut sich nicht, wenn Unrecht geschieht,
sie freut sich aber an der Wahrheit.
Sie trägt alles, sie glaubt alles,
sie hofft alles, sie duldet alles.

Unvergänglich ist die Liebe.
Alles Wissen um Gottes Geheimnis vergeht,
ekstatische Einsicht wird aufhören,
was Menschen denken, ein Ende finden.
Denn was wir wissen, ist Stückwerk,
was wir über Gott sagen, ist Stückwerk.
Wenn das Vollkommene kommt,
endet das Stückwerk.

Als ich ein Kind war, redete ich wie ein Kind,
war klug wie ein Kind und hatte kindliche Pläne.
Als ich ein Mann wurde, tat ich das Kindliche ab.
Jetzt noch sehen wir, wer Gott sei,
wie in einem Spiegel in rätselhafter Gestalt,
dann schauen wir ihn
von Angesicht zu Angesicht.

Jetzt erkenne ich dies oder das,
dann aber werde ich klar schauen,
wie ich von ihm selbst geschaut bin.
Nun aber bleiben Glaube, Hoffnung und Liebe,
diese drei.
Die Liebe aber ist die größte unter ihnen.
(1. Korinther 13)

Noch eins muß ich euch sagen, liebe Brüder: Wenn wir doch predigen, Christus sei von den Toten auferstanden, wie können dann einige von euch sagen, es gebe keine Auferstehung der Toten? Gibt es keine Auferstehung für uns alle, dann ist auch Christus nicht auferstanden. Ist Christus nicht auferstanden, so ist unsere Predigt leeres Gerede, dann ist auch euer Glaube wertlos. Ist Christus nicht auferstanden, so ist euer Glaube nichtig, dann liegt der Fluch eurer Sünde noch auf euch. So sind auch die verloren, die im Glauben an Christus gestorben sind. Wenn wir allein in diesem Leben auf Christus hoffen, sind wir die Elendesten unter allen Menschen.

War ich in Ephesus, wie Verbrecher den Tieren zum Fraß vorgeworfen werden, einer rasenden Menschenmenge ausgeliefert, was hilft es mir? Wenn die Toten nicht mehr lebendig werden, dann laßt uns essen und trinken, denn morgen sind wir tot! Laßt euch nicht in die Irre führen! Wenn ihr Menschen unter euch habt, die gegen die Wahrheit reden, verdirbt eure eigene Überzeugung mit.

Wenn aber jemand einwenden wollte: Wie soll man sich das vorstellen? Mit was für einer Art Leib werden denn die Toten auferstehen? Du Tor! Was du säst, wird nicht lebendig, es muß zuerst gestorben sein. Und was du säst, ist ja nicht die Pflanze, die entstehen soll, sondern ein bloßes Korn, etwa Weizen oder ein anderes. Danach gibt Gott ihm einen Leib, wie er will. Es gibt viele Arten von Leib. Das Fleisch der Menschen ist anders als das des Viehs, und wieder anders sind die Leiber der Vögel oder der Fische. Und es gibt himmlische Leiber und irdische, aber die himmlischen unterscheiden sich von ihnen durch ihre Herrlichkeit. Die Sonne hat einen anderen Glanz als der Mond oder die Sterne, und unter den Sternen übertrifft einer den anderen an Glanz.

Die Christen waren an einem sehr körperlichen Vorgang zu erkennen: nämlich der gemeinsamen Mahlzeit. Sie sagten damit: So gehören wir zusammen. So sorgen wir füreinander. Und so wird Gott für uns sorgen, wenn unser Tisch auf dieser Erde abgeräumt sein wird. Die Mahlzeit war ihnen ein Bild für das Leben überhaupt.

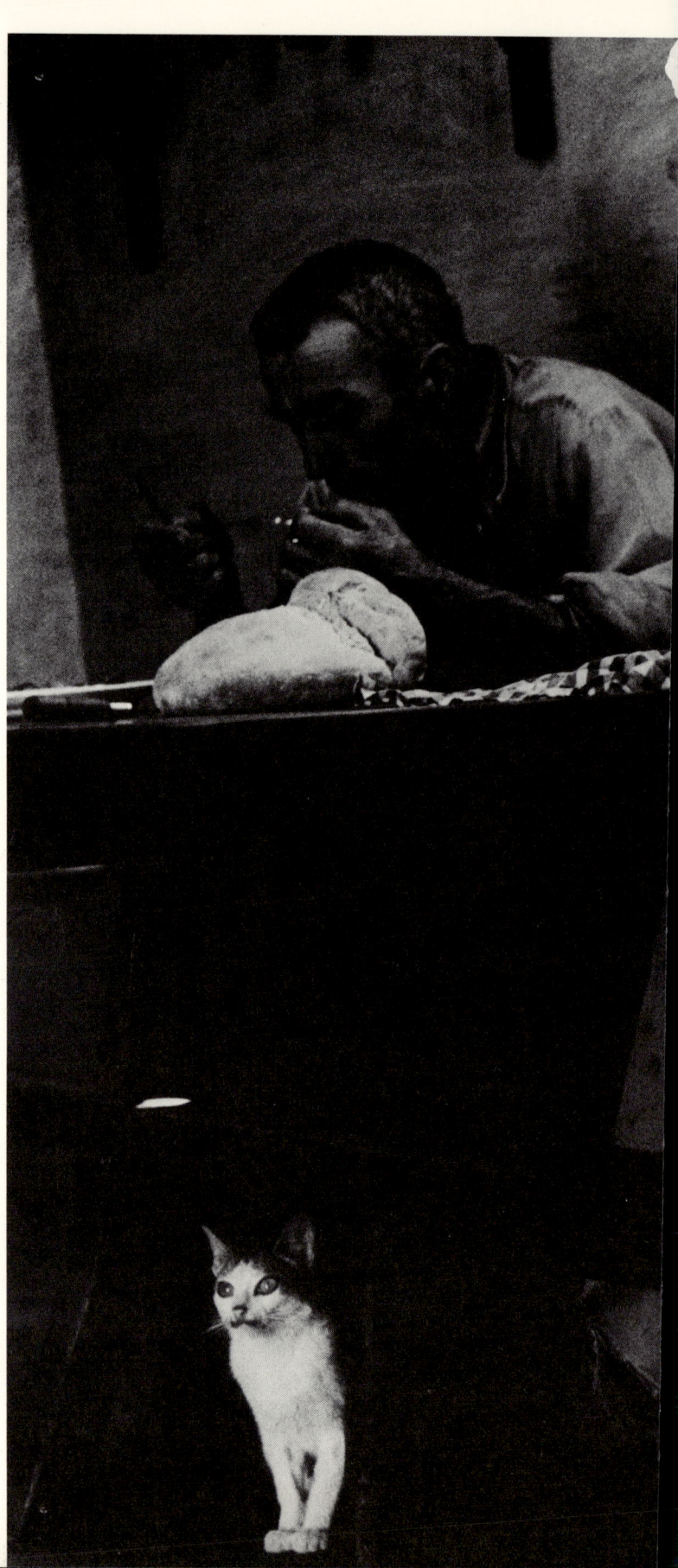

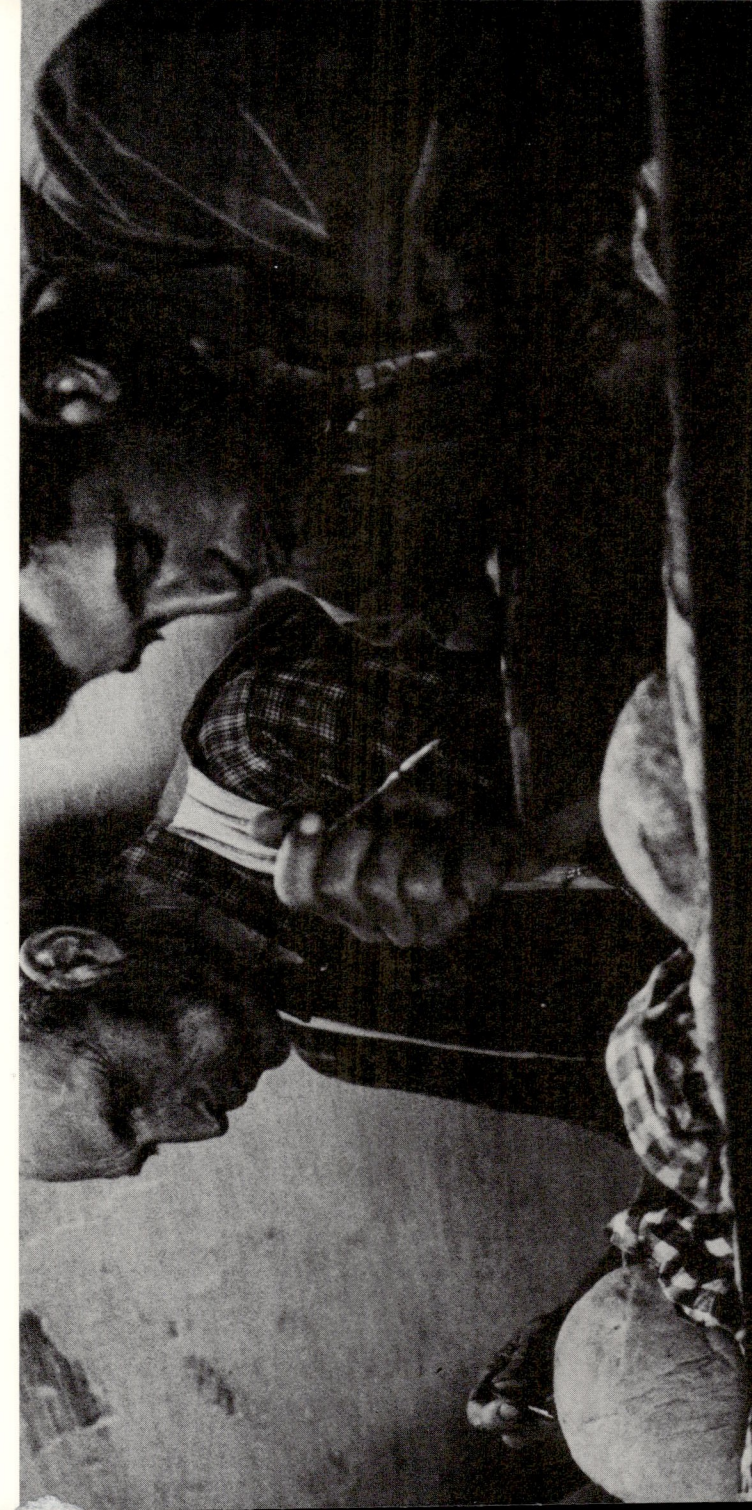

So wird es auch sein bei der Auferstehung der Toten. Es wird etwas gesät, das ist vergänglich, es steht etwas auf, das ist unvergänglich. Was man in die Erde legt, ist häßlich, was aufersteht, ist von herrlicher Schönheit. Man sät Schwachheit, Kraft wird auferstehen. Es wird ein natürlicher Leib gesät, ein geistlicher wird auferstehen.

Ich sage euch ein Geheimnis: Wir werden nicht alle sterben, aber wir werden alle verwandelt werden. Denn die Posaune wird erschallen, und die Toten werden auferstehen und einen neuen, unvergänglichen Leib haben. Wenn aber das Vergängliche sich in das Unvergängliche wandeln wird und das Sterbliche in das Unsterbliche, dann wird das Wort der Schrift erfüllt werden:

Der Tod ist verschlungen in den Sieg hinein.
Tod, wo ist dein Sieg?
Tod, wo ist dein Stachel?
Der Stachel, mit dem der Tod uns treibt,
ist die Sünde.
Gott aber sei Dank,
daß er uns an dem Sieg teilgibt,
den Jesus Christus, unser Herr, errungen hat.
(1. Korinther 15)

Es grüßen euch die Gemeinden in Asien. Aquila und Prisca grüßen euch mit der ganzen Gemeinde, die in ihrem Haus zusammenkommt. Es grüßen euch alle Brüder. Grüßt euch mit dem heiligen Kuß. Ich selbst, Paulus, schreibe euch meinen Gruß mit eigener Hand. (1. Korinther 16)

Die damalige Welt stand voller Kolossalstatuen von Königen und Kaisern wie dieser, die in Caesarea steht. Die Christen gingen ohne Respekt an ihnen vorbei, und wenn es sich geziemte, vor solchen Bildern der Kaiser niederzuknien, ließen sie sich lieber den Löwen zum Fraß vorwerfen, als dies zu tun. Sie wußten, daß erst der wirklich ein Mensch ist, den der Heilige Geist neu geschaffen hat, daß der es aber bleibt, auch wenn alle menschliche Größe zerbrochen ist. Die Trümmer der alten Welt stehen rechts und links des Weges, den der christliche Glaube gegangen ist. Die Botschaft aber, die er an ihnen vorbeigetragen hat, ist so frisch wie am ersten Tag.

Im zweiten Korintherbrief geht es um die Vollmacht dessen, der in Anspruch nimmt, ein Werkzeug Gottes zu sein.

Gerühmt sei Gott, der barmherzig ist und von dem aller Trost kommt. Denn durch ihn, durch den Trost, den wir von ihm empfangen, können auch wir die trösten, die in Bedrängnis sind. Das Leiden des Christus kommt zwar weiter über mich, aber auch der Trost, den Christus gibt, wird mir zuteil und kommt nun anderen zugute. Wenn ich Trost empfange, so empfangt auch ihr Trost und findet die Kraft, in Geduld das Leiden mitzutragen, das ich leide.

Denn ich will euch nicht verschweigen, daß mir in Asien viel Not widerfahren ist. Es war so über das Maß, daß ich mein Leben verlorengab und es für beschlossen hielt, daß ich nun sterben sollte. Das war aber geschehen, damit ich mein Vertrauen nicht auf mich selbst gründete, sondern auf Gott, der die Toten auferweckt. Er hat mich vor dem Tode bewahrt und wird es weiter tun. (2. Korinther 1)

Weil ich nun dieses Amt habe, weil Gott es mir durch seine Barmherzigkeit anvertraut hat, werde ich nicht müde. Denn ich rede nicht von mir, sondern von Jesus Christus und sage, daß er der Herr ist, ich aber euer Diener, weil es so sein Wille ist. Denn Gott, der das Licht schuf und es in der Finsternis aufleuchten ließ, hat auch in unser Herz einen hellen Schein gegeben, damit man an uns sieht: Hier ist die Herrlichkeit Gottes am Werk! Hier ist Jesus Christus selbst!

Diesen kostbaren Schatz haben wir allerdings in tönernen Gefäßen, damit niemand meine, diese große Kraft sei von uns, sondern jeder erkenne: sie kann nur von Gott sein. Von allen Seiten sind wir bedrängt, aber wir ängsten uns nicht. Uns ist bange, aber wir verzagen nicht. Man verfolgt uns, aber wir sind nicht verlassen. Wir werden unterdrückt, aber wir kommen nicht um. Man sieht immerfort das Sterben Jesu an uns abgebildet, denn Gott will, daß auch die lebendige Kraft Jesu an unserem Leibe erscheine. So wirkt der Tod sich an uns aus, an euch aber das Leben. Wir wissen, daß der, der Jesus Christus, den Herrn, auferweckt hat, auch uns mit ihm auferwecken und uns mit euch zusammen zu sich holen wird.

Darum werden wir nicht müde. Wenn wir auch äußerlich zugrunde gehen, erneuert doch Gott den inneren Menschen in uns von Tag zu Tag. Denn unsere Not dauert eine gewisse Zeit und ist darum leichtzunehmen. Sie schafft aber eine ewige, alle Vorstellung übersteigende Herrlichkeit. Gott wird sie uns schenken, die wir das Sichtbare nicht beachten, sondern auf das Unsichtbare schauen. Denn was wir sehen können, ist vergänglich, was wir nicht sehen, ewig. (2. Korinther 4)

Denn wir wissen: Wenn unser irdisches Haus, dieser Leib, zerbrochen wird, haben wir ein neues Haus, das Gott für uns erbaut hat. Wir sehnen uns schmerzlich danach und haben das Verlangen, daß wir mit unserem neuen Leibe überkleidet werden, damit wir doch ja nicht nackt seien. Der aber dies Neue für uns bereitet hat, ist Gott selbst, und das Unterpfand, das wir dafür besitzen, ist sein Heiliger Geist. So sind wir zuversichtlich und wissen: Solange wir in diesem Leibe leben, sind wir fern vom Herrn, denn solange wir hier leben, bedeutet dies glauben und nicht Gott schauen. Wir sind zuversichtlich und wünschen, diesen Leib abzulegen und beim Herrn daheim zu sein. Um so mehr aber bemühen wir uns auch, ihm zu gefallen, ob wir nun bei ihm daheim sind oder in der Fremde wandern. Denn wir müssen alle unsere Hüllen ablegen vor dem Richterstuhl des Christus, und jeder wird den Lohn empfangen, den er bei seinem leiblichen Leben mit seinem guten oder bösen Tun verdient hat.

Ist jemand in Christus, so ist er ein neues Geschöpf. Das Alte ist vergangen, es ist alles an ihm neu geworden. Denn Gott hat uns mit sich ausgesöhnt, indem Christus in die Mitte zwischen ihm und uns trat. Durch das Leiden und Sterben des Christus versöhnte Gott die Welt mit sich selber und rechnete den Menschen ihre Sünden nicht an. Er hat das Amt eingesetzt, von dieser Versöhnung zu reden. So bin ich nun ein Botschafter für Jesus Christus, und Gott spricht durch mich. So bitte ich im Auftrag und an der Stelle des Christus: Laßt euch mit Gott versöhnen! (2. Korinther 5)

Im Philipperbrief schreibt der gefangene Paulus an eine verfolgte Gemeinde und tröstet sie, indem er ihr das Bild des leidenden Christus zeigt.

Paulus und Timotheus, Diener, die für Jesus Christus wirken, an alle Christen in Philippi mit den Bischöfen und Diakonen! Gnade sei mit euch und Frieden von Gott, unserem Vater, und Jesus Christus, unserem Herrn.

Ich danke meinem Gott, sooft ich an euch denke, für alles, was euch und mich verbunden hat vom ersten Tag an bis heute, und ich habe gute Hoffnung, daß er, der in euch das gute Werk angefangen hat, es auch vollenden wird bis zu dem Tag, an dem Jesus Christus kommt. Ich trage euch in meinem Herzen und weiß, daß die Freundlichkeit Gottes uns verbindet, auch nun, da ich gefangen bin und als Gefangener für das Evangelium eintrete. (Philipper 1)

Macht mir nun eine Freude: Haltet zusammen! Liebt euch! Seid eines Sinnes! Tut nichts im Streit oder aus törichter Eifersucht! Jeder stelle sich unter den anderen und achte den anderen mehr als sich selbst.

Jeder sei gesinnt, wie Jesus Christus es war:
Er war göttlicher Herkunft,
aber er behielt seine Macht
und den Glanz göttlichen Wesens nicht für sich.
Er legte alles ab, was göttlich war,
und nahm die Gestalt eines Sklaven an,
er wurde wie ein anderer Mensch,
und nichts sah man an ihm als den Menschen.
Er erniedrigte sich selbst
und war gehorsam bis zum Tode,
ja, zum Tode am Kreuz.
Darum hat ihn Gott auch erhöht
und hat ihm Rang und Macht gegeben
über allem, was ist,

damit vor ihm alles die Knie beuge
im Himmel, auf Erden und unter der Erde
und alle Stimmen bekennen:
Jesus Christus ist Herr!
zur Ehre Gottes, des Vaters. (Philipper 2)

Es ist nicht so, liebe Brüder, daß ich es schon erreicht hätte, durch mein Leiden Christus ganz ähnlich zu sein, oder daß ich schon vollkommen wäre. Ich habe das Ziel aber im Auge und laufe, es zu ergreifen, nachdem ich von Christus ergriffen bin. Ich vergesse, was hinten liegt, und strecke mich nach dem aus, was vorn liegt. Ich laufe auf das Ziel zu, weil ich den Preis will: die Heimkehr zu Gott als einer, der zu Christus gehört. Wer nun unter euch dieses Ziel sucht, der soll so leben. (Philipper 3)

Freut euch, weil ihr in Christus seid, freut euch immerzu. Ich sage es noch einmal: Freut euch. Laßt alle Menschen eure Güte spüren. Der Herr ist nahe. Sorgt euch um nichts, sondern bittet Gott um alles, fleht zu ihm, dankt ihm. Und der Friede Gottes, der höher ist, als unsere Gedanken reichen, bewahre unsere Herzen und Gedanken in Christus Jesus. (Philipper 4)

Im Brief an Philemon wird ein behutsamer Anfang gemacht zur Befreiung der Sklaven.

Der Heimweg des Onesimus mit dem Brief des Paulus in der Hand war gefährlich, denn entlaufene Sklaven, wenn sie wieder gefaßt waren, wurden gekreuzigt. Onesimus war von seinem Herrn, Philemon, zu Paulus geflohen. Und da Paulus ihn zurückschickt, muß er sich darauf verlassen, daß das Christentum für Philemon mehr ist als eine religiöse Randverzierung, daß es ihn zu einer grundlegenden Änderung seines Denkens befähigt hat.

Paulus, gefangen für Jesus Christus, und Timotheus, der Bruder, an Philemon, den Geliebten, unseren Mitarbeiter, und an Appia, die Schwester, an Archippus, unseren Mitstreiter, und die ganze Gemeinde in deinem Hause! Gnade sei mit euch und Frieden von Gott, unserem Vater, und Jesus Christus, dem Herrn.

Ich danke meinem Gott und gedenke deiner unablässig in meinem Gebet. Denn ich höre von deiner Liebe und dem Glauben an Jesus Christus, die dich mit der ganzen Gemeinde verbinden. Es war eine große Freude und ein starker Trost für mich, von deiner Liebe zu hören, denn die Herzen der Christen sind durch dich, lieber Bruder, erquickt. Nun hätte ich ja eigentlich die volle Freiheit – denn Christus hat mir die Vollmacht gegeben –, dir zu befehlen, was du tun sollst. Aber ich will dich nur in aller Liebe um etwas bitten, ich, der alte Paulus, der nun für Christus gefangen liegt. Ich bitte dich für meinen Sohn Onesimus, der durch mich hier im Gefängnis ein Christ geworden ist. Du konntest ihn früher nicht brauchen, aber nun ist er dir und mir ein nützlicher Helfer geworden. Den sende ich wieder zu dir zurück, ihn, das heißt: mein eigenes Herz. Ich hätte ihn gerne bei mir behalten, so hätte er mir an deiner Statt helfen können in meiner Gefangenschaft. Aber ohne deine Erlaubnis wollte ich nichts tun, damit dir deine Gabe nicht abgenötigt werde, sondern dein freies Geschenk sei. Vielleicht ist er nur darum eine Zeitlang dir fern gewesen, damit du ihn für ewig wiedergewinnen könntest, nicht mehr als einen Sklaven, sondern mehr, als einen lieben Bruder. Mir ist er es längst, wieviel mehr wird er es für dich sein. Ein Bruder, der, menschlich gesehen, zu deinem Hause gehört, und ein Bruder, der mit dir zusammen dem Herrn gehört. Wenn du mich nun für deinen Freund hältst, dann nimm ihn auf wie mich selbst. Wenn er dich aber geschädigt hat oder dir etwas schuldig ist, dann rechne es mir an. Ich, Paulus, bestätige es mit eigener Hand: Ich will es bezahlen. Ich will nicht davon reden, daß du dich selbst mir schuldig bist. Ja, lieber Bruder, gönne es mir, daß ich mich an dir freue und sehe, wieviel der Herr dir und mir bedeutet. Erquicke mich durch dieses Zeichen der Liebe zu Christus.
Ich habe dir das geschrieben, weil ich deinem Gehorsam vertraue. Ich weiß, du wirst mehr tun, als ich sage. Übrigens: Bereite mir das Quartier, denn ich hoffe, daß euer Gebet erfüllt wird, daß ich euch wiedergeschenkt werde. Es grüßt dich Epaphras, mein gefangener Bruder, Markus, Aristarchus, Demas und Lukas, meine Mitarbeiter. Die Gnade unseres Herrn Jesus Christus sei mit eurem Geist!

Im Buch der »Offenbarung« spricht eine Kirche, die in einem Kampf auf Leben und Tod steht.

Es ist ein Kampf gegen die Großmacht jener Zeit, den römischen Staat. Hier spricht keine sanfte Stimme, sondern eher die Stimme eines verzweifelten Hasses gegen die Gewalttäter dieser Erde.

Das ist begreiflich, denn das Buch wurde in der Zeit der Christenverfolgung unter Kaiser Domitian zwischen den Jahren 90 und 100 geschrieben. In Verfolgungszeiten pflegt sich zu enthüllen, daß im Christen auch der Revolutionär steckt, der sich die Gewalt eines Staats von einem bestimmten Punkt an nicht mehr gefallen läßt, der aufbegehrt und widersteht. Um der Freiheit willen. Um der Wahrheit und des Menschen willen.

Aber diese Revolution, die wir in der Offenbarung erleben, geht einher mit einer Generalkritik an der Kirche selbst und ihrer Etabliertheit. Den Bildern vom großen kosmischen Kampf zwischen Christus und den Weltmächten gehen die sieben Sendschreiben voraus, in denen der Kirche bescheinigt wird, sie sei auf den Kampf nur sehr unzureichend gerüstet.

Das Bild der Wüste wird gezeichnet. In der »Wüste« wird die Kirche ihren Weg unter die Füße nehmen müssen. Sie wird gleichsam zurückgreifen müssen auf die allerersten Anfänge der Offenbarung Gottes: auf den Weg Abrahams und die Nomadenzeit Israels. Denn in der Wüste und nicht im gesicherten Land findet die Auseinandersetzung statt, in der die Wahrheit Gottes und die Wirklichkeit dieser Welt sich enthüllen.

Offenbarung heißt soviel wie Enthüllung. Die Offenbarung ist ein Buch, in dem enthüllt wird, wie es um die Welt steht und was mit ihr ständig geschieht: daß die Geschichte eine Triumphstraße der Gewalt und des Unrechts ist, der Lüge und der Heuchelei, drapiert mit Phrasen, Gefühlen und Ideologien, und daß Gottes Reich erst entstehen kann, wenn die gegenwärtige Welt gerichtet und untergegangen sein wird. Das Bild des Christen in der Offenbarung ist der Märtyrer, der verfolgte Zeuge.

Es gab Zeiten, da das Kreuz nicht ein öffentlich respektiertes religiöses Zeichen war wie heute, sondern ein Gegenstand des Spottes. Auf der Kritzelei aus der Zeit der Christenverfolgungen steht links ein Mann, der die Hand anbetend zu einem Kreuz erhebt, an dem ein Esel hängt. Darunter steht: »Alexamenos betet seinen Gott an.«

Das klingt uns in der heutigen Situation merkwürdig in den Ohren. Wir müssen uns aber fragen, ob eine Kirche, der das merkwürdig in den Ohren klingt, den ihr zukommenden Platz in dieser Welt gefunden hat: den Platz einer gehaßten Minorität.

Die Bilder der Offenbarung sind stark, seltsam, kraß, rätselhaft. Sie sprechen die Sprache ihrer Zeit. Aber diese Bilder schildern, was sich mit Worten nur unzureichend schildern läßt: die Überwindung einer Welt der Gewalt und die Errichtung einer neuen Welt, die durch das Opfer der Kirche und den Tod der Märtyrer vorbereitet und durch den siegreichen Christus geschaffen wird.

Es beginnt mit der Selbstkritik der Kirche.

Johannes schreibt an die sieben Gemeinden in der Landschaft Asien: Gnade und Frieden mit euch von dem, der ist und der war und der kommt, und von Jesus Christus, dem zuverlässigen Boten von Gott, dem ersten, der aus dem Reich der Toten lebendig wurde, dem Herrn über die Könige der Erde. Er hat uns geliebt und uns von unserer Sünde befreit durch seinen Tod und hat uns zu Priestern und Königen vor Gott gemacht, seinem Vater. Ehre und Macht ihm von Ewigkeit zu Ewigkeit!
Ich, Johannes, euer Bruder, der mit euch die Verfolgung erleidet, der mit euch das Reich erhofft und mit euch bei Jesus ausharrt, war auf die Insel Patmos verbannt, weil ich mich zum göttlichen Wort und zu Jesus Christus bekannt hatte. Da kam der Geist über mich — es war der Tag des Herrn —, und ich hörte hinter mir eine mächtige Stimme wie den Ton einer Posaune, die sprach: Was du siehst, schreibe in ein Buch, und sende es den sieben Gemeinden: nach Ephesus, nach Smyrna, nach Pergamon, nach Thyatira und nach Sardes, nach Philadelphia und Laodizea.
(Offenbarung 1)
Der Gemeinde in Ephesus schreibe: Ich kenne deine Taten. Du hast Geduld bewiesen und hast Verfolgung erlitten um meinetwillen und bist nicht müde geworden. Aber ich habe gegen dich, daß du die erste Liebe hast erkalten lassen. Bedenke, aus welcher Höhe du gefallen bist! Ändere dich und handle wie am Anfang! Dem Überwinder will ich von dem Baum zu essen geben, der im Paradies Gottes steht.

Der Gemeinde in Smyrna schreibe: Ich kenne deine Leiden und deine Armut. Du bist aber reich. Fürchte dich vor keinem Leid, das dich treffen wird. Bleibe treu bis zum Tod, so will ich dir die Krone des Lebens geben.

Der Gemeinde in Pergamon schreibe: Ich weiß, wo du wohnst: am Thron des Satans! Du hältst dennoch an mir fest und bekennst dich zu mir und hast deinen Glauben an mich auch in den Tagen nicht verleugnet, in denen Antipas, mein treuer Zeuge, bei euch getötet wurde am Sitz des Satans. Aber etwas habe ich doch gegen dich: Es gibt Gläubige bei dir, die einen Mittelweg suchen zwischen Wahrheit und Lüge. Tu Buße! Wenn nicht, dann werde ich bald über dich kommen und sie zerhauen mit dem Schwert meines Mundes.

Der Gemeinde in Thyatira schreibe: Ich kenne deine Werke und deine Liebe und deinen Glauben, deinen Dienst und deine Geduld. Ich weiß, daß du heute mehr wirkst, als du früher tatest. Dem Überwinder, der meinen Willen erfüllt bis ans Ende, will ich Macht geben über die Völker, wie ich sie von meinem Vater empfangen habe. Den Glanz des aufgehenden Tages will ich ihm geben! (Offenbarung 2)

Der Gemeinde in Sardes schreibe: Ich kenne deine Werke. Dein Name heißt »lebendig«, aber du bist tot. Wach auf und stärke, was an dir sterben will, denn deine Werke sind nicht vollkommen vor Gott. Wenn du aber nicht wach wirst, komme ich mitten in der Nacht über dich wie ein Dieb, und du wirst die Stunde nicht wissen, zu der ich komme.

Der Gemeinde in Philadelphia schreibe: So spricht der Heilige, der die Wahrheit ist, der den Schlüssel zum Hause Davids hat, der auftut, daß niemand zuschließt, der zuschließt, daß niemand öffnet! Ich habe dir eine offene Tür gegeben, und niemand kann sie zuschließen, denn du hast eine geringe Kraft und hast mein Wort behalten und mich nicht verleugnet. Weil du bewahrt hast mein Gebot, geduldig zu sein, will ich auch dich bewahren vor der Stunde der Gefahr, die über den ganzen Erdkreis kommen und die Menschen prüfen wird. Sieh! Ich komme bald. Halte, was du hast, daß niemand dir deine Krone nehme.

Der Gemeinde in Laodizea schreibe: Ich kenne deine Werke und weiß, daß du weder kalt noch warm bist. Ach, wenn du doch kalt oder warm wärest! Weil du aber lau bist, will ich dich aus meinem Munde ausspeien. Du sagst: Ich bin reich! Ich lebe gut und habe keinen Mangel, und weißt nicht, daß du arm und erbärmlich bist, elend, blind und bloß. Gib acht! Ich stehe vor der Tür und klopfe an. Wenn jemand meine Stimme hört und die Tür auftut, so trete ich bei ihm ein und halte das Abendmahl mit ihm und er mit mir. Dem Überwinder will ich teilgeben an meiner Herrschaft, da ich selbst überwunden habe und mit meinem Vater auf dem Thron der Herrschaft sitze. (Offenbarung 3)

In seltsamen Gestalten zeichnet der Seher den Kampf zwischen Gott und dem Bösen, zwischen Licht und Finsternis.

Danach schaute ich auf und sah eine offene Tür im Himmel. Und der Geist kam über mich, und ich sah im Himmel einen Thron, und auf dem Thron saß einer, der schimmerte wie ein Diamant und ein Karneol. Ein Regenbogen, schimmernd wie ein Smaragd, stand um den Thron. Um den Thron her standen 24 Throne, und auf den Thronen saßen 24 Älteste in weißen Kleidern und trugen auf ihren Häuptern goldene Kronen.
Und die 24 Ältesten warfen sich dem zu Füßen, der auf dem Thron saß, beteten den an, der von Ewigkeit zu Ewigkeit lebt, legten ihre Kronen nieder und sprachen:

Würdig bist du, o Herr, unser Gott,
Ruhm, Ehre und Macht zu empfangen.
Du allein hast alle Dinge geschaffen,
durch deinen Willen haben sie ihr Wesen,
durch dich bestehen sie allein. (Offenbarung 4)

Und ich sah in der rechten Hand des Thronenden eine Buchrolle, beschrieben innen und außen und verschlossen mit sieben Siegeln. Und ich sah, inmitten der vier Gestalten und der Ältesten stand ein Lamm, wie ein Opfertier. Das kam und nahm das Buch aus der Hand des Thronenden. (Offenbarung 5)

Und ich sah, daß das Lamm eines der sieben Siegel aufbrach, und hörte eine der großen Gestalten mit Donnerstimme sagen: Komm! Und ich sah ein weißes Pferd, und sein Reiter hielt einen Bogen. Er trug den Helm des Siegers und ritt aus von Sieg zu Sieg.

Beim zweiten Siegel sprang ein Pferd heraus, rot wie Feuer, und der Reiter machte, daß die Menschen einander erwürgten.

Beim dritten Siegel sprang ein schwarzes Pferd heraus, und sein Reiter hatte eine Waage in der Hand (es war der Hunger).

Beim vierten Siegel kam ein fahles Pferd, auf dem saß der Tod, und die Hölle stürmte hinter ihm her.
Sie rissen den vierten Teil der Menschheit hinweg und töteten sie mit Schwert und Hunger, mit der Pest und wilden Tieren. (Offenbarung 6)

Danach blickte ich auf und sah eine große Menge Menschen, die niemand zählen konnte, aus allen Völkern und Sprachen, und die standen vor dem Thron und vor dem Lamm in weißen Kleidern und riefen mit gewaltiger Stimme:

Heil unserem Gott, der auf dem Thron sitzt, und dem Lamm!

Und einer der Ältesten fragte mich: Wer sind diese, die die weißen Gewänder tragen, und woher kommen sie? Ich antwortete: Herr, du weißt es! Und er fuhr fort: Sie kommen aus der großen Verfolgung. Nun stehen sie vor dem Thron Gottes und dienen ihm Tag und Nacht in seinem Heiligtum. Sie werden nicht mehr hungern oder dürsten, die Sonne wird sie nicht versengen, und keine Verfolgung wird sie mehr treffen, denn Christus wird sie behüten und sie zu den lebendigen Quellen führen, und Gott wird alle Tränen von ihren Augen abwischen. (Offenbarung 7)

Und es brach im Himmel ein Streit aus: Michael und seine Engel kämpften gegen den Drachen, und der Drache und seine Engel konnten den Kampf nicht gewinnen. Der Drache wurde hinabgestürzt, die alte Schlange, der Verleumder und Verkläger, der die ganze Welt verwirrt. Auf die Erde stürzte er hinab und seine Engel mit ihm. Und ich hörte eine große Stimme rufen:

Nun sind das Heil und die Kraft
und die Herrschaft
in der Hand unseres Gottes und seines Christus.
Denn der Verkläger unserer Brüder ist gestürzt,
der sie vor Gott verklagte Tag und Nacht.
Sie haben ihn überwunden,
denn Christus starb für sie,
und sie bekannten sich zu ihm
und haben ihr Leben nicht geliebt bis in den Tod.
Darum freut euch, ihr Himmel!
Wehe aber der Erde und dem Meer!
Denn der Teufel kommt zu euch hinab
in großem Zorn und weiß,
daß er wenig Zeit hat. (Offenbarung 12)

Und ich sah ein Tier aus dem Meer aufsteigen, das hatte zehn Hörner und sieben Köpfe, auf den Hörnern zehn Kronen und auf den Häuptern gotteslästerliche Namen. Und die ganze Erde wunderte sich über das Tier, und sie beteten den Drachen an – denn der Drache hatte dem Tier die Macht gegeben – und fragten einander: Wer ist dem Tier zu vergleichen? Wer kann ihm widerstehen? Und das Tier hatte ein Maul, das überheblich und gotteslästerlich redete. Es hatte die Erlaubnis von Gott, gegen die Heiligen zu streiten und sie niederzuschlagen, und hatte Macht über alle Völker der Erde. Die ganze Menschheit verehrt die Bestie, alle, die nicht von Anfang der Welt an im Buch des Lebens verzeichnet sind. Wer Ohren hat, höre! Wem bestimmt ist, ins Gefängnis zu gehen, der gehe ins Gefängnis. Wem bestimmt ist, durch das Schwert zu sterben, der leide den Tod durch das Schwert. Hier bewähren sich die Geduld und der Glaube der Christen. (Offenbarung 13)
Und wieder hörte ich eine Stimme vom Himmel: Schreibe! Glücklich die Toten, die als Märtyrer des Herrn sterben. Es ist wahr, spricht der Geist, daß sie ruhen von ihrer Mühsal. Was sie geleistet und was sie gelitten, folgt ihnen nach.
(Offenbarung 14)

Das Bild der Zukunft:
Eine neue Welt.

Danach schaute ich und sah einen neuen Himmel und eine neue Erde. Der vorige Himmel und die vorige Erde waren vergangen, und ich sah die Heilige Stadt, das neue Jerusalem, sich von Gott her in unsere Welt herabsenken, wie eine geschmückte Braut ihrem Mann entgegengeht. Und ich hörte vom Thron her eine mächtige Stimme sagen: Das ist der Ort, an dem Gott bei den Menschen wohnt. Er wird bei ihnen bleiben, und sie werden sein Volk sein. Er selbst, Gott, wird bei ihnen sein, und er wird alle Tränen von ihren Augen abwischen; der Tod wird nicht mehr sein, kein Leid, kein Geschrei, kein Schmerz wird mehr sein, denn das Alte ist vergangen. Siehe! ich mache alles neu! Ich bin das A und das O, der Anfang und das Ende. Ich will dem Durstigen Wasser geben aus der Quelle des Lebens umsonst. Der Überwinder wird das alles gewinnen. Ich werde sein Gott sein, und er wird mein Sohn sein.

Der Herr, dessen Worte hier bezeugt werden, spricht: Ja, ich komme bald! Ja, das werde wahr! Komm, Herr Jesus! (Offenbarung 22)

Frieden und Gerechtigkeit unter dem Schutz Gottes, das ist die Hoffnung, die sich im Bild des »himmlischen Jerusalem« ausdrückt.

Die himmlische Stadt ist ein Gleichnis für eine Welt, in der der Mensch leben kann, wie es ihm von Gott zugedacht ist. Auf dieser Erde und in der Ewigkeit.

Namen und Stichworte (Auswahl)

(siehe auch Inhaltsverzeichnis)

Bildquellennachweis

Werner Braun, Jerusalem	2/3
Dr. Georg Gerster, Zürich	4/5
Zink	6
dpa	9
Zink	10
Pontis, München/Moses	13
Riwkin, Stockholm	14
Zink	17
Staatliche Museen zu Berlin (Bodestraße)	18
Archiv Gütersloher Verlagshaus	19
H. v. Irmer, München	20
Zentrale Farbbildagentur, Düsseldorf	21
Zink	23,24
Pontis, München / de Riese	26
Rolf Vogel, Röttgen	29
dpa	30
Hirmer-Verlag, München	31
dpa	33
Dr. Franz Stoedtner, Düsseldorf	34,35
Hans W. Silvester / Bavaria, Gauting	36
Dr. Georg Gerster, Zürich	39

238

Inhalt